中国全图

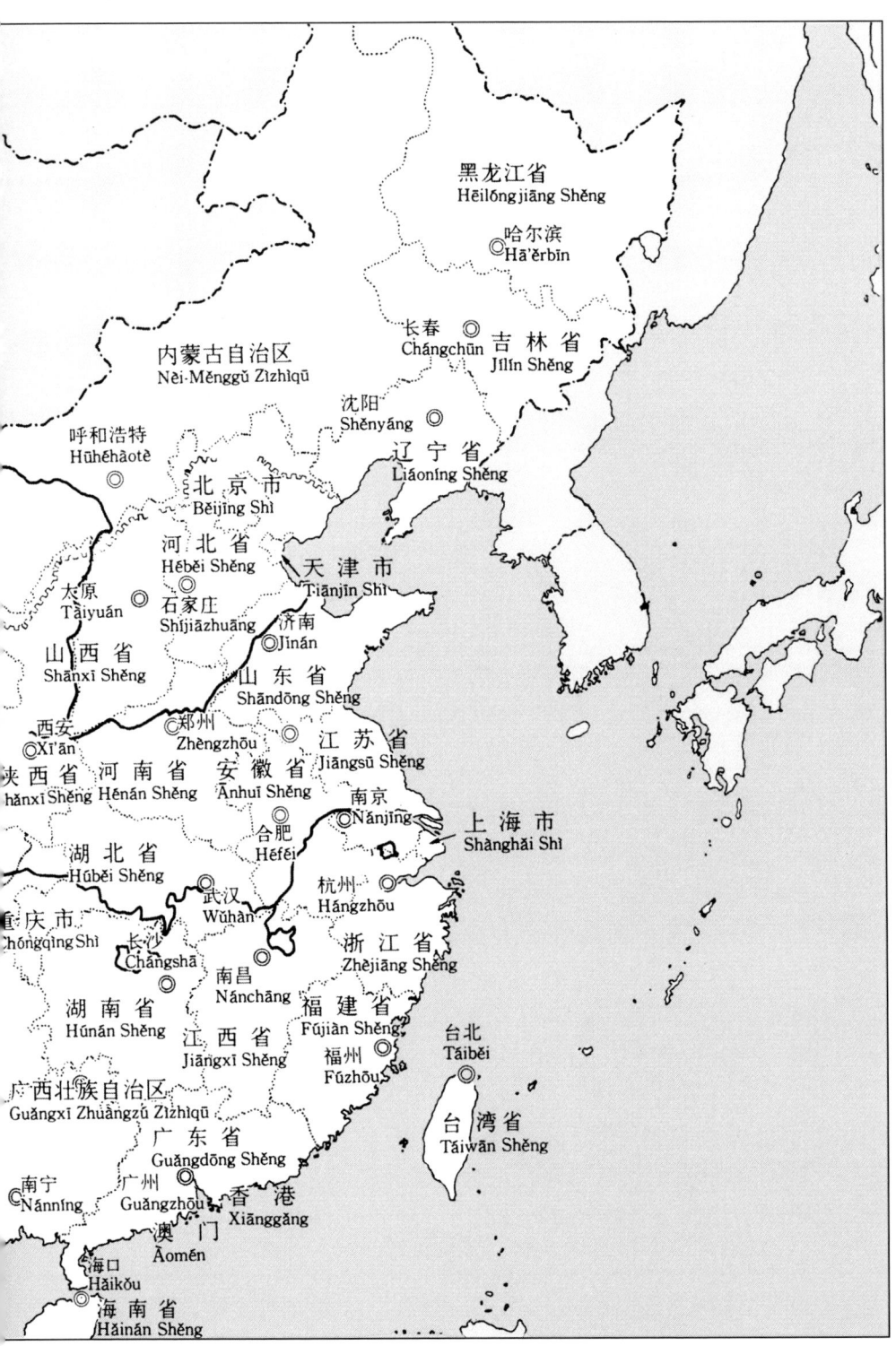

现代汉语基础
Xiàndài Hànyǔ Jīchǔ
［改訂版］

小野秀樹・木村英樹・張麗群・楊凱栄・吉川雅之 著

白帝社

はじめに

　本書は中国語初級テキスト『現代汉语基础』（2003年初版）の改訂版である。全体の構成および各課の本文（会話文）は概ね旧版を踏襲しているが，それ以外の部分においては，大小交えて多くの改訂を行なった。今回の改訂で目指したことは，一言で言えば「ポイントの整理と軽量化」であり，その方針に従って，「発音編」の内容と本編各課の「文法ポイント」についてはかなりの分量の書き替えを行なった。「発音編」は「発音習得」に関する内容に絞り込んで再執筆し，かつ学習者が会得するのに困難であろうと思われる項目に重点を置いたものとした。「文法ポイント」は各課平均6項目に収まるように整理した上で，情報量が削減される分をコラムの充実化で補った。改訂前（旧版）の初版が上梓されたのは今から10年前であるが，その後の中国語文法研究の成果も参照しつつ，文法事項の説明もできるだけ新しい情報を盛り込んで加筆した。各ポイントの作文問題も，できるだけ均等に付すように調整した。

　本編は第1課から第21課までとし，「読物編」は旧版では最後の4課分で配置されていたものを6分割して編集し直した。「読物編」は初級から中級への橋渡しの部分として位置付けている。語彙索引は新出単語が記載されている課だけでなく，当該の課のどこで出てくるのかも表示した上で，同形異義語には違いが分かるように，できるだけ補足情報を付している。巻末の「ワークブック」は改訂前の形式を引き継いでいるので授業の復習に活用してもらいたい。なお，本書に付属している録音媒体（CD）はMP3方式によって作成されている。パソコン等を使用の上，発音の習得とその上達に大いに役立ててもらいたい。

　中国語の発音表記法についても比較的大きな改訂を行なった。本書における中国語の発音表記は，基本的には中国で最も権威のある《现代汉语词典》（中国社会科学院語言研究所詞典編輯室編，商務印書館，2012年第6版）に準拠しているが，テキストという本書の性格や，近年の中国国内での種々の表記の実態なども考慮した上で，本書における発音表記に関する独自のルールを定めた。「本編」の前に「本書のピンイン表記について」というページを設けて詳細を記述しているので，そちらを参照願いたい。

　今回の改訂にあたり，東京大学教養学部の王雪萍先生，孫軍悦先生，東京大学大学院博士課程に在籍する李佳樑氏，渡辺昭太氏から数多くの貴重なご助言を頂いた。また同じく大学院博士課程に在籍する神谷智幸氏，前田恭規氏には，膨大な入力作業と原稿の整理をして頂いた。上記6名の方々には，2012年4月から12月までの9ヶ月間に渡る改訂作業に携わって頂いた。ここに記して厚くお礼を申し上げたい。また，旧版から引き続き本書の出版にご協力頂いた白帝社の佐藤多賀子編集長にも感謝の意を表したい。

著　者

目　次

はじめに

発音編

1. 中国語とは？ ……………………………… 2
   1. 漢語（汉语 Hànyǔ）
   2. 普通話（普通话 Pǔtōnghuà）
   3. 現代中国語の文字表記

2. 音節と声調 ………………………………… 5
   1. 音節とは？
   2. 声調
   3. 声調符号を付す位置
   [コラム1] 声調符号の付し方

3. 単母音 ……………………………………… 7
   1. 6つの単母音
   2. そり舌母音 er

4. 声母（音節頭子音） ……………………… 8
   1. 音節頭子音の分類（21個）
   [コラム2] 音節頭子音が無い単母音の綴り方
   2. 無気音と有気音
   [コラム3] j, q, x と組む ü の綴り方
   3. そり舌音
   4. i の発音

5. 二重母音と三重母音 ……………………… 12
   1. 二重母音A類（主母音が前にあるもの）
   2. 二重母音B類（主母音が後にあるもの）
   [コラム4] 音節頭子音が無い二重母音の綴り方
   3. 三重母音
   [コラム5] 音節頭子音が無い三重母音の綴り方

6. 鼻音 n, ng で終わる韻母 ………………… 15
   1. 主母音が a のもの
   [コラム6] 音節頭子音が無い韻母 -an, -ang の綴り方
   2. 主母音が a 以外のもの
   [コラム7] 音節頭子音が無い韻母 in, ing などの綴り方

7. 連続変調，軽声，r 化など ……………… 19
   1. 第3声の連読変調
   2. 軽声
   3. "不"と"一"の変調
   4. r 化（儿化）
   5. "啊"の発音と漢字表記
      ——"呀"，"哇"，"哪"

■ 中国語音節表 ……………………………… 24
◆ 本書のピンイン表記について ……………… 26

本編

第1课　您吃糖吗? ... 28
1. 人称代名詞
2. 動詞述語文
3. 否定の"不"
4. 当否疑問文の"吗"
5. "呢"を用いる省略疑問文
6. 副詞"也"と"都"
● 3分間レクチャー1　孤立語としての中国語

第2课　您贵姓? ... 34
1. 人称代名詞からなる名詞句
　　——「人称代名詞＋名詞」
2. 接続詞"和"
3. 所在動詞"在"
4. 姓と名の表現
5. "是"を用いる動詞述語文
6. 指示詞"这・那・哪"
＊中国語の親族名称
[コラム1]「中国語の親族呼称」
● 3分間レクチャー2　中国語の挨拶

第3课　你叫什么名字? ... 41
1. 疑問詞"什么"
2. 一桁の数詞
3. 名詞述語文(1)
4. 疑問数詞"几"
5. 推量・確認の"吧"
[コラム2] 名詞連接（名詞＋名詞）による連体修飾構造

第4课　你在哪儿上学? ... 46
1. 前置詞"在"
2. 指示詞"这儿・那儿・哪儿"
3. 疑問詞疑問文
4. 正反疑問文
5. 形容詞述語文
6. "的"を用いる名詞句(1)
　　——「名詞／代名詞＋"的"＋名詞」
7. 能願動詞"会"(1)

第5课　多少钱? ... 52
1. 存在動詞"有"
2. 数量詞からなる名詞句
　　——「数詞＋量詞＋名詞」
3. 数詞「2」
4. 二桁以上の数詞
5. 勧誘・提案の"吧"
6. 疑問詞"多少"
7. 金銭の表現
＊よく用いられる量詞
● 3分間レクチャー3　動詞述語文の基本語順

第6课　能吃吗? ... 60
1. "这"の領域
2. 指示詞からなる名詞句
　　——「指示詞＋数詞＋量詞＋名詞」
3. "的"を用いる名詞句(2)
　　——「形容詞＋"的"＋名詞」
4. 能願動詞"能"
[コラム3] "会"と"能"のちがい
5. 経験を表す"过"
6. 副詞"再"(1)
7. 動詞の重ね型

第7课　我肚子饿了。 ... 66
1. "的"を用いる名詞句(3)
　　——「動詞＋"的"＋名詞」
2. 新事態出現の"了"

③ 主述述語文
④ 時刻の表現
⑤ 能願動詞"想"
⑥ 連動文
⑦ 選択疑問文
● 3分間レクチャー 4　主語と主題

第8课　买到了吗？　　　　74
① 順序を表す"上"と"下"
② "不是～吗？"
③ 能願動詞"要"
④ 結果補語
⑤ 概数表現の"～来"
⑥ 完了を表す"了"
[コラム4] 完了の"了"とその否定
⑦ 指示詞"这么・那么"
● 3分間レクチャー 5　同音連続の回避

第9课　您看，下雨了。　　　84
① 存現文
② 様態補語──「動詞+"得"+形容詞(句)」
③ "又～又…"
④ 副詞"就"
⑤ "有"を用いる連動文
⑥ 断定の"是"
＊時間詞をおぼえましょう
＊一日の区切り方
● 3分間レクチャー 6　テンスをもたない中国語

第10课　你准备在上海呆多长时间？　92
① 近接未来の"了"
② 疑問詞"多"
③ 時量（時間幅）の表現
④ 方位詞
⑤ 兼語文
⑥ "不～了"

[コラム5] 前置詞の"在"と結果補語の"在"

第11课　让我来介绍一下。　　100
① 数量表現+文末助詞"了"
② 副詞"没有"
③ 使役構文
④ 積極性を表す"来"
⑤ 動作量と回数表現
[コラム6] 時間量を表す語の位置
⑥ "一下"
⑦ 接続詞"所以"

第12课　这儿比北京还热闹嘛。　106
① 前置詞"比"
② 強意断定の"嘛"
③ 比較に用いる"有"と"没有"
④ 副詞"才"(1)
⑤ 副詞"才"(2)
⑥ 名詞述語文(2)

第13课　那就从高架走吧。　　111
① 伝聞を表す"听(…)说～"
② 確認要求の"是不是"
③ 副詞"就"の用法
④ 能願動詞"可以"
⑤ 能願動詞"会"(2)
⑥ 前置詞"从"

第14课　我在这儿等着吧。　　116
① 前置詞"给"
② 副詞"挺"
③ "把"構文
④ 前置詞"离"
⑤ 持続を表す"着"
● 3分間レクチャー 7　中国語のアスペクト

第15课　上海话你听得懂吗？　　124
　　① "太~了"
　　② 接続詞 "而且"
　　③ 能願動詞 "得 děi"
　　④ 副詞 "还是"
　　⑤ "(是)~的" 構文
　　⑥ 可能補語
　　[コラム7] 2種類の可能表現
　　⑦ "一点儿＋都"

第16课　快站起来走走看。　　130
　　① "好"＋動詞
　　② 疑問詞 "怎么"
　　③ 方向補語
　　④ 試行を表す "~看"
　　⑤ "给" を用いる兼語文
　　[コラム8] "拉我一把"……動作の回数を表す量詞 ──「動量詞」

第17课　山本被车撞伤了。　　138
　　① 受け身文
　　[コラム9] 「受け身文」と "把" 構文
　　② 副詞 "才" (3)
　　③ 禁止の表現
　　[コラム10] "快" ＋禁止の命令
　　④ 比較に用いる "多"

第18课　您教我们包饺子，好吗？　　144
　　① 形容詞の重ね型
　　② 連用修飾語に用いる助詞 "地"
　　③ 動詞＋ "个" ＋目的語
　　④ 名詞の重ね型
　　⑤ "一边（儿）~，一边（儿）…"
　　⑥ 二重目的語構文

第19课　不是一两天能练出来的。　　150
　　① 方向補語 "起来" の派生用法
　　② 方向補語 "出来" の派生用法
　　③ 時量表現の連用修飾用法
　　④ 連動文の "着"

第20课　想吃什么馅儿就包什么馅儿。　　154
　　① 副詞 "都" と疑問表現
　　② 疑問文に用いる "呢"
　　③ "多" の副詞的用法
　　④ 量詞の重ね型
　　⑤ "像~似的"
　　⑥ 疑問詞連鎖による複文表現

第21课　越来越觉得中国有意思了。　　158
　　① 仮定表現
　　② 副詞 "再" (2)
　　③ "越~越…"
　　④ 副詞 "在"
　　⑤ 前置詞 "为"

| 読物編 | 弟弟（四則）

Part1 一 ·· 164
   1)"说是～"
   2) 接続詞 "其实"
   3) 前置詞 "跟"
   4)"转个不停"
   5)"土里土气"
   6) 前置詞 "对"

Part2 二 ·· 167
   1) 直接引用の"～道"
   2) 疑問動詞 "干吗"
   3) 感嘆表現の"多么"
   4) 前置詞 "对"

Part3 三（一）·································· 170
   1)"传了出来"
   2)"只见"
   3) 能願動詞 "敢"
   4) 方向補語 "下去" の派生用法

Part4 三（二）·································· 172
   1) 副詞 "都" を用いた強調表現
   2)"一声不吭"

Part5 四（一）·································· 175
   1)"有些"
   2)"不说～"
   3) 譲歩表現

Part6 四（二）·································· 178
   1)「動詞＋"着"」の重ね型

語彙索引 ·· 180

●ワーク・ブック

発音編

発音編1　中国語とは？

1　漢語（汉语 Hànyǔ）

　現在13億の人口を擁する中国は，91％の「漢（民）族」と9％の非漢民族（少数民族）からなっている。55の非漢民族で最も多いのは「壮族（チワン）」であり，約1700万人である。漢族の用いる言語を一般に"漢語 Hànyǔ"と呼ぶ。"漢語"は言語学的にはシナ・チベット語族というグループに属する。日本語や韓国・朝鮮語，ベトナム語とは系統を異にする言語である。

　"漢語"とは通時的変遷（各時代の姿）と共時的変異（地理的変種・社会的変種），そして書かれた言葉と話された言葉両方を包括した大きな概念である。学術的に説明がつく限りでは，漢語は歴史的に約3000年にまで遡ることが可能と考えられている。音韻史では，

　　上古音 ── 周から漢
　　中古音 ── 隋・唐
　　近古音 ── 元・明
　　現代音 ── 清以降

という時代区分がなされることがある（他にも諸説がある）。

2　普通話（普通话 Pǔtōnghuà）

　中華人民共和国（1949-）において，最初は漢民族の共通語として，その後やがて中華民族全体の共通語として普及が推し進められたのが"普通話 Pǔtōnghuà"である。日本で「（現代）中国語」と言う場合，これを指すことが多い。

　"普通話"の基準は，

　　発音 ── 北京の発音
　　語彙 ── 北京を中心としつつ，中国北方で広く使用されている語彙

と考えられている。"普通話"は，北京をはじめ中国北方に分布する漢語の地理的変種を母体としていると考えてよい。

　しかし，規範化はまだ課題として残されており，全国各地の異なる社会的属性を有する人々がみな同じスタイルの"普通話"を話しているわけではない。国家政策としての"普通話"の強力な推進の結果，現在では華中や華南，西南の大都市で現地訛りの"普通話"が広く用いられているが，この"普通話"は必ずしも互いに聞き取りやすいものであるとは限らない。また，"普通話"と北京方言との間には違いも存在する。日本では"普通話"のことを指して「北京語」とも称する傾向が見られるが，注意を要する。

　中華民国（1912-49）の時代にも，国家語の普及が進められた。現在，台湾で使用されている"國語 Guóyǔ"がその流れを汲む。どこの方言を基礎にするかが曖昧であったため，"普通話"

との間には発音・語彙・文法の各面である程度の差異が存在しているが，意思疎通に大きな問題は生じない。

シンガポールでは小中学校で第二言語として"普通話"の履修が可能である。エスニックな視点から"華語 Huáyǔ"と呼ばれているが，語彙面では英語やマレー語の形式が豊富に取り入れられ，文法面でも副詞で文末に置かれるものがあるなど，独自色の強いものとなっている。しかし，これも"普通話"との間で意思疎通に大きな問題は生じない。

なお「広東語」をはじめ中国東南部に分布する，中国北方の漢語とは系統を異にする地域言語は，方言という位置づけを与えられているものの，言語同士に匹敵する差異を有し，意思疎通は概して不可能である。それらを学ぶ場合には，"普通話"とは別の言語として学ぶ必要がある。

中国語圏における通用言語については次の表のとおり。

	音声　公的な場　←→　私的な場	漢字表記
中国大陸	普通話／漢語系および非漢語系の現地語（いわゆる少数民族の諸言語）	簡体字
台湾	国語／台湾(閩南)語／客家語・原住民語	繁体字
香港	広東語／英語／普通話	繁体字
澳門（マカオ）	広東語／英語・ポルトガル語／普通話	繁体字
シンガポール	英語／華語／福建語・広東語・マレー語	簡体字

※中国大陸の広東省全域ではテレビなど公共の場で普通話と広東語が併用されることが多く，両者が第一言語の座にあるのが現状である。香港と澳門（マカオ）では公共放送に広東語が用いられる。また，台湾では母語教育として台湾語や客家語（ハッカ）の授業も行われている。地下鉄の車内放送は香港が広東語・普通話・英語，台湾（台北）が国語・台湾語・客家語・英語の順で行われている。中国大陸の都市部では，1990年代後半以降普通話の浸透とともに，第二言語の使用は主に家庭や近隣に限定される趨勢が顕著となっている。そのため，第二言語は学習の対象とはなりにくいのが現実である。

③ 現代中国語の文字表記

　中国大陸では中華人民共和国成立以降，非識字層の減少などを目的に漢字の筆画の簡略化が進められ，1956年に国務院より「漢字簡化方案」が公布されている。そして，簡略化を経た字形（新字体）である"簡体字 Jiǎntǐzì"が正しい字体となっている。これに対して，簡略化を経る以前の字形（旧字体）を"繁体字 Fántǐzì"と呼ぶ。シンガポールも"華語"の授業で簡体字を使用している。これに対して，香港，澳門，台湾では繁体字が正しい字体として使用されている。

繁体字 （香港・澳門・台湾）	簡体字 （中国・シンガポール）	
這個 是 簡體字。	这个 是 简体字。	〈これは簡体字です。〉
漢語 等於 普通話 嗎？	汉语 等于 普通话 吗？	〈漢語は普通話と同義ですか？〉

　簡略化は日本の常用漢字とは異なる字形を生み出すことも多い。次の例を参考にされたい。

	繁体字	簡体字	日本の常用漢字
ゲイ	藝	艺	芸
シャ	寫	写	写
ヒン	濱	滨	浜

　なお，中国大陸では，書かれた言葉を指すのに"中文 Zhōngwén"，話された言葉を指すのに"中国話 Zhōngguóhuà"という言い方が用いられる。

発音編2　音節と声調

1　音節とは？

"普通話"を学習する場合，「音節」という単位が重要になってくる。これは音の塊だと考えればよいであろう。原則として漢字1文字が1「音節」となる。「音節」は：

　声母 —— 音節頭子音
　韻母 —— 音節頭子音に後続する部分（母音を核とする）
　声調 —— 音節全体にかかる音の高低変化

の3要素からなる。「韻母」は更に

　韻頭 —— 主母音の直前に現れる渡り母音。「介音」とも呼ばれる。i, u, ü[y] の3つのみ。
　韻腹 —— 主母音
　韻尾 —— 音節末音（主母音の直後に現れる）。

に細分可能である。これらの諸要素で不可欠なのは主母音であり，これを欠く音節は原則として存在しない。その次に重要なのは声調である。

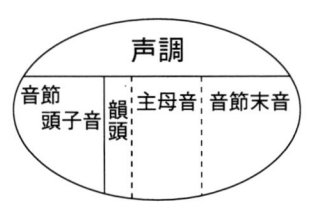

2　声調

原則として全ての漢字は固有の声調を最低1つ有している。"普通話"の声調は次の4つのタイプに分かれる。

　第1声　ā　高く平らに引く
　第2声　á　音域の中程から最高点へ引き上げる
　第3声　ǎ　低く押さえる
　第4声　à　最高点から急速に落とす

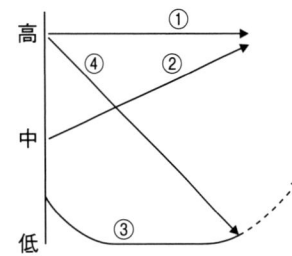

※ 注意

第1声：「高め」ではなく「自分の音域の最高点」で引っぱる。最後が落ちないように。

第2声：「放物線状に上がる」のではなく，直線的に引き上げる。

第3声：「最後が上がる」のは1音節を丁寧に発音した場合のみ。重要なのはとにかく「おさえつける」こと。

第4声：「中程から落ちる」のではなく，また「中程まで落ちる」のでもない。「音域の最高点」から「最低点」へ向けて急降下するつもりで。

3 声調符号を付す位置

　漢字は表語文字であり，表音文字ではないため，発音を表す補助表記が必要となる。識字教育の効果を高め，「普通話」を推進する目的で1958年に全国人民代表大会で承認されたのが"拼音 pīnyīn"（ピンイン）である。日本では「ピンイン表記」とか「ピンインローマ字」とも呼ばれるこのシステムは，vを除いたアルファベット25文字を用いることで，全ての発音が明示されるように設計されている。

　ピンインとは声調の別を表す「声調符号」をも含んだ概念である。声調符号には，

003

ー	第1声	mā	妈	lī	哩
´	第2声	má	麻	lí	梨
ˇ	第3声	mǎ	马	lǐ	李
`	第4声	mà	骂	lì	栗

の4種類がある。

コラム1　●　声調符号の付し方

　声調符号の付し方については次の点に注意すること。

1. 原則として主母音（韻腹）の上に付す。子音の上には付さない。
　　［例］ na 那〈あれ。あの〉　　○ n à （声母・韻母／韻腹）　　× na

2. 主母音がiの場合は・を取る。
　　［例］ ni 你〈あなた〉　　○ n ǐ （声母・韻母／韻腹）　　× nǐ

3. 主母音を担う母音の優先順位はa＞e, o＞i, u, üとなっている。これは開口度の大きさに対応している。主母音は開口度のより大きい母音が担う。なお，eo, oe, iü, üi, uü, üuという二重母音はない。
　　［例］ lai 来〈来る〉　　○ l á i （声母・韻腹・韻尾／韻母）　　× laí

4. iuとuiについては，後ろに来る母音に付すことになっている。(iuとuiはp.13〜14で学ぶ)
　　［例］ niu 牛〈ウシ〉　　○ n i ú （声母・韻頭・韻尾／韻母）　　× níu

発音編3　単母音

1　6つの単母音

　　a　　　　o　　　　e　　　　i(yi)　　u(wu)　　ü(yu)

004

a　[A]　日本語のアではなく，顎を下に引き口を上下に大きく開ける。
o　[o]　日本語のオよりも口を丸め，やや突き出す。
e　[ɤ]　舌を後へ引く。口は若干開いた状態になる。暗い音色の音が出る。
i　[i]　日本語のイではなく，口を左右に引ききった状態で発音する。
u　[u]　日本語のウではなく，唇をすぼめて突き出した状態で発音する。
ü　[y]　唇の構えはuと同じにし，その状態でiを発音する。

※uとüの違いは，uは舌が後寄りであるのに対し，üは舌が前寄りである点にある。

2　そり舌母音　er

005

まず何も発音しない時の構え──舌は口腔の中央部に平たく置かれている──をとる。その構えから舌先をそり上げる。

er　[ɚ]　この母音は単独でのみ現れ，いかなる声母や韻頭，韻尾とも結合しない。

■声に出してみよう1

006

ā	á	ǎ	à
ō	ó	ǒ	ò
ē	é	ě	è
ī	í	ǐ	ì
ū	ú	ǔ	ù
ǖ	ǘ	ǚ	ǜ
ēr	ér	ěr	èr

発音編4　声母（音節頭子音）

1　音節頭子音の分類（21個）

　　発音の体系は各要素がランダムに存在しているわけではない。息の通し方（調音様式）と，器官のどの位置を用いるか（調音点）という2つの基準に従って分類すると次のようになる。

□声母の一覧表

調音点＼調音様式	無声破裂音・破擦音		鼻音	摩擦音	その他
	無気音	有気音			
唇音	b [p]	p [pʰ]	m [m]	f [f]	
舌尖音	d [t]	t [tʰ]	n [n]		l [l]
舌歯音	z [ts]	c [tsʰ]		s [s]	
そり舌音	zh [tʂ]	ch [tʂʰ]		sh [ʂ]	r [ʐ],[ɻ]
舌面音	j [tɕ]	q [tɕʰ]		x [ɕ]	
舌根音	g [k]	k [kʰ]		h [x]	

■声に出してみよう2

007

bā	pā	mā	fā	
dǐ	tǐ	nǐ		lǐ
zù	cù		sù	
zhě	chě		shě	rě
jí	qí		xí	
gǔ	kǔ		hǔ	

コラム2　　音節頭子音が無い単母音の綴り方

　　前節で学習した6つの単母音の内，i, u, ü は音節頭子音（声母）が無い音節ではそれぞれ yi, wu, yu と綴ることになっている。これは重要な規則なので覚えておかねばならない。

1．i → yi

　　　［例］音節頭子音がある　　　　　音節頭子音が無い
　　　　　　tī　踢〈蹴る〉　　　　　　yī　一〈1〉　　　　　　　× ī

2. u → wu
    [例]　音節頭子音がある　　　　音節頭子音が無い
    　　　kǔ　苦〈苦い〉　　　　　wǔ　五〈5〉　　　　　　×　ǔ
3. ü → yu
    [例]　音節頭子音がある　　　　音節頭子音が無い
    　　　lǘ　驴〈ロバ〉　　　　　yú　鱼〈魚〉　　　　　　×　ǘ

この規則があるおかげで，i, u, ü で始まる音節については，直前の音節との境界が常に明示されることになる。
    [例]　fānyì　翻译〈翻訳，通訳〉　　∴　fā + nì とは見なされない

残り3つの単母音 a, e, o についてはこのような規則は無い。それぞれ一律に a, e, o と綴る。
    [例]　音節頭子音がある　　　　音節頭子音が無い
    　　　hé　河〈川〉　　　　　　é　鹅〈ガチョウ〉

その代償として，a, e, o で始まる音節が他の音節に後続し，直前の音節と合体することで混乱を生じる場合には，分かち書きを行う必要がある。分かち書きの記号にはアポストロフィー（'）を用いる。
    [例]　Xī'ān　西安〈西安（地名）〉　≠　xiān　先〈先に〉
    　　　fāng'àn　方案〈取り決め，規則〉　≠　fǎngǎn　反感〈反感〉

分かち書きの記号を用いなくても混乱が起きない語についても，分かち書きの記号を用いることがある。
    　　　Huá'ěrjiē　华尔街〈ウォール街〉　　（ae という綴りは存在しない）
    　　　Wò'ěrmǎ　沃尔玛〈ウォルマート〉　　（oe という綴りは存在しない）
    　　　（三声＋三声の場合 → 連読変調）

2　無気音と有気音

特に重要なのは，無気音と有気音の対立である。前者は濁音の b, d, z, zh, j, g，後者は清音の p, t, c, ch, q, k をアルファベットに用いるが，これは文字表記上の都合に過ぎない。両者は共に清音であり，声帯の振動を伴わないのである。両者の違いは前者が息の流出を伴わないのに対し，後者は強烈な息の流出を伴う点にある。図式化すると次のようになる。

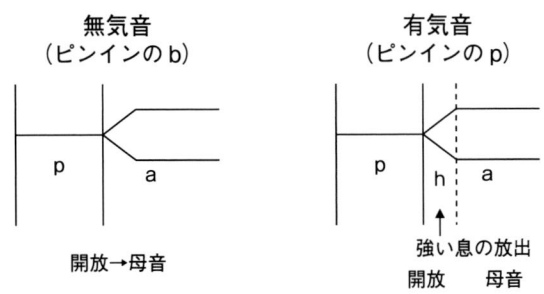

■声に出してみよう3

拔	爬	递	替	租	促
bá	pá	dì	tì	zū	cù

炸	查	举	娶	隔	刻
zhá	chá	jǔ	qǔ	gé	kè

コラム3　j, q, x と組む ü の綴り方

ü は j, q, x と組む音節では常に u と綴ることになっている。これも重要な規則なので覚えておかねばならない。u が j, q, x と組むことは有り得ないため，この規則が存在することによる混乱は起こらない。

[例]　音節頭子音が j, q, x　　音節頭子音が j, q, x 以外 (n, l)　　音節頭子音が無い
　　　　　　u　　　　　　　　　　　　　ü　　　　　　　　　　　　　　yu
　　　qù　去〈行く〉　　　　　　　lǜ　緑〈緑〉　　　　　　　　　yǔ　雨〈雨〉

3　そり舌音

「捲舌音」や「巻き舌音」とも言われる。舌先を若干そり上げ，舌の先端を歯茎後部に接触もしくは接近させる。

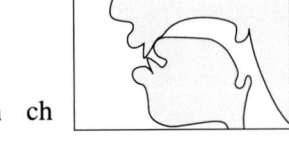
zh ch

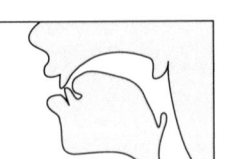
sh r

■声に出してみよう4（捲舌音：舌面音）

茶具〈茶器〉	榨取〈搾る〉	主席〈主席〉	书记〈書記〉
chájù	zhàqǔ	zhǔxí	shūjì

记者〈記者〉	汽车〈自動車〉	世纪〈世紀〉	细致〈きめ細かい〉
jìzhě	qìchē	shìjì	xìzhì

4 i の発音

zi, ci, si と zhi, chi, shi, ri では，母音 i の発音に注意を要する。「イー」という音色を出すのではなく，むしろ直前の声母（zi であれば z）を引きずるつもりで発音する。なお「普通話」には「ツィー」や「スィー」といった発音は存在しない。

■声に出してみよう 5

010

zī　　　cī　　　sī
zhì　　　chì　　　shì　　　rì

■声に出してみよう 6

011

| 自立〈自立〉 | 磁力〈磁力〉 | 司机〈運転手〉 | 仔细〈詳細な〉 |
| zìlì | cílì | sījī | zǐxì |

| 妻子〈妻子〉 | 刺激〈刺激〉 | 诗词〈詩と詞〉 | 日资〈日本資本の，日系の〉 |
| qīzǐ | cìjī | shīcí | Rìzī |

★ここまで学んだことの確認 1（u：i, e：i）

012

| 俗字〈俗字〉 | 词组〈フレーズ〉 | 设置〈設置する〉 | 使者〈使者〉 |
| súzì | cízǔ | shèzhì | shǐzhě |

（三声＋三声の場合→連読変調）

★ここまで学んだことの確認 2（（舌面音 ＋）u：（捲舌音 ＋）u）

013

| 驱逐〈駆逐する〉 | 举出〈挙げる〉 | 数据〈データ〉 | 除去〈取り除く〉 |
| qūzhú | jǔchū | shùjù | chúqù |

発音編5　二重母音と三重母音

1　二重母音　A類（主母音が前にあるもの）

韻腹（主母音）＋韻尾（音節末音）であり，声調符号は主母音である前の母音に付す。

韻尾＼韻腹	a	a以外
i	ai [aɪ]	ei [ei]
u	ao [ɑʊ]	ou [ou]

※ ao は韻尾に o を用いているがこれは表記法の都合に過ぎない。実際の発音は弛緩した u である。
※ ei の e は単母音の場合と異なり，日本語のエに近い発音となる。

■声に出してみよう7

014

āi　　ái　　ǎi　　ài　　ēi　　éi　　ěi　　èi
āo　　áo　　ǎo　　ào　　ōu　　óu　　ǒu　　òu

2　二重母音　B類（主母音が後にあるもの）

韻頭（渡り音）＋韻腹（主母音）であり，声調符号は主母音である後の母音に付す。

韻頭＼韻腹	a	a以外
i	ia (ya) [iA]	ie (ye) [iɛ]
u	ua (wa) [uA]	uo (wo) [uo]
ü		üe (yue) [yɛ]

※括弧内の表記については，コラム4を参照のこと。
※ ie と üe の e は単母音の場合と異なり，日本語のエよりも顎を下に引いて発音する。

■声に出してみよう8

015

iā　　iá　　iǎ　　ià　　　　iē　　ié　　iě　　iè
uā　　uá　　uǎ　　uà　　　　uō　　uó　　uǒ　　uò
　　　　　　　　　　　　　　üē　　üé　　üě　　üè

コラム4　音節頭子音が無い二重母音の綴り方

i, u, ü で始まる二重母音は，音節頭子音（声母）が無い音節ではそれぞれ次のように綴ることになっている。

1. ia → ya, ie → ye

　　［例］音節頭子音がある　　　　　音節頭子音が無い
　　　　　jiā　家〈家〉　　　　　　　yá　牙〈歯〉　　　　　　× yiá
　　　　　xiě　写〈書く〉　　　　　　yě　也〈～も〉　　　　　× yiě

2. ua → wa, uo → wo

　　［例］音節頭子音がある　　　　　音節頭子音が無い
　　　　　shuā　刷〈磨く〉　　　　　wā　挖〈掘る〉　　　　　× wuā
　　　　　huǒ　火〈火〉　　　　　　 wǒ　我〈私〉　　　　　　× wuǒ

3. üe → yue

　　［例］音節頭子音 j, q, x がある　　音節頭子音が無い　　　　音節頭子音 l がある
　　　　　xué　学〈学ぶ〉　　　　　　yuè　月〈月〉　　　　　　lüè　略〈やや〉

3　三重母音

二重母音 A 類の前に渡り音 u か i が加わった形式。韻頭＋韻腹＋韻尾であり，主母音は真ん中の母音である。

韻頭／韻尾 \ 韻腹	a	a 以外
u／i	uai (wai) [uaɪ]	uei (wei) [ueɪ]
i／u	iao (yao) [iɑʊ]	iou (you) [iou]

※括弧内の表記については，コラム 5 を参照のこと。
※ iao は韻尾に o を用いているが，ao の o と同様これは表記法の都合に過ぎない。実際の発音は弛緩した u である。
※ uei の e は ei の e と同様，日本語のエに近い発音となる。

■声に出してみよう 9

　　uāi　　uái　　uǎi　　uài　　　　uēi　　uéi　　uěi　　uèi

　　iāo　　iáo　　iǎo　　iào　　　　iōu　　ióu　　iǒu　　iòu

コラム5　音節頭子音が無い三重母音の綴り方

　iやuで始まる三重母音は，音節頭子音（声母）が無い音節ではそれぞれ次のように綴ることになっている。

1. iao → yao，uai → wai

　　　[例] 音節頭子音がある　　　　　音節頭子音が無い
　　　　　jiào　叫〈呼ぶ〉　　　　　yào　要〈欲する・欲しい〉　　　×　yiào
　　　　　guāi　乖〈聞き分けのよい〉　wāi　歪〈ゆがんだ〉　　　　　×　wuāi

2. iou → you，uei → wei

　　　[例] 音節頭子音がある　　　　　音節頭子音が無い
　　　　　jiǔ　酒〈酒〉　　　　　　　yǒu　有〈ある〉　　　　　　　×　yiǒu
　　　　　duì　对〈正しい〉　　　　　wèi　为〈～のために〉　　　　×　wuèi, wì

　iouとueiについては，「音節頭子音がある」場合も綴り方に注意する必要がある。これはiouとueiだけの規則だが，一見すると二重母音に見えてしまう。また第一声などでは実際の発音がiuとuiのように聞こえることが多い（第三声などでは主母音のo，eが響くiou, ueiに聞こえることが多い）。実体は三重母音であることを忘れないようにすること。

　　　[例] 音節頭子音がある
　　　　　jiù　旧〈古い〉　　　　　　　　　　　　　　　　　　　　×　jiòu, jòu
　　　　　guì　贵〈値が高い〉　　　　　　　　　　　　　　　　　　×　guèi

■声に出してみよう10

017

大小	高低	姐妹	厚薄
dàxiǎo	gāodī	jiěmèi	hòubó

好坏	内外	左右	优劣
hǎohuài	nèiwài	zuǒyòu	yōuliè

★ここまで学んだことの確認3（(舌面音＋) ia：(捲舌音＋) a）

018

脚	找	虾	杀
jiǎo	zhǎo	xiā	shā

発音編6　鼻音 n, ng で終わる韻母

　韻尾の n では舌先が歯茎に，ng では舌根が軟口蓋（g や k の位置）に付着する。主母音を発音した後，舌が前方へ移動するか後方へ移動するかで両者は異なる。

1　主母音が a のもの

韻頭 \ 韻尾	n	ng
なし	an　[an]	ang　[ɑŋ]
i	ian (yan)　[iɛn]	iang (yang)　[iɑŋ]
u	uan (wan)　[uan]	uang (wang)　[uɑŋ]
ü	üan (yuan)　[yan], [yæn], [yɛn]	

※括弧内の表記については，コラム 6 を参照のこと。
※韻尾が n の場合，主母音の舌が前寄りになり，概して明るい音色として聞こえる。韻尾が ng の場合，主母音の舌が後寄りになり，概して暗い音色として聞こえる。
※ian の主母音は，韻頭 i の影響を受け，エになる点に注意（アではない）。

■声に出してみよう11

019

ān	án	ǎn	àn	āng	áng	ǎng	àng
iān	ián	iǎn	iàn	iāng	iáng	iǎng	iàng
uān	uán	uǎn	uàn	uāng	uáng	uǎng	uàng
üān	üán	üǎn	üàn				

コラム6　音節頭子音が無い韻母 -an, -ang の綴り方

　i, u, ü で始まる韻母 -an, -ang は，音節頭子音（声母）が無い音節ではそれぞれ次のように綴ることになっている。

1．ian → yan, iang → yang

　　[例]　音節頭子音がある　　　　　音節頭子音が無い
　　　　qiān　千〈千〉　　　　　　　yān　烟〈タバコ〉　　　　×　yiān
　　　　jiǎng　讲〈言う〉　　　　　　yǎng　痒〈かゆい〉　　　　×　yiǎng

2．uan → wan, uang → wang
　　［例］音節頭子音がある　　　　　音節頭子音が無い
　　　　　huàn　换〈交換する〉　　　wàn　万〈万〉　　　　× wuàn
　　　　　huáng　黄〈黄（姓）〉　　　wáng　王〈王（姓）〉　× wuáng
3．üan → yuan（üan が組める音節頭子音は j，q，x のみである）
　　［例］音節頭子音がある　　　　　音節頭子音が無い
　　　　　quàn　劝〈勧める〉　　　　yuǎn　远〈遠い〉　　　× yüǎn

★ ここまで学んだことの確認４

020

占	间	砖	捐
zhān	jiān	zhuān	juān

长	强	床
cháng	qiáng	chuáng

按	咽	万	愿
àn	yàn	wàn	yuàn

赏	想	爽
shǎng	xiǎng	shuǎng

② 主母音が a 以外のもの

韻頭 \ 韻尾	n	ng
なし	en　［ən］	eng　［ɤŋ］
i	in (yin)　［in］	ing (ying)　［iŋ］
u	uen (un, wen)　［uən］	ong ［ʊŋ］，weng ［uɤŋ］
ü もしくは iu	ün (yun)　［yn］	iong (yong)　［iʊŋ］

※括弧内の表記については，コラム７を参照のこと。
※最も区別が難しいと言われているのが in と ing である。ing の場合，話者によっては［ɤ］のような渡り音的要素が i と ng の間に入って聞こえることがある。
　weng は単独でのみ出現し，如何なる声母とも結合しない。それに対し ong は常に何らかの声母と結合して現れる。両者は相補関係にある。
※ong, iong は o を用いているがこれは表記法の都合に過ぎない。実際の発音は弛緩した u である。
※ün は話者によっては［ə］のような渡り音的要素が ü と n の間に入って聞こえることがある。

■声に出してみよう12

021

ēn	én	ěn	èn	ēng	éng	ěng	èng
īn	ín	ǐn	ìn	īng	íng	ǐng	ìng
uēn	uén	uěn	uèn	ōng	óng	ǒng	òng
ūn	ún	ǔn	ùn	iōng	ióng	iǒng	iòng

コラム7　音節頭子音が無い韻母 in, ing などの綴り方

韻母 in, ing などは，音節頭子音（声母）が無い音節ではそれぞれ次のように綴ることになっている。

1. in → yin, ing → ying

　　［例］音節頭子音がある　　　　音節頭子音が無い
　　　　xīn　新〈新しい〉　　　　yīn　音〈音声〉　　　　× yn
　　　　píng　瓶〈ビン〉　　　　　yíng　赢〈勝つ〉　　　× yng

2. uen → wen

　　［例］音節頭子音がある　　　　音節頭子音が無い
　　　　kùn　困〈眠たい〉　　　　wèn　问〈尋ねる〉　　　× wuen

　uen については，「音節頭子音がある」場合も綴り方に注意する必要がある。これは uen だけの規則だが，一見すると母音が u だけであるかのように思えてしまう。また第一声などでは実際の発音が un のように聞こえることが多い（第三声などでは主母音の e が響く uen に聞こえることが多い）。実体は uen であることを忘れないようにすること。

3. ün → yun（ün が組める音節頭子音は j, q, x のみである）

　　［例］音節頭子音がある　　　　音節頭子音が無い
　　　　jūn　军〈軍〉　　　　　　yūn　晕〈目眩がする〉　× yǖn

4. iong → yong

　　［例］音節頭子音がある　　　　音節頭子音が無い
　　　　qióng　穷〈貧しい〉　　　yòng　用〈使う〉　　　× yiòng

★ ここまで学んだことの確認5

022

真	紧	准	军
zhēn	jǐn	zhǔn	jūn
恩	印	问	晕
ēn	yìn	wèn	yūn
成	情	虫	穷
chéng	qíng	chóng	qióng

■ 声に出してみよう13

023

单双	繁简	软硬	远近
dānshuāng	fánjiǎn	ruǎnyìng	yuǎnjìn
长短	深浅	阴阳	军民
chángduǎn	shēnqiǎn	yīnyáng	jūnmín
冷暖	正反	轻重	松紧
lěngnuǎn	zhèngfǎn	qīngzhòng	sōngjǐn

発音編7　連読変調，軽声，r化など

1　第3声の連読変調（3声＋3声→2声＋3声）

第3声は単独で発音する場合低く押さえるが，直後に第3声が続く場合，第2声と同じ上昇調になる。声調符号の書き換えは行なわない。

024

海　＋　口　→　海口〈海口。海南島の地名〉
hǎi　　kǒu　　Hǎikǒu　　（実際の発音は Háikǒu）

打　＋　鼓　→　打鼓〈ドラムを叩く〉
dǎ　　gǔ　　dǎ gǔ　　（実際の発音は dá gǔ）

很　＋　好　→　很好〈（とても）よい〉
hěn　　hǎo　　hěn hǎo　　（実際の発音は hén hǎo）

第3声が3つ以上連続する場合は，発音する速度などの要因にも左右されるが，単語としてまとまった単位を構成していれば，概して最後の音節以外が全て第2声と同じ上昇調になる。

025

五　＋　百　＋　米　→　五百米〈500メートル〉
wǔ　　bǎi　　mǐ　　wǔbǎimǐ　　（実際の発音は wúbáimǐ）

2　軽声

本来の声調を失い，軽く短く発音される音節のことを「軽声」と呼ぶ。発話において単独では出現しない。軽声は声調符号が無いことで表される。

軽声の音の高さは，第何声の音節の直後であるかによって決まる。第3声の直後では上がって発音されるが，それ以外の声調の直後では下がって発音される。ただし，疑問のイントネーションが被さった場合は上がって発音されることもある。

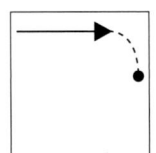 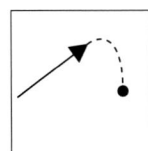 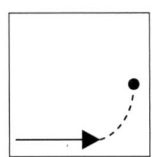 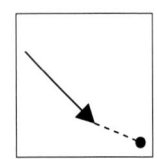

026

桌子〈机〉	房子〈家〉	椅子〈いす〉	柱子〈柱〉
zhuōzi	fángzi	yǐzi	zhùzi

3 "不" と "一" の変調

　"不"と"一"は単独で発音する場合それぞれ第4声（bù）と第1声（yī）で発音されるが，直後に他の語が続く場合，声調が変化する。直後に第1，2，3声が続くときは第4声で，直後に第4声が続くときは第2声で発音される。

　声調符号を書き換えるか書き換えないかは，教材によって多少異なるので，注意すること。本書では書き換えを行なう。

"不"の変調

027

bù → bù（第4声）＋ 第1声　bù gāo　不高〈高くない〉
　　　　　　　　　　　第2声　bùrán　不然〈さもなくば〉
　　　　　　　　　　　第3声　bù xiě　不写〈書かない〉

bù → bú（第2声）＋ 第4声　búcuò　不错〈なかなかよい〉
　　　　　　　　　　　　　bú qù　不去〈行かない〉
　　　　　　　　　　　　　búyòng　不用〈〜する必要は無い〉

"一"の変調

028

yī → yì（第4声）＋ 第1声　yìbān　一般〈一般〉
　　　　　　　　　　　第2声　yì nián　一年〈一年〉
　　　　　　　　　　　第3声　yìbǎi　一百〈百〉

yī → yí（第2声）＋ 第4声　yí jiàn　一件〈一つの，一件の〉
　　　　　　　　　　　　　yílǜ　一律〈一律に〉
　　　　　　　　　　　　　yíyàng　一样〈同じ〉

　"一"の本来の声調は第一声であり，"一，二，三，…"のように単独で読まれる場合は yī である。また，上記の規則が適用されずに第一声で読まれるケースがある。例えば，序数"第一"では yī で読む。3桁以上の数字で現れる"一十"も yī で読む。

[「二桁以上の数詞」☞ 第5課ポイント 4]

4 r化（儿化）

　　音節末に舌先をそり上げてrを発音する現象を「r化」（儿化 érhuà）と呼ぶ。簡体字の漢字表記は"儿"（繁体字では"兒"，日本の常用漢字では"児"）である。儿化は名詞に起こることが多く，「小さな，可愛い，親近感を持つ」といった語感が加わることがある。

　　ピンインでは直前の綴りにrを付すだけであり，発音に顕著な変化が起きる④や⑤の場合であっても，書き換えは行なわない。

① a, e, o で終わる音節では，直前の母音に続いて舌先をそり上げる。
　　（Vで母音を代表させると，V＋r　→　Vr）

029

　　那儿〈あそこ〉　　这儿〈ここ〉
　　nàr　　　　　　　zhèr

② 単母音i（下記③のものを除く），u, ü が儿化すると，曖昧母音 [ə] が入る。
　　（V＋r　→　Ver）

030

　　玩意儿〈玩具〉　　小曲儿〈民謡〉
　　wányìr　　　　　 xiǎoqǔr

　　（→実際の発音では，yì-er, qǔ-er に変化する）

③ zi, ci, si, zhi, chi, shi, ri が儿化すると，そり舌母音 er となる。
　　（V＋r　→　er）

031

　　字儿〈字〉　　事儿〈事柄，用事〉
　　zìr　　　　　shìr

④ 韻尾（音節末音）が i, n である音節が儿化すると，i, n は消失する。
　　（Vi, Vn＋r　→　Vr）

032

　　牌儿〈札〉　　玩儿〈遊ぶ〉　　里边儿〈内側〉　　门儿〈扉〉
　　páir　　　　　wánr　　　　　 lǐbianr　　　　　 ménr

　　（→実際の発音では，pár, wár, biar, mér に変化する）

⑤ 韻尾が ng である音節が儿化すると，ng が消失し，ng の前の主母音が鼻音化する（鼻にかかっ

た音になる）。

033

名儿〈名前〉　　信封儿〈封筒〉
míngr　　　　　xìnfēngr

（→実際の発音では，母音が鼻にかかった mí-er, fēr に変化する）

以下の"儿"は「子ども」の意味を表しており，直前の名詞に何らかの語感を加えるものではない。このような場合は儿化ではなく，"儿"は本来の漢字音 ér で発音する。

034

孤儿〈孤児〉　　女儿〈娘〉
gū'ér　　　　　nǚ'ér

また，語頭の"儿"も儿化ではない。

035

儿童〈児童〉　　儿子〈息子〉
értóng　　　　　érzi

5 "啊"の発音と漢字表記 —— "呀"，"哇"，"哪"

語気助詞の"啊"は直前の音に影響されて，しばしば次のように発音が変化する。そのため，異なる漢字で表記されることが少なくない。

036

① a, e, i (zi, ci, si, zhi, chi, shi, ri は除く), o, ü に続く"啊" (a)
　　　　→ "呀" (ya) (*ex.* 我没有茶杯呀。Wǒ méiyou chábēi ya.)
② u, ao, ou に続く"啊" (a)
　　　　→ "哇" (wa) (*ex.* 好哇。Hǎo wa.)
③ n に続く"啊" (a)　　→ "哪" (na) (*ex.* 可不难哪。Kě bù nán na.)

★発音総合練習 1

発音された語をピンインで書き取りなさい。

037

① ____　② ____　③ ____　④ ____
⑤ ____　⑥ ____　⑦ ____　⑧ ____
⑨ ____　⑩ ____　⑪ ____　⑫ ____

★ 発音総合練習2（学校に関係する語彙）

038

书包	空调	铅笔	商店	窗户
shūbāo	kōngtiáo	qiānbǐ	shāngdiàn	chuānghu
零分	职员	词典	迟到	学生
língfēn	zhíyuán	cídiǎn	chídào	xuésheng
老师	走廊	手表	眼镜	椅子
lǎoshī	zǒuláng	shǒubiǎo	yǎnjìng	yǐzi
挂钟	校门	课本	宿舍	凳子
guàzhōng	xiàomén	kèběn	sùshè	dèngzi

★ 発音総合練習3（中国の人名）

039

西施	孙文	关羽	苏轼
Xīshī	Sūn Wén	Guān Yǔ	Sū Shì
曹操	陶潜	王莽	刘备
Cáo Cāo	Táo Qián	Wáng Mǎng	Liú Bèi
李斯	董卓	老舍	鲁迅
Lǐ Sī	Dǒng Zhuó	Lǎo Shě	Lǔ Xùn
岳飞	郑和	杜甫	戴震
Yuè Fēi	Zhèng Hé	Dù Fǔ	Dài Zhèn

● 中国語音節表 ●

			1	2	3	4	5	6	7	8	9	10	11	12	13	14	15	16	17	18	19
		韻母	\multicolumn{14}{第1グループ 介音なし}													第2グループ 介音 i				
		声母	i	a	o	e	ai	ei	ao	ou	an	en	ang	eng	ong	i	ia	ie	iao	iou
	ア	ゼロ		a	o	e	ai	ei	ao	ou	an	en	ang	eng		yi	ya	ye	yao	yo
無気	イ	b		ba	bo		bai	bei	bao		ban	ben	bang	beng		bi		bie	biao	
有気	ウ	p		pa	po		pai	pei	pao	pou	pan	pen	pang	peng		pi		pie	piao	
	エ	m		ma	mo	me	mai	mei	mao	mou	man	men	mang	meng		mi		mie	miao	mi
	オ	f		fa	fo			fei		fou	fan	fen	fang	feng						
無気	カ	d		da		de	dai	dei	dao	dou	dan	den	dang	deng	dong	di		die	diao	di
有気	キ	t		ta		te	tai		tao	tou	tan		tang	teng	tong	ti		tie	tiao	
	ク	n		na		ne	nai	nei	nao	nou	nan	nen	nang	neng	nong	ni		nie	niao	ni
	ケ	l		la		le	lai	lei	lao	lou	lan		lang	leng	long	li	lia	lie	liao	liu
無気	コ	g		ga		ge	gai	gei	gao	gou	gan	gen	gang	geng	gong					
有気	サ	k		ka		ke	kai	kei	kao	kou	kan	ken	kang	keng	kong					
	シ	h		ha		he	hai	hei	hao	hou	han	hen	hang	heng	hong					
無気	ス	j														ji	jia	jie	jiao	ju
有気	セ	q														qi	qia	qie	qiao	qi
	ソ	x														xi	xia	xie	xiao	xi
無気	タ	zh	zhi	zha		zhe	zhai	zhei	zhao	zhou	zhan	zhen	zhang	zheng	zhong					
有気	チ	ch	chi	cha		che	chai		chao	chou	chan	chen	chang	cheng	chong					
	ツ	sh	shi	sha		she	shai	shei	shao	shou	shan	shen	shang	sheng						
	テ	r	ri			re			rao	rou	ran	ren	rang	reng	rong					
無気	ト	z	zi	za		ze	zai	zei	zao	zou	zan	zen	zang	zeng	zong					
有気	ナ	c	ci	ca		ce	cai		cao	cou	can	cen	cang	ceng	cong					
	ニ	s	si	sa		se	sai		sao	sou	san	sen	sang	seng	song					
			[ɿ]	[ʅ]		[ɤ]	[e]				[ə]		[ɤ]	[ʊ]						

そり舌: zh, ch, sh, r

	21	22	23	24	25	26	27	28	29	30	31	32	33	34	35	36	37
					第3グループ 介音 u									第4グループ 介音 ü			
an	in	iang	ing	iong	u	ua	uo	uai	uei-ui	uan	uen-un	uang	ueng	ü	üe	üan	ün
yan	yin	yang	ying	yong	wu	wa	wo	wai	wei	wan	wen	wang	weng	yu	yue	yuan	yun
an	bin		bing		bu												
an	pin		ping		pu												
an	min		ming		mu												
					fu												
an			ding		du		duo		dui	duan	dun						
an			ting		tu		tuo		tui	tuan	tun						
an	nin	niang	ning		nu		nuo			nuan				nü	nüe		
an	lin	liang	ling		lu		luo			luan	lun			lü	lüe		
					gu	gua	guo	guai	gui	guan	gun	guang					
					ku	kua	kuo	kuai	kui	kuan	kun	kuang					
					hu	hua	huo	huai	hui	huan	hun	huang					
an	jin	jiang	jing	jiong										ju	jue	juan	jun
an	qin	qiang	qing	qiong										qu	que	quan	qun
an	xin	xiang	xing	xiong										xu	xue	xuan	xun
					zhu	zhua	zhuo	zhuai	zhui	zhuan	zhun	zhuang					
					chu		chuo	chuai	chui	chuan	chun	chuang					
					shu	shua	shuo	shuai	shui	shuan	shun	shuang					
					ru	rua	ruo		rui	ruan	run						
					zu		zuo		zui	zuan	zun						
					cu		cuo		cui	cuan	cun						
					su		suo		sui	suan	sun						

本書のピンイン表記について

(1) 固有名詞関係
　① 単独・複合語の要素に限らず，国名・地名・人名は，すべて先頭を大文字で表記する。
　　　ex. 中国人 Zhōngguórén　　中国菜 Zhōngguócài　　绍兴酒 Shàoxīngjiǔ
　② 企業名・機関名・節句・政府の制定した行政区画名は，分かち書きにした上で，それぞれの先頭を大文字にする。略語にはハイフンを付ける。漢字は分けない。
　　　ex. 中央电视台 Zhōngyāng Diànshìtái　　北大 Běi-Dà　　春节 Chūn Jié
　③ "中药"，"西服"は小文字表記とする。"万里长城"は"万里"を略して"长城 Chángchéng"とする。

(2) 離合詞について
　① 中国語には「離合詞（分離動詞）」と呼ばれるものがある。これは2文字からなる動詞のうち，間にさまざまな成分の挿入を許す一群の動詞である。
　　　ex. 结婚 jiéhūn　　结过一次婚 jiéguo yí cì hūn
　　　　　（結婚する）　（一度結婚したことがある）
　　本書では，2文字がくっついて用いられている場合（"结婚"）の「離合詞」は，文中においてはピンインもくっつけて表記し（"jiéhūn"），新出単語（および語彙索引）では"jié//hūn"のように間に"//"を挿入して表記する。
　② 会話文ならびに例文で，離合詞が単独で出ている場合は漢字とピンインをくっつけて表記するが，中間に別の要素が挿入された場合，目的語（離合詞のうち後半の成分）は分かち書きとする。
　　　ex. 合 不 合 身 hé bu hé shēn　　睡不着 觉 shuìbuzháo jiào

(3) その他
　① 「単音節形容詞（名詞）＋名詞」の複合語はくっつけて表記する（漢字も）。
　　　ただし，2音節同士の複合語は原則的に分ける（漢字も）：中国 老师 Zhōngguó lǎoshī
　② "好＋動詞"は原則「分かち書き」とする。ただし，"好吃・好看・好听"など形容詞として別の意味が定着しているもの（"好吃"＝「食べやすい」→「おいしい」）は一語扱いとする。
　③ "没事儿"：「たいしたことはない／大丈夫」という意味の場合は一語扱いとする。
　④ "分钟"："钟"は時刻・時間量の区別無く「分けて」表記する。
　⑤ "嗯"：ピンイン"ng"には声調符号を付けない。
　⑥ 四字成語は，原則として一文字ずつ「分けて」ピンインを表記する。漢字はくっつける。
　　　ex. 一言为定 yì yán wéi dìng

本　編

第 1 课　您 吃 糖 吗?
Dì　yī　kè　Nín　chī　táng　ma?

101　　　　（列车の中で，中国人の親子と出会った山本さん。娘が飴玉を差し出して）

芳芳：　　您　吃　糖　吗?
Fāngfang　Nín　chī　táng　ma?

山本：　　不　吃，谢谢。你　去　哪儿?
Shānběn　Bù　chī,　xièxie.　Nǐ　qù　nǎr?

芳芳：　　我　去　上海，您　呢?
Wǒ　qù　Shànghǎi,　nín　ne?

山本：　　我　也　去　上海。你们　都　去　上海　吗?
Wǒ　yě　qù　Shànghǎi.　Nǐmen　dōu　qù　Shànghǎi　ma?

王・芳芳：对。
Wáng　　　Duì.

102　■新出単語■

您 nín ⇨ 1　　　　不 bù ⇨ 3　　　　哪儿 nǎr ⇨ 第4课 2　　　也 yě ⇨ 6
吃 chī　　　　　　谢谢 xièxie　　　　我 wǒ ⇨ 1　　　　　　　你们 nǐmen ⇨ 1
糖 táng　　　　　 你 nǐ ⇨ 1　　　　 上海 Shànghǎi　　　　　 都 dōu ⇨ 6
吗 ma ⇨ 4　　　　去 qù　　　　　　 呢 ne ⇨ 5　　　　　　　 对 duì

ポイント

1 人称代名詞

	一人称	二人称	三人称
単数	我 wǒ	你 nǐ 您 nín	他・她・它 tā
複数	我们 wǒmen 咱们 zánmen	你们 nǐmen	他们・她们・它们 tāmen

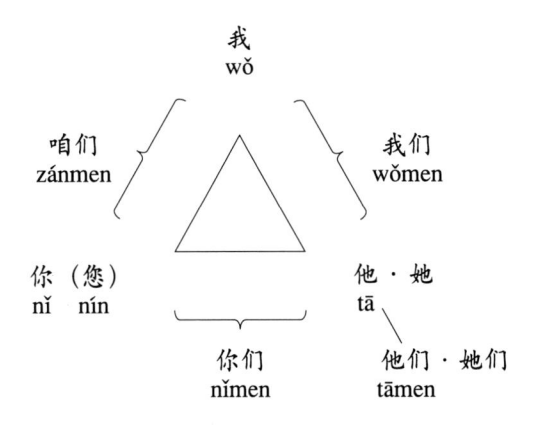

```
              我
              wǒ
   咱们               我们
   zánmen            wǒmen
          △
   你（您）         他・她
   nǐ  nín          tā
        你们      他们・她们
        nǐmen    tāmen
```

1) 中国語の人称代名詞には格変化がない。(p.33「3分間レクチャー1　孤立語としての中国語」参照)
2) "您"は敬語体。複数では"你们"を用いる。
3) "他"は男性を指し，"她"は女性を指す。男女がともに含まれる3人称複数の場合は"他们"で表記する。
4) "它"は動物や事物など，人間以外の対象に用いる。ただし書面語（文章語）に用いることが多く，口語（話し言葉）では，人間以外の対象に代名詞 tā を用いることはあまりない。

¶　"我们"は「あなた」（聞き手，すなわち2人称）を除き，自分と第三者を含めて「わたしたち」を意味するときに用い，"咱们"は「あなた」を含めて「わたしたち」を意味するときに用いる。ただし，フォーマルな場などでは"咱们"の意味で"我们"が使われることもある。

他 tā　　　　　　　　咱们 zánmen
她 tā　　　　　　　　他们 tāmen
它 tā　　　　　　　　她们 tāmen
我们 wǒmen　　　　　它们 tāmen

2 動詞述語文……述語が動詞によって構成されるタイプの文。目的語は動詞のあとに置き，ＳＶＯの語順を構成する。

主語（S）	述語	
	動詞（V）	目的語（O）
我 wǒ	来 lái	
你 nǐ	去 qù	
她 tā	去 qù	哪儿 nǎr？
她 tā	去 qù	上海 Shànghǎi
我 wǒ	爱 ài	他 tā

参照▶ "哪儿" ⇨ 第４课ポイント2 "这儿・那儿・哪儿"

¶ 中国語の動詞 "去" は，日本語の「行く」や英語の "go" と異なり，あとに目的語（行き先）をとることができる。

ポイント２作文

1）彼は日本に来る。（"日本" Rìběn）

2）彼は私を愛している。

3 否定の "不"……副詞。動詞または形容詞の前に用いて否定を表す。

主語（S）	述語		
	副詞	動詞（V）	目的語（O）
他 tā	不 bù	来 lái	
我 wǒ	不 bù	抽 chōu	烟 yān

ポイント３作文

1）彼は中国に行かない。（"中国" Zhōngguó）

2）私は酒を飲まない。（"酒" jiǔ，"喝" hē）

■新出単語■

来 lái
爱 ài
抽 chōu
烟 yān

106 **4 当否疑問文の "吗"** ……文末助詞。平叙文の文末に用い，事柄の真偽を尋ねる疑問文（当否疑問文＝Yes-No Question）をつくる。「～か，～ですか」。

主語（S）	述語		
	動詞（V）	目的語（O）	文末助詞
你 nǐ	来 lái		吗 ma？
他 tā	抽 chōu	烟 yān	吗 ma？

¶ "～吗？" に対する回答には，一般に述語（動詞や形容詞）をそのまま用いて答える。

（肯定の場合）肯定形の述語で答える。

"他 来 吗?" ── "来。"
Tā lái ma? Lái.

（否定の場合）否定形の述語で答える。

"你 抽 烟 吗?" ── "不 抽（烟）。"
Nǐ chōu yān ma? Bù chōu (yān).

ポイント4 作文

1）お茶を飲みますか。 ── 飲みます。（"茶" chá）

2）（あなたは）行きますか。 ── 行きません。

107 **5 "呢" を用いる省略疑問文**……対話の内容や先行文脈から推測が可能な質問内容を端折り，質問の対象になる事物だけを提示し，文末助詞の "呢" を添えて，「～は？」と尋ねるかたちの疑問文を省略疑問文という。

"我 吃 饺子，你 呢?" ── "我 吃 面条儿。"
Wǒ chī jiǎozi, nǐ ne? Wǒ chī miàntiáor.

饺子 jiǎozi
面条儿 miàntiáor

ポイント5 作文

1）私はタバコを吸いませんが，あなたは？

2）私は北京に行きます。あなたは？（"北京" Běijīng）

6 副詞 "也" と "都"

動詞の前に用いる。"也"は「～（も）同様に」という意味を表し，"都"は述語の表す内容が，文中（あるいは話題）に出てくる複数の事項について「余すところなく；すべて；いずれも」成立することを表す。

主語（S）	述語		
	副詞	動詞（V）	目的語（O）
他 tā	也 yě	来 lái	
我们 wǒmen	都不 dōu bù	抽 chōu	烟 yān

我 不 怕 狼, 也 不 怕 虎。
Wǒ bú pà láng, yě bú pà hǔ.

我们 都 喜欢 你。
Wǒmen dōu xǐhuan nǐ.

× 我 都 喜欢 你们。

参照▶第20课ポイント① 副詞"都"と疑問表現

ポイント6 作文

1）彼もコーヒーを飲みます。（"咖啡" kāfēi）

2）彼はレインコートも買います。（"买" mǎi，"雨衣" yǔyī）

3）彼女たちは，みんなお酒を飲みません。

■新出単語■

怕 pà
狼 láng
虎 hǔ
喜欢 xǐhuan

1　孤立語としての中国語

「無理やり応援歌を歌わ・さ・れ・た」のように，使役（「さ」）・受身（「れ」）・時制（「た」）など文法的な意味を担う要素が，まるで膠でくっつけられるように次々と継ぎ合わされていくという，そのような文法的手段を豊富に持ち合わせている言語のことを「膠着語」といいます。日本語は典型的な膠着語であり，名詞に対しても複数や格を担う要素が「わたし・たち・を」のように膠着的な手段でくっつけられます。

一方，英語の *I, my, me* や，*sing, sang, sung* のように，語形の変化によってさまざまな文法的意味を表し分けるという手段を豊富に持ち合わせているタイプの言語を「屈折語」といいます。ラテン語やギリシャ語は典型的な屈折語です。

さて，中国語ですが，中国語は膠着的な手段や屈折的な手段に著しく乏しい言語です。たとえば代名詞を例にとると，主格（主語）に用いられる「彼（が）」も，目的格（目的語）に用いられる「彼（を）」も中国語ではつねに "他 tā" であって，屈折的な語形変化もしなければ，日本語の「が」や「を」に相当する助詞がくっつくこともありません。主格としての "他 tā" であるのか目的格としての "他 tā" であるのかは，それが動詞の前に置かれるか動詞のあとに置かれるかで区別されます。中国語が「語順の言語」だと言われる所以です。動詞の場合も同様で，未来の動作としての「歌う」も，過去の動作としての「歌った」もつねに "唱 chàng" です。中国語のようなタイプの言語を「孤立語」といいます。

では，中国語ではいったいどのような方法で現在・未来・過去の動作を区別し，また能動文や受身文や使役文の区別をするのでしょうか？　それはこれからの授業のなかで追々明らかになってゆきます。

第 2 课　您 贵姓？
Dì èr kè　Nín guìxìng?

109

山本：你 家 在 上海 吗？
　　　Nǐ jiā zài Shànghǎi ma?

芳芳：我 家 不 在 上海，我 爷爷 和 奶奶 在 上海。
　　　Wǒ jiā bú zài Shànghǎi, wǒ yéye hé nǎinai zài Shànghǎi.

（芳芳のお父さんに向って）

山本：您 贵姓？
　　　Nín guìxìng?

王　：我 姓 王，叫 王 卫东。您 贵姓？
　　　Wǒ xìng Wáng, jiào Wáng Wèidōng. Nín guìxìng?

山本：我 姓 山本，叫 山本 哲也。
　　　Wǒ xìng Shānběn, jiào Shānběn Zhéyě.

王　：这 是 我 女儿。芳芳，叫 叔叔。
　　　Zhè shì wǒ nǚ'ér. Fāngfang, jiào shūshu.

芳芳：叔叔。
　　　Shūshu.

110 ■新出単語■

家 jiā　　　　　　　奶奶 nǎinai　　　　　　这 zhè ⇒ 6
在 zài ⇒ 3　　　　　贵姓 guìxìng ⇒ 4　　　是 shì ⇒ 5
爷爷 yéye　　　　　姓 xìng ⇒ 4　　　　　女儿 nǚ'ér
和 hé ⇒ 2　　　　　叫 jiào ⇒ 4　　　　　叔叔 shūshu

ポイント

1 人称代名詞からなる名詞句 ——「人称代名詞＋名詞」

人称代名詞（X）は，親族名称や組織（所属先）を表す名詞（Y）と直接結びついて，「XのY」という意味の名詞句（連体修飾構造）をつくることができる。

X	Y		X	Y	
我 wǒ	妈妈 māma	＝「私のおかあさん」	您 nín	家 jiā	＝「あなたの家」
他 tā	爸爸 bàba		你们 nǐmen	班 bān	
你 nǐ	儿子 érzi		我们 wǒmen	公司 gōngsī	

¶ "家"を除き，所属する組織を表す名詞と結びつく人称代名詞は一般に複数形を用いる。

2 接続詞"和"……複数の名詞（句）を並列の関係で結びつける。名詞（句）が2つの場合は，"X和Y"とし，3つ以上の場合は"X、Y和Z"のように，通常は最後の名詞（句）の前に接続詞の"和"を用いる。

我 吃 草莓 和 香蕉。
Wǒ chī cǎoméi hé xiāngjiāo.

我 去 北京、天津、西安 和 广州。
Wǒ qù Běijīng、Tiānjīn、Xī'ān hé Guǎngzhōu.

¶ 中国語では"、"（顿号 dùnhào）を並列の意味で使う。通常の読点にはコンマ","（逗号 dòuhào）を用いる。

ポイント2 作文

1) わたしの父と母は中国にいます。

2) あなたはどこに行きますか。 —— 上海と西安と敦煌に行きます。（"敦煌" Dūnhuáng）

妈妈 māma
爸爸 bàba
儿子 érzi
班 bān

公司 gōngsī
草莓 cǎoméi
香蕉 xiāngjiāo
天津 Tiānjīn

西安 Xī'ān
广州 Guǎngzhōu

③ 所在動詞"在" ……場所表現を目的語にとり，人や事物の所在（居場所，ありか）をいう。（話題の人物やものが「～にいる；～にある」という意味を表す）

主語（S）	述語		
	副詞	動詞（V）	目的語（O）
[存在する人・もの] …は		在 zài いる・ある	[場所] ～に
报纸 bàozhǐ		在 zài	哪儿 nǎr?
爸爸 bàba	不 bú	在 zài	家 jiā

ポイント3作文

1）天安門は上海にありますか。（"天安门" Tiān'ānmén）

2）あなたの家はどこですか。

④ 姓と名の表現

您　贵姓？
Nín　guìxìng?

"你　姓　什么？"　——　"我　姓　王。"
Nǐ　xìng　shénme?　　　Wǒ　xìng　Wáng.

"你　叫　什么　名字？"　——　"我　叫　王军。"
Nǐ　jiào　shénme　míngzi?　　　Wǒ　jiào　Wáng Jūn.

参照▶第3课ポイント① 疑問詞"什么"

ポイント4作文

1）彼の苗字は何といいますか。　——　李といいます。

2）私は王という苗字ではありません。

■新出単語■

报纸 bàozhǐ
什么 shénme
名字 míngzi

5 "是"を用いる動詞述語文……「…は〜である；…は〜だ」という判断・断定を表す。

主語（S）	述語			文末助詞
	副詞	動詞（V）	目的語（O）	
他 tā		是 shì	医生 yīshēng	
他 哥哥 tā gēge	也 yě	是 shì	医生 yīshēng	吗？ ma?
我 wǒ	不 bú	是 shì	学生 xuésheng	

ポイント5作文

1）彼は私の兄ではなくて，私の弟です。（"弟弟" dìdi）

2）彼のお姉さんも大学生です。（"姐姐" jiějie，"大学生" dàxuéshēng）

6 指示詞 "这・那・哪"

近称		遠称	不定称（疑問詞）
这 zhè		那 nà	哪 nǎ
コレ	ソレ	アレ	ドレ

这 是 西瓜子儿， 那 是 葵花子儿。
Zhè shì xīguāzǐr, nà shì kuíhuāzǐr.

这 不 是 蛋糕， 是 月饼。
Zhè bú shì dàngāo, shì yuèbing.

¶ 1）"这" と "那" は "这是〜"，"那是〜" のように，一般に "是" を用いる動詞述語文の主語に用い，目的語には用いない。また，"是" 以外の動詞からなる動詞述語文の主語や目的語にも一般には用いない。

× 西瓜子儿 是 这。 → 西瓜子儿 是 **这个**。
　　　　　　　　　　　 Xīguāzǐr shì zhèige.

× 那 在 我 家。 → **那个** 在 我 家。
　　　　　　　　　 Nèige zài wǒ jiā.

哥哥 gēge
医生 yīshēng
学生 xuésheng
那 nà

哪 nǎ
西瓜子儿 xīguāzǐr
葵花子儿 kuíhuāzǐr
蛋糕 dàngāo

月饼 yuèbing
这个 zhèige
那个 nèige

×　我　要　这。　　→　我　要　这个。
　　　　　　　　　　　　　Wǒ　yào　zhèige.

　　　　　　　参照▶ "这个""那个" ⇨ 第6课ポイント② 指示詞からなる名詞句

2）"哪"は一般に単独で用いず，量詞と組み合わせて"哪个"のかたちで用いる。

　　　　　　　参照▶ 量詞 ⇨ 第5课ポイント② 数量詞からなる名詞句
　　　　　　　　　　第6课ポイント① "这"の領域

ポイント6 作文

1）これはスイカの種です。あれもスイカの種です。

2）あれが私たちの会社です。

117 ● 中国語の親族名称

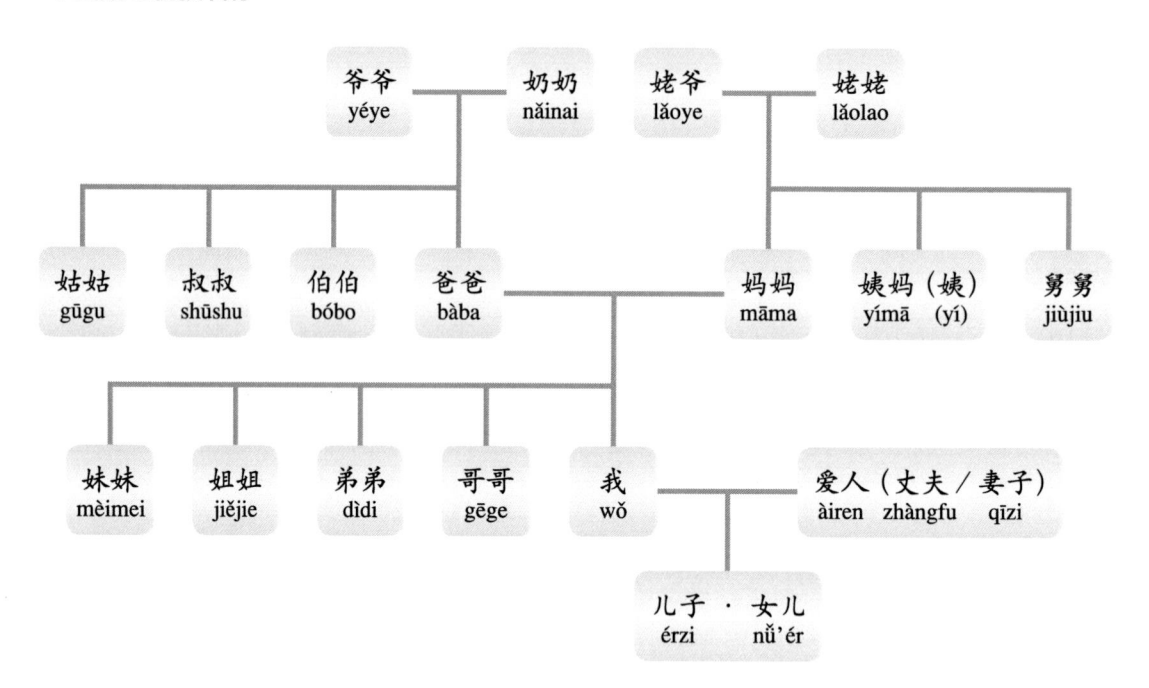

```
            爷爷 ─── 奶奶        姥爷 ─── 姥姥
            yéye    nǎinai       lǎoye   lǎolao
              │                    │
    ┌────┬────┬────┬────┐    ┌────┬────────┐
   姑姑  叔叔  伯伯  爸爸 ─────── 妈妈  姨妈(姨)  舅舅
   gūgu shūshu bóbo  bàba         māma  yímā(yí) jiùjiu
                      │
    ┌────┬────┬────┬────┐
   妹妹  姐姐  弟弟  哥哥  我 ─── 爱人(丈夫／妻子)
   mèimei jiějie dìdi  gēge  wǒ    àiren zhàngfu qīzi
                              │
                           儿子・女儿
                           érzi  nǚ'ér
```

■新出単語■

要 yào　　　　　伯伯 bóbo　　　　　妹妹 mèimei
姥爷 lǎoye　　　姨妈 yímā　　　　　爱人 àiren
姥姥 lǎolao　　 姨 yí　　　　　　　丈夫 zhàngfu
姑姑 gūgu　　　 舅舅 jiùjiu　　　　妻子 qīzi

中国語の親族呼称　　COLUMN-1

　中国語の親族呼称は，日本語と比べてずっと種類が多く複雑です。その原因は父系の大家族制を基盤としてきた歴史的な背景にもあり，また，中国人が"辈分 bèifen（世代・長幼の序列）"を非常に重要視するという社会的な意識も大きく関係しています。さらに北方・南方などの地域差や，その人の社会的身分によっても使用する語彙に違いが生じることがあります。

　38頁で代表的な親族名称を紹介していますが，「母方のおば」を表す"姨妈（姨）"は，南方では"阿姨 āyí"が用いられます。また"姨妈（姨母）"は「既婚のおば」を表すのに対して，"姨"は未婚者にも使えます。母親の姉妹が複数いる場合は"大姨、二姨、三姨……"のように数字（一番上は"大"）を付けて表します。親族呼称は通常2音節（二文字）なので，"姨"はその点でやや例外的です。「配偶者」を表す語もさまざまです。"爱人"は中華人民共和国の建国後にできた言葉です。これは男女兼用ですが，最近では使われる機会は減っており，フォーマルな場や教養の高い層に限られていると言えるでしょう。"丈夫・妻子"もどちらかと言えば書面語的で，一般に口語では"老公 lǎogōng・老婆 lǎopo"が最も良く使われます。また，"先生 xiānsheng・夫人 fūrén"という語もありますが，これは外交的あるいは尊称といった意味がともないます。"太太 tàitai"は，そもそも封建社会における上流階級の「奥様」を意味する語であったので，使用を避けていた時期もありましたが，80年代くらいから，特に商売をしている人たちの間でまた復活しているようです。その意味では"老爷"も，旧社会の搾取階級を指す言葉だったので，近年では母方の祖父は"姥爷"と表記しています。もっとも，母方の祖父母は，南方では"外公 wàigōng・外婆 wàipó"と言います。

　「いとこ」を表す語も，父親の兄弟の子だと"堂哥 tánggē・堂妹 tángmèi"などと"堂"を付けるのに対し，父親の姉妹の子，あるいは母親の兄弟姉妹の子ならば"表哥 biǎogē・表妹 biǎomèi"のように前に"表"を付けて区別しますし，父の兄の妻は"伯母 bómǔ"，父の弟の妻は"婶婶 shěnshen"といったように，長幼の別でも語彙を使い分けます。このように中国語では，それぞれの呼称をひとつの「語」として細かく区別するのです。

第2課

3分間レクチャー

2　中国語の挨拶

"你好 Nǐ hǎo"（こんにちは），"再见 Zàijiàn"（さようなら），"谢谢 Xièxie"（ありがとう）この三つの挨拶は今や中国語を知らない人でも知っています。しかし，実をいうと，"你好"は初対面の人には使いますが，中国人同士でしょっちゅう会う人にはあまり使いません。実際によく会う人にはその場に合った挨拶をします。日本語のように朝は「おはよう」，昼間は「こんにちは」，夜は「今晩は」，食事の前は「いただきます」，食事の後は「ご馳走さまでした」，帰宅したときは「ただいま」「お帰りなさい」そして寝るときは「お休みなさい」のような，決まりきった挨拶をすることはむしろ少ないのです。例えば，朝出かけていくのをみると"出去啊 Chūqu a?"（お出かけですか），会社に行くところをみると，"上班啊 Shàngbān a?"（会社へ行くの？），買い物をしているところをみると，"买东西啊 Mǎi dōngxi a?"（買い物ですか），帰宅した人を見ると"回来啦 Huílai la."（［帰ってきた］→お帰りなさい）のようにその場の状況に応じて挨拶するのが普通です。そして食事の前はこれといった決まった挨拶もなく，"先吃啦 Xiān chī la."（先に食べるよ）と言ってもいいし，何も言わずに食べだしてもかまいません。同じように寝る前もこれといった決まった挨拶はなく，"早点儿休息吧 Zǎo diǎnr xiūxi ba."（早めに休んでください），"我先睡了 Wǒ xiān shuì le."（先に寝るよ）と言ったりします。

また中国語では親族呼称や身分で相手に呼びかけるのも挨拶の一つです。例えば，親と一緒の子供が大人の人にどこかで出会い，親から挨拶しなさいと言われれば，"你好 Nǐ hǎo"よりも，相手が男性なら"叔叔 Shūshu"と呼び，相手が女性なら"阿姨 Āyí"と呼ぶのが普通でしょう。またキャンパスで学生が先生を見かけて，たとえば"王老师 Wáng lǎoshī"とだけ呼ぶのも立派な挨拶になります。

第 3 课　你 叫 什么 名字？
Dì sān kè　Nǐ jiào shénme míngzi?

118
山本：你 叫 什么 名字？
　　　Nǐ jiào shénme míngzi?

芳芳：我 叫 王 芳。
　　　Wǒ jiào Wáng Fāng.

山本：今年 几 岁？
　　　Jīnnián jǐ suì?

芳芳：十 岁。
　　　Shí suì.

山本：五 年级 吧？
　　　Wǔ niánjí ba?

芳芳：对，叔叔，您 是 日本人 吧？
　　　Duì, shūshu, nín shì Rìběnrén ba?

山本：是 啊，我 是 日本 留学生。
　　　Shì a, wǒ shì Rìběn liúxuéshēng.

119　■新出単語■

今年 jīnnián　　　　年级 niánjí　　　　啊 a
几 jǐ ⇨ 4　　　　　吧 ba ⇨ 5　　　　留学生 liúxuéshēng
岁 suì　　　　　　 日本人 Rìběnrén

41

> ポイント

120 ① 疑問詞"什么"

1) 単独で主語や目的語に用いる。「なに」

什么 叫 爱情？
Shénme jiào àiqíng?

"你 看 什么？" —— "我 看 报纸。"
Nǐ kàn shénme?　　　　Wǒ kàn bàozhǐ.

2) 名詞の前に直接付ける。「なんの～；どういう～」

"你 看 什么 报纸？" —— "我 看《人民日报》。"
Nǐ kàn shénme bàozhǐ?　　　　Wǒ kàn «Rénmín Rìbào».

"他 是 你 什么 人？" —— "他 是 我 伯伯。"
Tā shì nǐ shénme rén?　　　　Tā shì wǒ bóbo.

参照▶ 第4课ポイント③　疑問詞疑問文

> ポイント1 作文

1) これは何ですか。 —— これはハミウリです。（"哈密瓜" Hāmìguā）

2) あなたはなんのお茶を飲みますか。 —— 私はウーロン茶を飲みます。

（"乌龙茶" wūlóngchá）

121 ② 一桁の数詞

一	二	三	四	五	六	七	八	九	十
yī	èr	sān	sì	wǔ	liù	qī	bā	jiǔ	shí

参照▶ 第5课ポイント③　数詞「2」
　　　第5课ポイント④　二桁以上の数詞

■新出単語■

爱情 àiqíng　　　　　人 rén
看 kàn
《人民日报》 «Rénmín Rìbào»

3 名詞述語文（1）……述語が名詞のみによって構成されるタイプの文を「名詞述語文」という。数量や順序を表す名詞（句）は，肯定文ではそれ自身が述語になり，名詞述語文を構成することができる。

参照▶ 第12課ポイント6　名詞述語文（2）

主語	述語	文末助詞
我 妹妹 wǒ mèimei	七岁 qī suì	
他 tā	二年级 èr niánjí	
今天 jīntiān	星期五 xīngqī wǔ	
今天 jīntiān	十号 shí hào	吗 ma？

¶ 否定文では名詞述語文は成立しない。動詞"是"を用いる。

× 我 妹妹 不 七 岁。 → 我 妹妹 不 是 七 岁。
　　　　　　　　　　　　Wǒ mèimei bú shì qī suì.

ポイント3 作文

1）私の弟は今年10歳です。

2）今日は5日ではなく，6日です。

4 疑問数詞"几"……必ず量詞をともない，「"几"＋量詞」のかたちで用い，数量や順序をたずねる。

参照▶ 第5課ポイント2　数量詞からなる名詞句
　　　 第5課ポイント6　疑問詞"多少"

1）基数（計量数）としての用法…答えの上限が10以下であることを予測して「いくつ？」と数量をたずねるときに用いる。

"小朋友, 你 几 岁？" ── "八 岁。"
Xiǎopéngyou, nǐ jǐ suì?　　　 Bā suì.

"我 要 啤酒。" ── "要 几 瓶？"
Wǒ yào píjiǔ.　　　　　　　Yào jǐ píng?

今天 jīntiān　　　　　　　小朋友 xiǎopéngyou
星期五 xīngqī wǔ　　　　啤酒 píjiǔ
号 hào　　　　　　　　　瓶 píng

2）序数としての用法…上限が明らかな，閉じた集合を対象に，問題の人や事物が何番目にあたるかをたずねるときに用いる。

"你 看 第 几 页？" ── "我 看 三十五 页。"
Nǐ kàn dì jǐ yè?　　　　Wǒ kàn sānshiwǔ yè.

"今天 几 月 几 号？" ── "十二 月 二十八 号。"
Jīntiān jǐ yuè jǐ hào?　　　Shí'èr yuè èrshíbā hào.

参照▶ 第5课ポイント④　数詞 ── 二桁以上の数字

¶ 曜日の言い方

星期 一　　　星期 二　　　星期 三　　　星期 四
xīngqī yī　　xīngqī èr　　xīngqī sān　　xīngqī sì

星期 五　　　星期 六　　　星期 天（日）
xīngqī wǔ　　xīngqī liù　　xīngqī tiān（rì）

ポイント4 作文

1）あなたは何年生ですか。 ── 私は一年生です。

2）今日は何曜日ですか。 ── 今日は日曜日です。

⑤ 推量・確認の"吧"……文末助詞。平叙文の文末に用い，話し手の推量や聞き手への確認の気持ちを表す。

你 家 在 北京 吧？
Nǐ jiā zài Běijīng ba?

你 哥哥 是 医生 吧？
Nǐ gēge shì yīshēng ba?

参照▶ 第5课ポイント⑤　勧誘・提案の"吧"

■新出単語■

第 dì　　　　　　　星期二 xīngqī èr　　　　星期天（日）
页 yè　　　　　　　星期三 xīngqī sān　　　　　xīngqī tiān (rì)
月 yuè　　　　　　星期四 xīngqī sì
星期一 xīngqī yī　　星期六 xīngqī liù

名詞連接（名詞＋名詞）による連体修飾構造　COLUMN-2

　国名や人名，分類的な種類を表す名詞および材料などを表す名詞（X）は，直接ほかの名詞（Y）の前に置かれて連体修飾構造の名詞句を構成することができます。

X	Y	
中国 Zhōngguó	人 rén	（中国人）
中国 Zhōngguó	菜 cài	（中国料理）
中文 Zhōngwén	书 shū	（中国語で書かれた本）
中国 Zhōngguó	老师 lǎoshī	（中国人の先生／中国人教師）
数学 shùxué	教师 jiàoshī	（数学教師）
橘子 júzi	皮儿 pír	（ミカンの皮）
木头 mùtou	房子 fángzi	（木造の家）

　構造によっては，"的"の有無で意味に違いが生じる場合があるので注意が必要です。

　　　中国　朋友　　　　　≠　　　　中国　的　朋友
　　　Zhōngguó péngyou　　　　　　　Zhōngguó de péngyou
　（中国人の友達［友達の国籍が中国人］）　（中国の友達［中国という国の友好国・友人］）

　　　山本　叔叔　　　　　≠　　　　山本　的　叔叔
　　　Shānběn shūshu　　　　　　　　Shānběn de shūshu
　（山本おじさん［おじさんの苗字が山本］）　（山本さんの叔父さん［山本さんは甥］）

　両者に意味の違いが生じるとき，"的"を用いた方の構造は「所有関係」を表します。

（第4課ポイント⑥「"的"を用いる名詞句」参照）

菜 cài
中文 Zhōngwén
书 shū
老师 lǎoshī

数学 shùxué
教师 jiàoshī
橘子 júzi
皮儿 pír

木头 mùtou
房子 fángzi
朋友 péngyou

第 4 课　你在哪儿上学？
Dì sì kè　Nǐ zài nǎr shàngxué?

125

王：你 在 哪儿 上学？
　　Nǐ zài nǎr shàngxué?

山本：北大。
　　　Běi-Dà.

王：学习 什么？
　　Xuéxí shénme?

山本：学习 汉语。
　　　Xuéxí Hànyǔ.

王：汉语 难 不 难？
　　Hànyǔ nán bu nán?

山本：发音 难，语法 不 难。
　　　Fāyīn nán, yǔfǎ bù nán.

王：你 的 发音 很 好。
　　Nǐ de fāyīn hěn hǎo.

山本：哪里 哪里。
　　　Nǎli nǎli.

芳芳：叔叔，您 会 说 上海话 吗？
　　　Shūshu, nín huì shuō Shànghǎihuà ma?

山本：不 会。你 会 吗？
　　　Bú huì. Nǐ huì ma?

126　■新出単語■

在 zài ⇨ 1　　　　汉语 Hànyǔ　　　　的 de ⇨ 6　　　　会 huì ⇨ 7
上学 shàng//xué　　难 nán　　　　　很 hěn ⇨ 5　　　说 shuō
北大 Běi-Dà　　　　发音 fāyīn　　　　好 hǎo　　　　　上海话 Shànghǎihuà
学习 xuéxí　　　　 语法 yǔfǎ　　　　 哪里 nǎli ⇨ 2

芳芳：我 也 不 会， 我 爸爸 会。
　　　Wǒ yě bú huì, wǒ bàba huì.

ポイント

① 前置詞 "在" ……場所を表す名詞句をともない，動作・行為が行なわれる場所を示す。「～で；～において」。

主語	述語			
	副詞	前置詞句 "在"＋場所表現	動詞	目的語
他们 tāmen	都 dōu	在　北京 zài　Běijīng	工作 gōngzuò	
他 哥哥 tā gēge	也 yě	在　图书馆 zài　túshūguǎn	看 kàn	书 shū

注意! 前置詞句は述語動詞の前に置かれる。英語の語順とは異なるので注意すること。

　　× 他 爸爸 工作 在 北京。
　　　(His father works in Beijing.)

② 指示詞 "这儿・那儿・哪儿"

近称	遠称	不定称（疑問詞）
这儿 zhèr	那儿 nàr	哪儿 nǎr
这里 zhèli	那里 nàli	哪里 nǎli
ココ	ソコ　　アソコ	ドコ

¶　1）"这里・那里・哪里"は書面語に多く用いられる。

　　2）「どういたしまして；なんの，なんの」の意味の慣用句には，"哪里"を用いて"哪里，哪里"と表現し，"哪儿"は用いない。

工作 gōngzuò　　　　　那儿 nàr
图书馆 túshūguǎn　　　那里 nàli
这儿 zhèr
这里 zhèli

129 ③ **疑問詞疑問文**……"什么"，"哪儿"，"谁"，"几"などの疑問詞を用い，未確定の要素についての疑問を表す疑問文を「疑問詞疑問文」という。

"你 去 哪儿？" —— "我 去 杭州。"
Nǐ qù nǎr?　　　　Wǒ qù Hángzhōu.

"你 吃 什么？" —— "我 吃 水饺。"
Nǐ chī shénme?　　Wǒ chī shuǐjiǎo.

"你 几 岁？" —— "我 八 岁。"
Nǐ jǐ suì?　　　　Wǒ bā suì.

"他 是 谁？" —— "他 是 我 哥哥。"
Tā shì shéi?　　　Tā shì wǒ gēge.

¶ 日本語と同様に，中国語の疑問詞疑問文は，平叙文と構造上なんら変わるところがなく，英語のwh-疑問文のように語順を変更することはない。

ポイント３ 作文

1）あなたはどこで本を読みますか。 —— 私は家で読みます。

2）彼は何を買いますか。 —— 彼は飲み物を買います。（"饮料" yǐnliào）

130 ④ **正反疑問文**……述語の肯定形と否定形を「肯定形＋否定形」の順序で並べて，事柄の真偽を問う疑問文を「正反疑問文」という。

汉语 难 不 难？
Hànyǔ nán bu nán?

你 喝 不 喝 酒？
Nǐ hē bu hē jiǔ?

¶ 1）"動詞＋不＋動詞"または"形容詞＋不＋形容詞"のかたちの場合，"不"とその直後の述語（動詞・目的語）はやや軽く発音される。

■**新出単語**■

杭州 Hángzhōu
水饺 shuǐjiǎo
谁 shéi

2）述語の動詞が目的語をともなって「ＶＯ不ＶＯ」（喝酒不喝酒）の形になる場合，一般に目的語（Ｏ）はどちらか一つが省略される。

你 去 （美国） 不 去 （美国）？
Nǐ qù Měiguó bú qù ？

你 去 不 去 美国？
Nǐ qù bu qù Měiguó ？

ポイント4 作文

1）あなたはクラシック音楽を聞きますか。（"听"tīng, "古典音乐"gǔdiǎn yīnyuè）

2）あなたは小説を読みますか。（"小说"xiǎoshuō）

5 形容詞述語文

主語	述語		文末助詞
	副詞	形容詞	
他 tā	很 hěn	忙 máng	吗 ma？
天气 tiānqì	不 bù	冷 lěng	

1）中国語の形容詞は単独で述語になることができるが，肯定形平叙文では「対比」の意味が出る。ただし，疑問文の場合は必ずしも「対比」の意味を含意しない。

黑龙江 冷, 广东 暖和。
Hēilóngjiāng lěng, Guǎngdōng nuǎnhuo.

发音 难, 语法 不 难。
Fāyīn nán, yǔfǎ bù nán.

你 爸爸 忙 吗?
Nǐ bàba máng ma?

2）述語の形容詞が副詞の修飾を受けている場合，あるいは否定文の場合は，「対比」の意味は含意されない。

黑龙江 的 冬天 非常 冷。
Hēilóngjiāng de dōngtiān fēicháng lěng.

汉语 的 发音 特别 难。
Hànyǔ de fāyīn tèbié nán.

美国 Měiguó	冷 lěng	暖和 nuǎnhuo	特别 tèbié
忙 máng	黑龙江 Hēilóngjiāng	冬天 dōngtiān	
天气 tiānqì	广东 Guǎngdōng	非常 fēicháng	

今天 我 不 忙。
Jīntiān wǒ bù máng.

3）副詞"很"には以下の2つの働きがある。

① 形容詞の持つ「対比」の意味を消す。この場合"很"は軽く発音される。

今天 我 很 忙。
Jīntiān wǒ hěn máng.

② 形容詞の表す性質・属性の程度の高さを表す。この場合"很"にはストレス（強勢）が置かれ，強く発音される。

今天 的 会 很 重要。
Jīntiān de huì hěn zhòngyào.

ポイント5 作文

1）冬は寒く，夏は暑い。（"夏天" xiàtiān，"热" rè）

2）兄は太っていて，弟は痩せている。（"胖" pàng，"瘦" shòu）

3）中国語はとてもおもしろい。（"有意思" yǒu yìsi）

6 "的"を用いる名詞句（1）——「名詞／代名詞＋"的"＋名詞」

名詞や代名詞（X）は助詞の"的"をともない，他の名詞（Y）と結びついて，「XのY」という意味の名詞句（連体修飾構造）をつくることができる。〈所有者〉と〈所有物〉の関係や〈全体〉と〈部分〉の関係をはじめとして，さまざまな関係にあるXとYが，「X＋"的"＋Y」のかたちで結びつけられる。

参照▶第6課ポイント③ "的"を用いる名詞句（2）
　　　　第7課ポイント① "的"を用いる名詞句（3）

X	"的"	Y	X	"的"	Y
我 wǒ	的 de	本子 běnzi	北京 Běijīng	的 de	夏天 xiàtiān
日本 Rìběn	的 de	大学 dàxué	鲁迅 Lǔ Xùn	的 de	小说 xiǎoshuō

■新出単語■

会 huì
重要 zhòngyào
本子 běnzi
大学 dàxué
鲁迅 Lǔ Xùn

¶ 〈所有者〉と〈所有物〉の関係や〈全体〉と〈部分〉の関係を表す場合は後ろの名詞を省略して「名詞＋"的"」の組み合わせだけで用いることもできる。

我 的 好, 你 的 不 好。
Wǒ de hǎo, nǐ de bù hǎo.

7 能願動詞 "会"（1）……動詞の前に用い，「（技能を会得していて）～できる；～するのに長けている」という意味を表す。

参照▶ 第13課ポイント**5** "会"（2）

主語	述語			
	副詞	能願動詞	動詞	目的語
他 tā		会 huì	说 shuō	广东话 Guǎngdōnghuà
我 wǒ	不 bú	会 huì	开 kāi	车 chē
她 tā	也 yě	会 huì	拉 lā	二胡 èrhú

1）日常誰もが行なう行為に "会" を付けると，「～するのに長けている」という意味になる。このとき，しばしば "很" などの程度副詞の修飾を受ける。

他 很 会 做 菜。
Tā hěn huì zuò cài.

2）"会" には「できる・上手である・熟達している」という動詞としての用法もある。

山本 的 弟弟 会 珠算。
Shānběn de dìdi huì zhūsuàn.

我 不 会 微积分。
Wǒ bú huì wēijīfēn.

ポイント7 作文

1）方さんは自転車に乗れません。（"小方" Xiǎo-Fāng，"自行车" zìxíngchē，"骑" qí）

2）黄さんは買い物がとても上手だ。（"小黄" Xiǎo-Huáng，"买东西" mǎi dōngxi）

广东话 Guǎngdōnghuà　　拉 lā　　珠算 zhūsuàn
开 kāi　　二胡 èrhú　　微积分 wēijīfēn
车 chē　　做 zuò

第 5 课　多少 钱?
Dì wǔ kè　Duōshao qián?

列车员 lièchēyuán：你们 要 食品 和 饮料 吗?
　　　　　　　　　Nǐmen yào shípǐn hé yǐnliào ma?

王：要。山本 先生，你 要 不 要 吃 的 或 饮料?
　　　Yào. Shānběn xiānsheng, nǐ yào bu yào chī de huò yǐnliào?

山本：我 要 方便面 和 矿泉水。
　　　　Wǒ yào fāngbiànmiàn hé kuàngquánshuǐ.

王：那 我 也 要 方便面 吧。不过 没有 开水 啊。
　　　Nà wǒ yě yào fāngbiànmiàn ba. Búguò méiyou kāishuǐ a.

山本：请问，有 开水 吗?
　　　　Qǐngwèn, yǒu kāishuǐ ma?

列车员：有 哇。我们 提供 碗面 和 开水，你 要 什么 面?
　　　　　Yǒu wa. Wǒmen tígōng wǎnmiàn hé kāishuǐ, nǐ yào shénme miàn?

山本：我 要 牛肉面 和 矿泉水。王 先生，您 呢?
　　　　Wǒ yào niúròumiàn hé kuàngquánshuǐ. Wáng xiānsheng, nín ne?

王：我 要 担担面 和 乌龙茶。多少 钱?
　　　Wǒ yào dàndànmiàn hé wūlóngchá. Duōshao qián?

列车员：牛肉面 和 担担面，六 块 钱 一 碗。
　　　　　Niúròumiàn hé dàndànmiàn, liù kuài qián yì wǎn.

■新出单语■

列车员 lièchēyuán	矿泉水 kuàngquánshuǐ	请问 qǐngwèn	牛肉面 niúròumiàn
食品 shípǐn	那 nà	有 yǒu ⇨ 1	担担面 dàndànmiàn
先生 xiānsheng	吧 ba ⇨ 5	哇 wa	多少 duōshao ⇨ 6
吃的 chī de ⇨ 第7课 1	不过 búguò	提供 tígōng	钱 qián ⇨ 7
或 huò	没有 méiyou ⇨ 1	碗面 wǎnmiàn	块 kuài ⇨ 7
方便面 fāngbiànmiàn	开水 kāishuǐ	面 miàn	碗 wǎn ⇨ 2

乌龙茶 四 块 五 一 瓶, 矿泉水 三 块 钱 一 瓶。
Wūlóngchá sì kuài wǔ yì píng, kuàngquánshuǐ sān kuài qián yì píng.

山本: 这 是 二十 块 钱。
Zhè shì èrshí kuài qián.

列车员: 找 五 毛。
Zhǎo wǔ máo.

ポイント

1 **存在動詞"有"**……場所表現や時間表現を主語とし，人や事物の存在を述べたてる。存在する人や事物を表す名詞は"有"のあと（目的語の位置）に置く（話題の場や時間に「～がある；～がいる」という意味を表す）。

主語	述語		
	副詞	動詞	目的語
[場所・時間・所有者] …（に）は		有 いる・ある	[存在する人・物] ～が
这儿 zhèr		有 yǒu	一 辆 自行车 yí liàng zìxíngchē
明天 míngtiān		有 yǒu	联欢会 liánhuānhuì
我们 学校 wǒmen xuéxiào	也 yě	有 yǒu	游泳池 yóuyǒngchí

1) 主語が人間を表す名詞の場合は，所有の意味にも理解される。

我 有 两 台 电脑。
Wǒ yǒu liǎng tái diànnǎo.

2) 「存在・所有」を表す"有"の否定には"没有"もしくは"没"を用い，"不"は用いない。

我 家 没 电脑, 不 能 上网。
Wǒ jiā méi diànnǎo, bù néng shàngwǎng.

找 zhǎo
毛 máo ⇨ 7
辆 liàng
明天 míngtiān
联欢会 liánhuānhuì
学校 xuéxiào

游泳池 yóuyǒngchí
两 liǎng
台 tái
电脑 diànnǎo
没 méi
能 néng ⇨ 第6课 4

上网 shàng//wǎng

"这儿 有 没有 公用 电话？" —— "没有。"
Zhèr yǒu méiyou gōngyòng diànhuà? Méiyou.

¶ 正反疑問文では，"有没有＋名詞？"の形のみを用いる。"有没＋名詞？"は使えない。

¶ 単独で疑問文に返答する場合は，"没"だけでは使えない。"没有"で答える。

ポイント1 作文

1）私は携帯電話を持っていません。（"手机"shǒujī）

2）あなたたちのクラスには留学生がいますか。 —— いません。（"班"bān）

137 ② 数量詞からなる名詞句 ——「数詞＋量詞＋名詞」

人や事物の数量は，「数詞＋量詞＋名詞」のかたちの名詞句で表す。「量詞」は日本語の助数詞にあたる。

参照▶ p.58 よく用いられる量詞

一 个 人　　两 只 鸡　　三 块 糖
yí ge rén　　liǎng zhī jī　　sān kuài táng

138 ③ 数詞［2］……「2」を表す数詞には"二"と"两"があり，次のように使い分けられる。

1）一桁の数として用いられる場合。

① 基数（計量数）として「2つ」(two)を意味するときは，"两"。

两 把 椅子　　两 张 桌子
liǎng bǎ yǐzi　　liǎng zhāng zhuōzi

② 序数として「2番目」(second)を意味するときは，"二"

厕所 在 二 楼。
Cèsuǒ zài èr lóu.

今天 二 月 二 号。
Jīntiān èr yuè èr hào.

我 念 第 二 页。
Wǒ niàn dì èr yè.

■新出単語■

公用 gōngyòng	鸡 jī	张 zhāng	念 niàn
电话 diànhuà	块 kuài	桌子 zhuōzi	
个 ge	把 bǎ	厕所 cèsuǒ	
只 zhī	椅子 yǐzi	楼 lóu	

2）二桁以上の数字の末位に用いられるときは，"二"

我们 班 有 三十二 个 学生。
Wǒmen bān yǒu sānshi'èr ge xuésheng.

3）"十"の前に用いられるときは，"二"

他 的 生日 十二 月 二十 号。
Tā de shēngrì shí'èr yuè èrshí hào.

4 二桁以上の数詞

参照▶第3课ポイント2 一桁の数詞

十一	十二	十三	十四	十五	十六	十七	十八	十九	二十
shíyī	shí'èr	shísān	shísì	shíwǔ	shíliù	shíqī	shíbā	shíjiǔ	èrshí

二十一	二十二	二十三	…						三十
èrshiyī	èrshi'èr	èrshisān							sānshí

九十一	九十二	九十三	…						一百
jiǔshiyī	jiǔshi'èr	jiǔshisān							yìbǎi

一百 零 一　　　　一百 零 二 …　　　　一百 一（十）
yìbǎi líng yī　　　yìbǎi líng èr　　　　　yìbǎi yī(shí)

一百 一十一　　　一百 一十二 …　　　　一百 二（十）
yìbǎi yīshiyī　　　yìbǎi yīshi'èr　　　　　yìbǎi èr(shí)

二百 零 一　　　　二百 零 二 …　　　　二百 二（十）
èrbǎi líng yī　　　èrbǎi líng èr　　　　　èrbǎi èr(shí)

两千 零 一　　　　两千 零 十一　　　　两千 二（百）
liǎngqiān líng yī　liǎngqiān líng shíyī　 liǎngqiān èr(bǎi)

两万 零 一　　　　两万 零 二百　　　　两万 二（千）
liǎngwàn líng yī　liǎngwàn líng èrbǎi　　liǎngwàn èr(qiān)

两万 二千 二（百）　　　　　　　　　　　两亿
liǎngwàn èrqiān èr(bǎi)　　　　　　　　liǎngyì

¶ 1）数詞には，基数と位数がある。

基数……一　二　三　四　五　六　七　八　九　两　几
位数……十 shí　百 bǎi　千 qiān　万 wàn　亿 yì

生日 shēngrì　　　　万 wàn
百 bǎi　　　　　　亿 yì
零 líng
千 qiān

2）日本語では，「十」や「百」や「千」の前の「一」は省略されるが，中国語では，三桁以上の数字においては，位数の前の"一"を省略することはできない。

　　　　412　　　 =　　四百一十二
　　　　1,111　　 =　　一千一百一十一
　　　　11,111　　=　　一万一千一百一十一

ただし，二桁の数字では，日本語と同様，"十"の前に"一"は用いない。

　　　　12　　　 =　　十二

3）「23」「241」「2,600」「25,987」のように，「2」で始まる二桁以上の数字においては，初頭の「2」が：

①"十"の前なら必ず"二"を用いる。
②"百"の前なら一般に"二"を用いる。
③"千、万、亿"の前なら一般に"两"を用いる。

4）三桁以上の数字で，「802」や「5,004」や「30,020」のように，途中の位（くらい）が跳ぶ場合は，必ず"零 líng"を用いて"八百零二"（八百とんで二），"五千零四"（五千とんで四），"三万零二十"（三万とんで二十）のようにいう。

5）「820」や「5,400」のように，途中の位が跳ばない三桁以上の数字で，末尾が位数で終わる場合は，その位数を省略できる。

　　　　820　　 =　　八百二十　　 =　　八百二
　　　　5,400　 =　　五千四百　　 =　　五千四
　　　　32,000　=　　三万二千　　 =　　三万二

5 勧誘・提案の"吧"……文末助詞。動作行為の遂行を勧めたり提案したりする気持ちを表す。

　咱们　　一起　走　　吧。
　Zánmen　yìqǐ　zǒu　ba.

　今天　　我　　请客　　吧。
　Jīntiān　wǒ　qǐngkè　ba.

参照▶第3課ポイント5　推量・確認の"吧"

■新出単語■
一起 yìqǐ
走 zǒu
请客 qǐng//kè

141 ⑥ **疑問詞 "多少"** ……答えの上限を予測しにくい集合を対象に，「いくつ？」あるいは「何番？」とたずねるときに用いる疑問詞。単独で用いるか，名詞と直接結びつくかたち（「"多少"＋名詞」）で用いる。また「"多少"＋量詞＋名詞」のかたちで用いることもある。

参照▶ 第3課ポイント④　疑問数詞 "几"

"你们　大学　有　多少　留学生？" ── "九百　多。"
Nǐmen dàxué yǒu duōshao liúxuéshēng?　　Jiǔbǎi duō.

多少　钱？
Duōshao qián?

ポイント6 作文

1）あなたたちのクラスは何人いますか。 ── 53人です。

2）あなたはお茶の葉をどれくらい買いますか。（"茶叶" cháyè）

142 ⑦ **金銭の表現**

金銭の表現は，貨幣の単位を量詞として用い，「数詞＋量詞＋("钱")」のかたちで表す。中国の貨幣の単位は，"元"，"角"，"分"の3段階に分かれる。ただし，話し言葉では一般に"元"と"角"を用いず，"块"と"毛"を用いる。

話し言葉：　十五　块　三　毛　二　分　（钱）　　　两　块　（钱）
　　　　　　shíwǔ kuài sān máo èr fēn (qián)　　liǎng kuài (qián)

書き言葉：　十一　元　六　角　二　分　（钱）　　　二　元　（钱）
　　　　　　shíyī yuán liù jiǎo èr fēn (qián)　　èr yuán (qián)

¶　1）直近の単位が続く場合，末尾の単位は省略できる。

　　五　块　三　毛　＝　五　块　三
　　wǔ kuài sān máo　　wǔ kuài sān

2）直近の単位が続かない場合，しばしばあいだに "零" を用いる。

　　五　块　零　三　分
　　wǔ kuài líng sān fēn

多　duō
分　fēn
元　yuán
角　jiǎo

◆ よく用いられる量詞

数詞	量詞	名詞
一 yí	个 ge	人 rén　杯子 bēizi　苹果 píngguǒ　问题 wèntí　电话 diànhuà
两 liǎng	只 zhī	鸡 jī　猫 māo　鸟 niǎo　猪 zhū　表 biǎo　鞋 xié
八 bā	本 běn	书 shū　杂志 zázhì　词典 cídiǎn　手册 shǒucè
一 yì	根 gēn	头发 tóufa　火柴 huǒchái　线 xiàn　烟 yān
五 wǔ	枝 zhī	铅笔 qiānbǐ　圆珠笔 yuánzhūbǐ　烟 yān
四 sì	块 kuài	蛋糕 dàngāo　手帕 shǒupà　糖 táng　肉 ròu　手表 shǒubiǎo
一 yì	条 tiáo	鱼 yú　裤子 kùzi　毛巾 máojīn　被子 bèizi　狗 gǒu
三 sān	件 jiàn	衣服 yīfu　大衣 dàyī　行李 xíngli　事 shì
一 yì	张 zhāng	纸 zhǐ　票 piào　照片 zhàopiàn　桌子 zhuōzi　床 chuáng
六 liù	瓶 píng	啤酒 píjiǔ　醋 cù
两 liǎng	辆 liàng	自行车 zìxíngchē　汽车 qìchē　卡车 kǎchē
九 jiǔ	架 jià	飞机 fēijī　收音机 shōuyīnjī　照相机 zhàoxiàngjī
十 shí	头 tóu	牛 niú　猪 zhū
七 qī	把 bǎ	雨伞 yǔsǎn　扇子 shànzi　椅子 yǐzi　茶壶 cháhú　刀 dāo
一 yì	双 shuāng	鞋 xié　袜子 wàzi　眼睛 yǎnjing
一 yí	对 duì	夫妻 fūqī　花瓶 huāpíng
三 sān	(公)斤 (gōng)jīn	糖 táng　肉 ròu

3 動詞述語文の基本語順

　述語が動詞で構成されるタイプの文を「動詞述語文」といいます。中国語の動詞述語文の基本語順は，動作者が主語（Subject）として動詞の前に立ち，受動者が目的語（Object）として動詞のあとに置かれ，S・V・Oの順に並びます。仮に動作者を〈ダレ〉，受動者を〈ナニ〉，動詞を〈スル〉と記号化すると，

　　〈ダレ〉・〈スル〉・〈ナニ〉

という順で並ぶということです。そして，ここにさらに動作者や受動者以外の第三の人物や事物が加わる場合は，その人物または事物を表す名詞を前置詞で導き，「前置詞＋名詞」のかたちで〈スル〉の前に置きます。「前置詞＋名詞」のフレーズ全体を仮にPで表すとすると，

　　〈ダレ〉・P・〈スル〉・〈ナニ〉

という語順になるわけです。さらに，この上に，動作の行なわれる時点（=〈イツ〉）や場所（=〈ドコ〉）が加わる場合は，次のような語順で配置されます。

　　〈ダレ〉・〈イツ〉・〈ドコ〉・P・〈スル〉・〈ナニ〉

　これが中国語の動詞述語文の基本語順です。たとえば，「洋洋・ガ／あす／私の家・デ／亮亮・ト／中国将棋・ヲ／打ちます」という日本語文を中国語で表現すると，

　　洋洋　　明天　　在　我　家　跟　亮亮　　下　象棋。
　　Yángyang míngtiān zài wǒ jiā gēn Liàngliang xià xiàngqí.

となります。この一文を丸ごと覚えておくと，いろいろな表現に応用が利き，便利です。なお，〈イツ〉が主語の〈ダレ〉よりも先に出て，「〈イツ〉・〈ダレ〉・〈ドコ〉・P・〈スル〉・〈ナニ〉」という語順も可能です。

第 6 课　能 吃 吗？
Dì liù kè　Néng chī ma?

144

山本：欸？ 这 是 什么？
　　　Éi?　Zhè　shì　shénme?

芳芳：这 是 西瓜子儿。 您 吃 吗？
　　　Zhè　shì　xīguāzǐr.　Nín　chī　ma?

王　：这 个 瓜子儿 很 好吃。
　　　Zhèi　ge　guāzǐr　hěn　hǎochī.

山本：能 吃 吗？ 生 的 瓜子儿。
　　　Néng　chī　ma?　Shēng　de　guāzǐr.

芳芳：不 是 生 的， 是 熟 的。
　　　Bú　shì　shēng　de,　shì　shú　de.

山本：我 没 吃过。 味道 怎么样？
　　　Wǒ　méi　chīguo.　Wèidao　zěnmeyàng?

芳芳：特 好吃。
　　　Tè　hǎochī.

王　：你 尝尝。
　　　Nǐ　chángchang.

芳芳：怎么样？
　　　Zěnmeyàng?

山本：很 好吃。
　　　Hěn　hǎochī.

145 ■新出単語■

欸 éi　　　　　　　生 shēng　　　　　　　没 méi ⇨ 第11课 [2]　　特 tè
瓜子儿 guāzǐr　　　熟 shú（単独で用いる場　　过 guo ⇨ [5]　　　　　尝 cháng
好吃 hǎochī　　　　合, 口語音の "shóu" で　味道 wèidao
能 néng ⇨ [4]　　　発音されることもある。）　怎么样 zěnmeyàng

王： 你 再 尝尝 这个。 这 是 葵花子儿。
　　Nǐ zài chángchang zhèige.　Zhè shì kuíhuāzǐr.

ポイント

1 "这"の領域

自分にとって近いと感じられるものは"这"で指し，遠いと感じられるものは"那"で指す。日本語では，対話の相手（すなわち聞き手）のものは遠近の差に関わらず「ソ」で指すが，中国語では，相手がかなり遠くに離れている場合を除いて，一般には"这"で指す。たとえば相手が手に持っているものを指して「それ，何？」と聞くような場合，中国語では"这是什么？"とたずねる。

2 指示詞からなる名詞句 ── 「指示詞＋数詞＋量詞＋名詞」

「この〜」「あの〜」「どの〜」と，指示詞を用いて人や事物を指し示すときは，一般に「指示詞＋数詞＋量詞＋名詞」のかたちの名詞句を用いる。

① 指示詞＋数詞＋量詞＋名詞：

	近称				遠称				不定称		
这	(一)	个	人	那	(一)	个	人	哪	(一)	个	人
zhè	(yí)	ge	rén	nà	(yí)	ge	rén	nǎ	(yí)	ge	rén
zhèi		ge	rén	**nèi**		ge	rén	**něi**		ge	rén
这	两	本	书	那	两	本	书	哪	两	本	书
zhè	liǎng	běn	shū	nà	liǎng	běn	shū	nǎ	liǎng	běn	shū

② 指示詞＋数詞＋量詞：

这	(一)	个	那	(一)	个	哪	(一)	个
zhè	(yí)	ge	nà	(yí)	ge	nǎ	(yí)	ge
这	四	条	那	四	条	哪	四	条
zhè	sì	tiáo	nà	sì	tiáo	nǎ	sì	tiáo

再 zài ⇨ 6

¶ 1）数詞が"一"のときは，多くの場合，"一"を省略し，しばしば"这"は zhèi，"那"は nèi，"哪"は něi と発音される。

2）名詞を省略し，"这个・那个・哪个"だけで，「このもの（これ）」「あのもの（あれ）」「どのもの（どれ）」を意味する名詞句として，主語や目的語に用いることもできる。

"你 要 哪个？" —— "我 要 这个。"
Nǐ yào něige?　　　Wǒ yào zhèige.

"你 的 表 是 不 是 这个？" —— "不 是 这个， 是 那个。"
Nǐ de biǎo shì bu shì zhèige?　　　Bú shì zhèige, shì nèige.

参照▶第2课ポイント⑥　指示詞"这・那・哪"

※注記：本テキストでは，"这个瓜子ル"のように"这个＋名詞"の場合は"zhèi ge guāzǐr"とピンインを分かち書きし，"这个"が単独で用いられる場合のみ，"zhèige"とくっつけて表記する。なお，数詞"一"が省略されている場合は，基本的に"这・那・哪"の発音を"zhèi・nèi・něi"と表記する。

ポイント2 作文

1）この2冊の本は図書館のです。

2）あなたはどれがほしいですか。

③ "的"を用いる名詞句 (2) ——「形容詞＋"的"＋名詞」

形容詞や形容詞句は助詞の"的"をともない，名詞を修飾して名詞句（連体修飾構造）をつくることができる。

参照▶第4课ポイント⑥　"的"を用いる名詞句 (1)
　　　第7课ポイント①　"的"を用いる名詞句 (3)

他 的 日语 有 很 大 的 进步。
Tā de Rìyǔ yǒu hěn dà de jìnbù.

¶ 「『裸』の形容詞＋"的"＋名詞」には，一般に，「対比」・「比較」の意味が含まれる。

参照▶第4课ポイント⑤　形容詞述語文　1）

■新出単語■

日语 Rìyǔ
大 dà
进步 jìnbù

熟 的 柿子 好吃, 生 的 柿子 不 好吃。
Shú de shìzi hǎochī, shēng de shìzi bù hǎochī.

¶ 名詞を省略して「形容詞＋"的"」の組み合わせだけで用いることもできる。

大 的 贵, 小 的 便宜。
Dà de guì, xiǎo de piányi.

ポイント3 作文

1) ぶ厚い辞書は高く，薄いのは安い。（"厚" hòu, "薄" báo）

2) 私たちの大学には，とても大きな食堂がひとつある。（"食堂" shítáng）

148 ④ 能願動詞"能"……動詞の前に用い，「(潜在的な能力や，客観的な条件が備わっていて) ～できる)」という意味を表す。

他 能 喝 一 斤 白酒。
Tā néng hē yì jīn báijiǔ.

我 感冒 了, 不 能 游泳。
Wǒ gǎnmào le, bù néng yóuyǒng.

参照▶ 第7课ポイント② 新事態出現の"了"

ポイント4 作文

1) 今日私は運転できない。

2) きみは何メートル泳げますか（"米" mǐ, "游" yóu）

柿子 shìzi　　　　感冒 gǎnmào
贵 guì　　　　　 白酒 báijiǔ
小 xiǎo　　　　　游泳 yóu//yǒng
便宜 piányi

"会"（第4课ポイント⑦）と"能"のちがい　　　　　　　　　　COLUMN-3

どちらも「ある行為ができる」という意味を表しますが，"会"の方がより基本的な遂行能力を表すのに対し，"能"はある状況下における遂行能力を表す場合があります。

我不会喝酒。　　（もともとお酒が飲めない＝下戸［げこ］である）
Wǒ bú huì hē jiǔ.

我不会游泳。　　（もともと泳げない＝カナヅチである）
Wǒ bú huì yóuyǒng.

今天我不能喝酒。（条件・能力的に飲めない＝車で来ている／胃の調子が悪い etc）
Jīntiān wǒ bù néng hē jiǔ.

今天我不能游泳。（条件・能力的に泳げない＝風邪をひいている／水着が無い etc）
Jīntiān wǒ bù néng yóuyǒng.

ある行為がどのくらいのレベルに達しているのかを言う場合は，通常"能"を用います。

小李一分钟能打200个字。
Xiǎo-Lǐ yì fēn zhōng néng dǎ èrbǎi ge zì.

我能游1500米。
Wǒ néng yóu yìqiān wǔbǎi mǐ.

"能"は否定形では「禁止」の意味を表す傾向が強くなります。この場合，一般に肯定文では能願動詞"可以"と対応します。（第13课ポイント④「能願動詞"可以"」参照）

图书馆里不能抽烟。
Túshūguǎnli bù néng chōu yān.

149
⑤ 経験を表す"过"……動詞接尾辞。動詞のあとに付き，動作・行為が〈経験済み〉であることを表す。「～したことがある」。

我　爬过　长城。
Wǒ　páguo　Chángchéng.

¶ "过"をともなう動詞の否定には"没有 méiyou"または"没 méi"を用い，"不"は用いない。否定文においても，"过"は依然として動詞に付く。

"你　吃过　中药　吗?"　──　"没有。我　没（有）　吃过　中药。"
Nǐ　chīguo　zhōngyào　ma?　　　　Méiyou.　Wǒ　méi(you)　chīguo　zhōngyào.

参照▶第11课ポイント②　副詞"没有"
第8课ポイント⑥　完了を表す"了"　2)

■新出単語■

分钟 fēn zhōng　　　　　里 li　　　　　　　　长城 Chángchéng
打字 dǎ zì　　　　　　 爬 pá　　　　　　　　中药 zhōngyào

ポイント5 作文

1）あなたは故宮に行ったことがありますか。（"故宮" Gùgōng）

2）あなたは京劇を見たことがありますか。―― いいえ，見たことがありません。

（"京劇" Jīngjù）

6 副詞 "再"（1）

同類の動作や出来事がくり返し，重ねて実現する（であろう）ことを意味する。「また；もう一度；さらに」。2回目の行為は発話以降に行なわれる。

你 再 说 一 遍, 好 吗?
Nǐ zài shuō yí biàn, hǎo ma?

欢迎 你 明天 再 来。
Huānyíng nǐ míngtiān zài lái.

参照▶ 第21课ポイント② 副詞 "再"（2）

ポイント6 作文

1）私はさらにビールを2本買います。

2）もう1杯食べてください。（"一碗" yì wǎn）

7 動詞の重ね型……動詞を2回続けて繰り返すかたちで動詞句をつくり，「（ちょっと）～してみる；（いちど試しに）～してみる」という意味を表す。2つめの動詞は軽声で発音される。

我们 研究研究 吧。
Wǒmen yánjiūyanjiu ba.

¶ 単音節の動詞を重ねるときは，あいだに "一" が割り込むこともある。

你 试 （一） 试 吧。
Nǐ shì (yi) shi ba.

ポイント7 作文

1）あなた，ちょっと読んでみて。

2）私たち，ちょっと歩きましょう。（"走" zǒu）

遍 biàn　　　　　　　研究 yánjiū
欢迎 huānyíng　　　　试 shì

第 7 课　我 肚子 饿 了。
Dì qī kè　Wǒ dùzi è le.

（各 位 旅客, 用餐 的 时间 到 了。需要 用餐 的 旅客 请 到
　Gè wèi lǚkè, yòngcān de shíjiān dào le. Xūyào yòngcān de lǚkè qǐng dào
餐车 用餐。）
cānchē yòngcān.

芳芳：爸爸, 我 肚子 饿 了。几 点 了?
　　　Bàba, wǒ dùzi è le. Jǐ diǎn le?

（時計を見て）

王：哟, 已经 五 点 半 了。
　　Yō, yǐjīng wǔ diǎn bàn le.

芳芳：咱们 去 餐车 吃 还是 买 盒饭 吃?
　　　Zánmen qù cānchē chī háishi mǎi héfàn chī?

王：餐车 人 多, 我 想 买 盒饭 吃。
　　Cānchē rén duō, wǒ xiǎng mǎi héfàn chī.

山本：是 啊, 在 餐车 吃饭 的 人 一定 很 多 吧。
　　　Shì a, zài cānchē chīfàn de rén yídìng hěn duō ba.

芳芳：好 吧, 那 快 去 买 盒饭 吧!
　　　Hǎo ba, nà kuài qù mǎi héfàn ba!

山本：盒饭 在 哪儿 买?
　　　Héfàn zài nǎr mǎi?

■新出単語■

各 gè	了 le ⇨ 2	点 diǎn ⇨ 4	多 duō
位 wèi	需要 xūyào	哟 yō	想 xiǎng ⇨ 5
旅客 lǚkè	请 qǐng	已经 yǐjīng	吃饭 chī//fàn
用餐 yòng//cān	餐车 cānchē	半 bàn	一定 yídìng
时间 shíjiān	肚子 dùzi	还是 háishi ⇨ 7	快 kuài
到 dào	饿 è	盒饭 héfàn	

王： 服务员 来 卖。
　　Fúwùyuán lái mài.

ポイント

1 "的"を用いる名詞句（3）——「動詞＋"的"＋名詞」

動詞や動詞句は助詞の"的"をともない，名詞を修飾して名詞句（連体修飾構造）をつくることができる。

　　　　　　　　　　　　参照▶第4课ポイント⑥　"的"を用いる名詞句（1）
　　　　　　　　　　　　　　　第6课ポイント③　"的"を用いる名詞句（2）

要 的 人 举 手。
Yào de rén jǔ shǒu.

现在 不 是 睡觉 的 时间, 是 上课 的 时间。
Xiànzài bú shì shuìjiào de shíjiān, shì shàngkè de shíjiān.

这 也 是 余华 写 的 小说。
Zhè yě shì Yú Huá xiě de xiǎoshuō.

¶ 「動詞＋"的"」の組み合わせだけで用いることもできる。

穿 牛仔裤 的 是 我 弟弟。
Chuān niúzǎikù de shì wǒ dìdi.

粥 是 喝 的, 不 是 吃 的。
Zhōu shì hē de, bú shì chī de.

ポイント1 作文

1）これは私がイタリアで買った財布です。（"意大利" Yìdàlì，"钱包" qiánbāo）

2）トルストイの書いた小説は，とても面白い。（"托尔斯泰" Tuō'ěrsītài，"小说" xiǎoshuō）

服务员 fúwùyuán　　　　上课 shàng//kè
卖 mài　　　　　　　　余华 Yú Huá
举 jǔ　　　　　　　　　写 xiě
手 shǒu　　　　　　　　穿 chuān
现在 xiànzài　　　　　　牛仔裤 niúzǎikù
睡觉 shuì//jiào　　　　　粥 zhōu

155 ② **新事態出現の"了"**……文末助詞。文末に用い，ある事態が，発話の場（または問題の場）にとって新たな変化として生じたことを表す。

八　点　了。
Bā　diǎn　le.

小岚　感冒　了。
Xiǎolán　gǎnmào　le.

奶奶　病　好　了，能　下　床　了。
Nǎinai　bìng　hǎo　le,　néng　xià　chuáng　le.

他　去　美国　留学　了。
Tā　qù　Měiguó　liúxué　le.

ポイント2 作文

1）彼は今年20歳になった。

2）この子は歩けるようになりましたか。（"孩子" háizi，"走路" zǒu//lù）

3）陸先生は昨日退院した。（"陆老师" Lù lǎoshī，"昨天" zuótiān，"出院" chū//yuàn）

156 ③ **主述述語文**……述語の部分が，「主語＋述語」のかたちで構成されるタイプの文を「主述述語文」という。主語を二つ含むところから，「二重主語文」とも呼ばれる。「～は…が ― である」。述語の部分には一般に形容詞（句）が用いられる。

主語	述語	
	主語	述語
小红 Xiǎohóng	头 tóu	疼 téng
中国 Zhōngguó	名胜　古迹 míngshèng gǔjì	很　多 hěn　duō

■新出単語■

病 bìng　　　　　　疼 téng
下 xià　　　　　　　名胜 míngshèng
留学 liú//xué　　　　古迹 gǔjì
头 tóu

1) 感覚・知覚・感情を述べるタイプ：2番目の主語に身体部位を表す名詞が用いられる。

他　心里　很　高兴。
Tā　xīnli　hěn　gāoxìng.

参照▶ "里" ⇨ 第10課ポイント④　方位詞

2) 人や事物の属性や状態を述べるタイプ：2番目の主語が，1番目の主語が表す人・事物の〈部分〉，〈側面〉，〈行為〉などを表す。

小刚　个儿　小，胆子　大。
Xiǎogāng　gèr　xiǎo,　dǎnzi　dà.

3) 存在物や所有物の多寡を述べるタイプ：1番目の主語に〈空間〉や〈所有者〉が用いられ，2番目の主語に〈存在物〉や〈所有物〉が用いられる。

上海　人　很　多。
Shànghǎi　rén　hěn　duō.

ポイント3　作文

1) 彼は性格がとてもよい。（"脾气" píqi）

2) 彼女は目が大きく，口が小さい。（"眼睛" yǎnjing, "嘴" zuǐ）

④　時刻の表現

時刻の表現は，「時，分，秒」を意味する "点 diǎn・分 fēn・秒 miǎo" と，「四分の一時間；クウォーター（quarter）」を意味する "刻 kè" を量詞として用い，「数詞＋量詞」のかたちで表す。

現在　几　点　（钟）？
Xiànzài　jǐ　diǎn　(zhōng)?

3：00　　　　三　点　（钟）
　　　　　　　sān　diǎn　(zhōng)

11：36　　　十一　点　三十六　分
　　　　　　　shíyī　diǎn　sānshíliù　fēn

4：15　　　　四　点　十五　分／四　点　一　刻
　　　　　　　sì　diǎn　shíwǔ　fēn　sì　diǎn　yí　kè

心里 xīnli　　　　　　分 fēn
高兴 gāoxìng　　　　 刻 kè
个儿 gèr
胆子 dǎnzi

7：45　　　　　　七　点　四十五　分／七　点　三　刻
　　　　　　　　　　　 qī diǎn sìshiwǔ fēn qī diǎn sān kè

¶ 1）中国語では，時刻は，鐘の数を数える数量表現を用いて表すため，「2時」というときは基数
　　（計量数）の"两"を用い，序数の"二"を用いない。曜日や月日が"二"を用いるのとは異
　　なる。分が一桁の場合は前に"零"を加える。

参照▶第5课ポイント3　数詞「2」

　　　2：00　　　　　　两　点　（钟）
　　　　　　　　　　　liǎng diǎn (zhōng)

　　　2：22　　　　　　两　点　二十二　分
　　　　　　　　　　　liǎng diǎn èrshi'èr fēn

　　　2：02　　　　　　两　点　零　二　分
　　　　　　　　　　　liǎng diǎn líng èr fēn

2）「～時30分」は日本語と同様に"半"を用いることができる。また，「～時…分前」は"差
　　…分～点"で表す。日本語と語順が逆になるので注意。

　　　12：30　　　　　十二　点　三十　分／十二　点　半
　　　　　　　　　　　shí'èr diǎn sānshí fēn shí'èr diǎn bàn

　　　9：55　　　　　　九　点　五十五　分／差　五　分　十　点
　　　　　　　　　　　jiǔ diǎn wǔshiwǔ fēn chà wǔ fēn shí diǎn

158
5 能願動詞"想"……動詞句の前に用い，願望や欲求を表す。「～したい」。

　　代田　想　去　德国。
　　Dàitián xiǎng qù Déguó.

　　姐姐　想　学　钢琴，妹妹　想　学　小提琴。
　　Jiějie xiǎng xué gāngqín, mèimei xiǎng xué xiǎotíqín.

■新出単語■

差 chà　　　　　　　　　小提琴 xiǎotíqín
德国 Déguó
学 xué
钢琴 gāngqín

ポイント5 作文

1) 週末は映画を見に行きたい。("周末" zhōumò)

2) 今日は家で勉強したくない。

⑥ **連動文**……複数の動詞または動詞句が直接結びついて一つの述語を構成している構造を「連動構造」といい、そのような述語からなる文を「連動文」という。「連動文」では、緊密に関連し合いながら前後して成立する複数の動作や、同時に並行して成立する複数の動作が、ひとまとまりの（セットをなす）出来事として捉えられる。

主語	述語 動詞(句)₁ ＋ 動詞(句)₂	動詞(句)₁ ＋ 動詞(句)₂ の意味関係
他 tā	来 看 京剧 lái kàn Jīngjù	移動＋目的
张 三 Zhāng Sān	去 餐车 吃 饭 qù cānchē chī fàn	移動＋目的
李 四 Lǐ Sì	打 电话 通知 她 dǎ diànhuà tōngzhī tā	手段＋目的

¶ 動詞(句)₁には、"来"と"去"を除いて、裸の動詞を用いることはできない（目的語か動詞接尾辞をともなう）。

ポイント6 作文

1) 明日私の家に遊びに来てください。("玩儿" wánr)

2) 私は手紙で（を書いて）彼女に知らせます。("写信" xiě xìn, "告诉" gàosu)

⑦ **選択疑問文**……「("是")＋X＋"还是"＋Y」のかたちで複数の述語形式や節を提示し、選択的に事柄を尋ねる疑問文を選択疑問文という。

老王 （是） 去 上海 还是 去 北京？
Lǎo-Wáng (shì) qù Shànghǎi háishi qù Běijīng?

打 dǎ
通知 tōngzhī
老 lǎo

(是) 小王 来 还是 小林 来?
(Shì) Xiǎo-Wáng lái háishi Xiǎo-Lín lái?

¶ "是"からなる述語形式が選択肢に用いられる場合は，同音連続を避けるため，次のようには表現しない。

× 这 是 墨鱼, 还是 是 章鱼?

連続する "是" を一つに融合させて，次のように表現する。

这 是 墨鱼, 还是 章鱼?
Zhè shì mòyú, háishi zhāngyú?

参照▶ p.82「3分間レクチャー5 同音連続の回避」

■新出単語■
墨鱼 mòyú
章鱼 zhāngyú

4 主語と主題

　先にも述べた通り，中国語の基本語順は，動作主が主語として文頭に立ち，受動者は目的語として動詞のあとに置かれます。ただし，これはあくまでも基本的な語順ということであり，これ以外の語順があり得ないということではありません。たとえば，次の対話のなかの"围棋我不下。"という文では，受動者である"围棋"が，主語の"我"よりも前にあります。

　　　"我　常常　下　象棋。"　　　　　　　（私はよく中国将棋を指します）
　　　　Wǒ chángcháng xià xiàngqí.
　　　"围棋　呢？"　　　　　　　　　　　　（碁は？）
　　　　Wéiqí ne?
　　　"围棋　我　不　下。"　　　　　　　　（碁は，私は打ちません）
　　　　Wéiqí wǒ bú xià.

　このように，受動者であっても，文脈のなかですでに話題の対象とされており，それについて何らかの叙述（コメント）を加えたいというような場合には，それを「主題(topic)」として取り立て，主語に先んじて文頭にもち出すことも可能です。日本語で，基本語順としての「太郎が金を払った」の「金（を）」を，「金は太郎が払った」のように「〜は」のかたちで主題化することができるのと相通じる現象です。上の"围棋我不下。"という文は"围棋"が「主題」，"我"が主語，"不下"が述語，という構造です。このようなかたちの文を「主題化構文」あるいは「題述文」といいます。主題化構文は，主語が省略され，主題と述語だけで成り立つ場合もあります。"围棋不下。"（碁は打たない）やテキスト本文中の"盒饭在哪儿买？"などがそれです。

　なお，主題化されるのは受動者だけではなく，動作者もしばしば主題化されます。ただし，動作者は，基本語順としてのもともとの位置が文頭ですから，主題化されていてもその位置に変化はありません。つまり，動作者の場合は，主語として文頭にあるのか，主題として文頭にあるのか，かたちの上では見分けがつかないということです。主語としての動作者か，主題としての動作者かは，文脈を手掛かりに判断するしかありません。次の例では，(1)の下線部の"小李"は主語であり，(2)の下線部の"小李"は主題です。

　　　(1) "谁　走　了？"　　　　　　　　　（誰が帰りましたか）
　　　　　"<u>小李</u>　走　了。"　　　　　　　（李くんが帰りました）
　　　(2) "您　找　谁？"　　　　　　　　　（誰にご用がおありですか）
　　　　　"我　找　小李。"　　　　　　　　（李くんに用があります）
　　　　　"<u>小李</u>　走　了。"　　　　　　　（李くんは帰りました）

第 8 课　买到 了 吗？
Dì bā kè　Mǎidào le ma?

161

芳芳：爸爸，下 一 站 是 南京。您 不 是 要 买
　　　Bàba, xià yí zhàn shì Nánjīng. Nín bú shì yào mǎi

　　　南京板鸭 吗？
　　　Nánjīng Bǎnyā ma?

山本：南京板鸭？ 是 南京 的 特产 吗？
　　　Nánjīng Bǎnyā? Shì Nánjīng de tèchǎn ma?

王：　是 啊，很 好吃。去年 路过 的 时候 去晚 了，没
　　　Shì a, hěn hǎochī. Qùnián lùguò de shíhou qùwǎn le, méi

　　　买到。
　　　mǎidào.

山本：多少 钱 一 只？
　　　Duōshao qián yì zhī?

王：　大概 五十 来 块 吧。
　　　Dàgài wǔshí lái kuài ba.

山本：那 我 也 买 一 只。
　　　Nà wǒ yě mǎi yì zhī.

（南京駅、王さんと山本さんが列車に戻ってくる）

芳芳：爸爸，买到 了 吗？
　　　Bàba, mǎidào le ma?

162 ■新出単語■

下 xià ⇨ 1　　　　南京板鸭 Nánjīng Bǎnyā　　时候 shíhou　　　来 lái ⇨ 5
站 zhàn　　　　　特产 tèchǎn　　　　　　　晚 wǎn ⇨ 4
南京 Nánjīng　　　去年 qùnián　　　　　　　到 dào
要 yào ⇨ 3　　　　路过 lùguò　　　　　　　大概 dàgài

王： 买到 了。
　　 Mǎidào le.

芳芳：买了 几 只?
　　　Mǎile jǐ zhī?

王： 只 剩 三 只 了。爸爸 买了 两 只，山本 叔叔
　　 Zhǐ shèng sān zhī le. Bàba mǎile liǎng zhī, Shānběn shūshu

　　 买了 一 只。
　　 mǎile yì zhī.

山本：没 想到 买 的 人 那么 多。
　　　Méi xiǎngdào mǎi de rén nàme duō.

ポイント

1 順序を表す"上"と"下"

「この前の～」(last~)や「次の～」(next~)のように，発話時や発話の場を基準にして，順序のあと先をいうときは，「"上"／"下"＋数詞＋量詞＋名詞」または「"上"／"下"＋数詞＋量詞」のかたちの名詞句を用いる。数詞には"一"が用いられる頻度が高いが，"一"は省略されることも多い。

"上～"……この前の～；先の～；前～

　　上 一 趟 车　　　　上 一 节 课
　　shàng yí tàng chē　　shàng yì jié kè

　　上 个 星期　　　　　上 次
　　shàng ge xīngqī　　　shàng cì

"下～"……この次の～；後の～；翌～

　　下 一 趟 车　　　　下 一 节 课
　　xià yí tàng chē　　 xià yì jié kè

了 le ⇒ 6　　　　　　那么 nàme ⇒ 7　　　　　课 kè
只 zhī　　　　　　　　上 shàng　　　　　　　 次 cì
剩 shèng　　　　　　　趟 tàng
没想到 méi xiǎngdào　　节 jié

下 个 星期　　　　　下 次
xià ge xīngqī　　　　xià cì

164

2 "不是～吗?"……文のイントネーションの違いによって,質問表現にも反語表現にも用いられる。「～じゃないか；～ではないですか」。質問の場合は，文末が上昇イントネーションで発音され，反語の場合は，しばしば文末が下降イントネーションで発音される。

你 别 客气! 咱们 不 是 老朋友 吗?
Nǐ bié kèqi! Zánmen bú shì lǎopéngyou ma?

参照▶ "别"：第17课ポイント3 禁止の表現

ポイント2 作文

1) あなたは学生じゃないか。遠慮するな。

2) あなた，風邪をひいたのではないですか。

165

3 能願動詞 "要"……動詞の前に用い，「(願望や意図として)～したい；～しようとする」や「(当為として)～しなければならない；すべき」などの意味を表す。

¶ 願望の否定（～したくない）には"不想"を用い，当為の否定（禁止）には"不要"を用いる。

"你 要 学 游泳 吗?" —— "不, 我 不 想 学 游泳。"
Nǐ yào xué yóuyǒng ma?　　　Bù, wǒ bù xiǎng xué yóuyǒng.

生 病 的 时候 你 要 注意 休息。
Shēng bìng de shíhou nǐ yào zhùyì xiūxi.

上课 的 时候, 不要 吃 东西。
Shàngkè de shíhou, búyào chī dōngxi.

参照▶ "不要"：第17课ポイント3 禁止の表現

■新出単語■

别 bié　　　　　　　注意 zhù//yì
客气 kèqi　　　　　　休息 xiūxi
老朋友 lǎopéngyou　　不要 búyào
生病 shēng bìng

ポイント3 作文

1) あなたは何を買いたいですか。

2) 明日は遅刻してはならない。（"迟到" chídào）

4 **結果補語**……動詞のあとに直接付け加えて，動作・行為がもたらす結果を表す成分を「結果補語」という。結果補語には，形容詞や，変化を表す自動詞が用いられる。

動詞 + 結果補語

吃 chī	饱 bǎo	（食ベテ + 満腹デアル→）腹一杯食べる
走 zǒu	累 lèi	（歩イテ + 疲レル→）歩き疲れる
喝 hē	完 wán	（飲ンデ + 終ワル→）飲み終わる
看 kàn	见 jiàn	（見テ + 見エル→）見える
听 tīng	懂 dǒng	（聞イテ + 分カル→）聞いて分かる
买 mǎi	到 dào	（買ッテ + 到ル→）買って手に入れる
吹 chuī	倒 dǎo	（吹イテ + 倒レル→）吹き倒す
洗 xǐ	干净 gānjìng	（洗ッテ + 清潔デアル→）洗ってきれいになる
来 lái	晚 wǎn	（来テ + 遅イ→）遅れて来る［遅刻する］

¶ 結果補語構文を用いる文では動作の対象はしばしば動詞の前に置かれる。否定は"没有"または"没"を用いる。

酒 喝完 了。
Jiǔ hēwán le.

饱 bǎo　　　　　懂 dǒng　　　　　干净 gānjìng
累 lèi　　　　　吹 chuī
完 wán　　　　　倒 dǎo
见 jiàn　　　　　洗 xǐ

钥匙　找到　了。
Yàoshi　zhǎodào　le.

还　没　喝完　呢。(×不喝完)
Hái　méi　hēwán　ne.

ポイント4 作文

1) 服はきれいに洗いましたか。("衣服" yīfu)

2) この本はもう読み終わりました。("已经" yǐjīng)

3) 彼の言ったことは（私は）聞いて分からなかった。("话" huà)

4) あなたの手紙はまだ受け取っていません。("信" xìn, "收到" shōudào)

5 概数表現の"～来"

数詞のうしろ，量詞の前に用い，「～ぐらい」という概数を表す。数詞は10あるいは二桁以上の数字の末位が0（ゼロ）のものに限る。

王　卫东　已经　四十　来　岁　了。
Wáng　Wèidōng　yǐjīng　sìshí　lái　suì　le.

昨天　花了　一百　来　块。
Zuótiān　huāle　yìbǎi　lái　kuài.

6 完了を表す"了"……動詞接尾辞。動詞のあとに付き，動作や変化が，問題の時点において〈完了している〉こと，すなわち〈すでに実現済み〉の局面にあることを表す。

¶ 1) 動詞接尾辞の"了"は一般に，変化の意味を含みもつ動詞や結果補語をともなう動詞，あるいは数量表現を含む目的語をともなう動詞のあとに用いる。

我　找到了　钱包。
Wǒ　zhǎodàole　qiánbāo.

我　买了　三　瓶　绍兴酒。
Wǒ　mǎile　sān　píng　Shàoxīngjiǔ.

■新出単語■

钥匙 yàoshi　　　　昨天 zuótiān
找 zhǎo　　　　　　花 huā
还 hái　　　　　　　绍兴酒 Shàoxīngjiǔ
呢 ne

動詞が変化の意味を持たない場合や，結果補語をともなわない場合，あるいは目的語に数量表現が含まれていない場合に，動詞接尾辞の"了"を用いて文を終えると，しばしば不自然に感じられる。

× 我 找了 钱包。　　　× 我 买了 酒。

2）完了を表す動詞接尾辞を用いた"動詞＋了"や"動詞＋結果補語＋了"に対する否定の表現（動作や変化が〈完了していない〉すなわち〈まだ実現済みでない〉という表現）には"没有 méiyou"、または"没 méi"を用い，"不"は用いない。このとき，"没有"や"没"で否定されている動詞にさらに完了の"了"を付け加えることはできない。

× 他 没（有） 喝完了 酒。　→　他 没（有） 喝完 酒。
　　　　　　　　　　　　　　　　Tā　méi(you)　hēwán　jiǔ.

× 她 没 找到了 钥匙。　→　她 没 找到 钥匙。
　　　　　　　　　　　　　　Tā　méi　zhǎodào　yàoshi.

参照▶第11课ポイント② 副詞"没有"

3）新たな事態の出現を表す文末助詞の"了"（第7课ポイント②）と動詞接尾辞の"了"は同音異義語であり，意味と機能が異なる。

ポイント6 作文

1）彼は昨日新しい服を一着買った。

2）胡さんは日本で肉親を捜し当てた。（"老胡"Lǎo-Hú,"亲人"qīnrén）

3）私は昨日手紙を書いていない。今日書く。

完了の"了"とその否定　　　　　　　　　　　　　　　　　　　　　COLUMN-4

　　上記ポイント6の1）で，動詞（V）に結果補語などの成分が付かず，また目的語（O）に数量表現がともなっていない場合は，"了"は用いにくいという説明がありますが，"V了O"で文が終わらずに，そのあとに後続する部分があれば，文は成立します。

　看了电影，我就回家了。［映画を見て（から），わたしは家に帰りました］
　Kànle diànyǐng, wǒ jiù huí jiā le.

　　　　　　　　　　　　　　　　　　　　　（第9课ポイント4「副詞"就"」参照）

　喝了酒能吃药吗？［お酒を飲んで（から）薬を飲んでも構いませんか］
　Hēle jiǔ néng chī yào ma?

　つまり，"V了O"は，「OをVしたら，～；OをVしてから～」という意味を表します。ですからそこで文は終われないのです。
　　また，"没有"で否定された文では，"了"を用いることはできませんが，同様に，否定文では数量表現と目的語の両方をともなう文もあまり見られません。

　我喝了三杯啤酒。
　Wǒ hēle sān bēi píjiǔ.

　　我没（有）喝啤酒。
　　Wǒ méi(you) hē píjiǔ.

　×我没（有）喝了三杯啤酒。
　×我没（有）喝了啤酒。
　??我没（有）喝三杯啤酒。

"没（有）喝"は「飲んだ」という行為がそもそも存在しない（存在しなかった）ことを表すわけですから，その数量はゼロであり，「2杯，3杯」と具体的な数量を同時に言い立てると矛盾が生じるのです。

■新出単語■

电影　diànyǐng　　　　　　杯　bēi
就　jiù
回家　huí jiā
吃药　chī yào

169 ⑦ 指示詞 "这么・那么" ……形容詞の前に用い，程度を強調しつつ性質や様態を指し示す。「こんなに，そんなに，あんなに」。

这么 zhème	那么 nàme	多么 duōme
コンナニ ソンナニ	アンナニ	ドンナニ

你 这么 早 起床 干 什么?
Nǐ zhème zǎo qǐchuáng gàn shénme?

没事儿， 问题 没 那么 严重。
Méishìr, wèntí méi nàme yánzhòng.

这么 zhème 　　　干 gàn
多么 duōme 　　　没事儿 méishìr
早 zǎo 　　　　　严重 yánzhòng
起床 qǐ//chuáng

5　同音連続の回避

中国語には，同じ音声形式の助詞や接尾辞などが連続して現れることを避ける傾向があります。たとえば，助詞の"的"は，"的的"のように連続して用いられることはありません。

第7課ポイント①でも学んだように，助詞の"的"は「動詞＋"的"」のかたちで当該の動作を行なう者（動作主）または当該の動作を被る物（動作対象）を表します。たとえば"吃的 chī de"なら，「食べる者，食べる人」または「食べる物，食べ物」を意味し，"送报的 sòng bào de"なら，「新聞を届ける者，届ける人」すなわち「新聞配達人」を意味します。つまり「動詞＋"的"」は，この構造全体でひとつの名詞句に相当し，「～する者」または「～する物」を意味するということです。一方，"的"には第4課ポイント⑥で学んだように「名詞＋"的"＋名詞」のかたちで日本語の「ＸのＹ」に相当する名詞句をつくる用法もあります。"小李的自行车 Xiǎo-Lǐ de zìxíngchē"は「李君の自転車」を意味します。

では，「李君の自転車」が"小李的自行车"なら，「新聞配達人の自転車」はなんと言えばいいでしょうか？「新聞配達人」は上で述べたように"送报的"でした。「の」にあたるのは"的"。「自転車」は"自行车"。そこで，これらをそのままつなぐと"送报的＋的＋自行车"で"送报的的自行车"となるはずです。しかし，実際にはこのように"的"が連続する表現は不自然であり，中国語の話者は決して"送报的的自行车"とは言いません。二つの"的"を一つに縮約して"送报的自行车（新聞配達人の自転車）"と表現します。つまり同音連続を回避するわけです。

同様の現象は，完了を表す動詞接尾辞の"了"［第8課ポイント⑥］と，発話時にとっての新たな事態の出現を表す文末助詞の"了"［第7課ポイント②］についても観察されます。二つの"了"は意味も用法も異なる同音異義語ですから，元来一つの文の中に両方現れることが可能です。たとえば「橋を渡る」という動作の完了が，発話時にとっての新たな事態の出現・変化として認識された場合には次のような表現も成立します。

　　　小王过了桥了。（王君は橋を渡った）
　　　Xiǎo-Wáng guòle qiáo le.
　　　〔動詞の直後の"了"が動詞接尾辞，文末の"了"が文末助詞〕

ただし，このように二つの"了"が一つの文に同時に現れ得るのは，上の文のように二つの"了"の間に目的語（上の文で言えば"桥"）が用いられる場合に限られます。なぜなら，自動詞のように動詞のあとに目的語が存在しなかったり，他動詞であっても目的語が省略されたりした場合に二つの"了"を用いると，"小王过了了。"のように，同じ音声形式の"了"が連続して並んでしまうからです。そのような場合は，"的"のときと同じように，一つの"了"に縮約し，"小

王过了。"と表現します。つまり，一つの"了"が二つの異なる"了"の意味を兼ねることになります。

では"小王过了。"のように，動詞が目的語をともなわずに"了"だけをともなって文が終わっている場合，その"了"はつねに動詞接尾辞と文末助詞の両方を兼ねていると考えてよいのでしょうか？　一概にそうとは言い切れません。"小王过了。"の"了"は，1）動詞接尾辞としての"了"である場合，2）文末助詞としての"了"である場合，3）動詞接尾辞と文末助詞の両方を兼ねている場合，という三つのケースがあり得ます。それぞれの区別は，やはり文脈から判断するしかありません。

第 9 课　您看，下雨了。
　　Dì jiǔ kè　　Nín kàn, xià yǔ le.

芳芳：爸爸，您看，下雨了。
　　　Bàba, nín kàn, xià yǔ le.

王：嗯，下得真大。
　　Ng, xiàde zhēn dà.

山本：天气预报说得真准。
　　　Tiānqì yùbào shuōde zhēn zhǔn.

芳芳：爸爸，带雨伞了吗？
　　　Bàba, dài yǔsǎn le ma?

王：带了。你看，又打雷又打闪，像是雷阵雨。
　　Dài le. Nǐ kàn, yòu dǎléi yòu dǎshǎn, xiàng shì léizhènyǔ.

山本：对，说不定马上就停。
　　　Duì, shuōbudìng mǎshàng jiù tíng.

王：山本先生，今天晚上到上海有人来接你吗？
　　Shānběn xiānsheng, jīntiān wǎnshang dào Shànghǎi yǒu rén lái jiē nǐ ma?

山本：有。我女朋友来接我。
　　　Yǒu. Wǒ nǚpéngyou lái jiē wǒ.

王：哦，原来你是去见女朋友啊。
　　Ò, yuánlái nǐ shì qù jiàn nǚpéngyou a.

■新出单语■

下 xià ⇨ 1
雨 yǔ
嗯 ng
得 de ⇨ 2
真 zhēn
预报 yùbào

准 zhǔn
带 dài
又~又…
　yòu~yòu… ⇨ 3
打雷 dǎ//léi
打闪 dǎ//shǎn

像 xiàng
雷阵雨 léizhènyǔ
说不定 shuōbudìng
马上 mǎshàng
停 tíng
晚上 wǎnshang

接 jiē
女朋友 nǚpéngyou
哦 ò
原来 yuánlái
是 shì ⇨ 6
见 jiàn

山本：是　的。她　在　复旦大学　学习。
　　　Shì de. Tā zài Fùdàn Dàxué xuéxí.

ポイント

1 存現文……場所表現や時間表現を主語とし，事物や事象の存在・出現・消失を述べたてる文を「存現文」という。

主語	述語			文末助詞
	副詞	動詞	目的語	
[場所・時間] 〜に／から		(…て)ある／(…て)いる／…する／…した	[存在物・出現物] 〜が	
我们　班 wǒmen bān	也 yě	有 yǒu	一　个　外国　留学生 yí ge wàiguó liúxuéshēng	
昨天　晚上 zuótiān wǎnshang		来了 láile	几　位　客人？ jǐ wèi kèrén?	
北京 Běijīng	又 yòu	下 xià	雨 yǔ	了 le

1) 個別の対象の存在・出現・消失を述べたてるタイプ：人や事物を，「どこそこの誰それ」「どこそこのあれこれ」と特定せずに，不定の対象として捉え，その存在や出現，消失を述べたてる。目的語はしばしば数量詞をともなう。

　我　小姨　家　最近　添了　一　个　小宝宝。
　Wǒ xiǎoyí jiā zuìjìn tiānle yí ge xiǎobǎobao.

　他　家　跑了　一　只　猫。
　Tā jiā pǎole yì zhī māo.

2) 自然発生的な事象の存在や出現を言い表すタイプ：

　开花　了！
　Kāihuā le!

　昨天　晚上　刮了　一　阵　大风。
　Zuótiān wǎnshang guāle yí zhèn dàfēng.

的 de
复旦大学 Fùdàn Dàxué
外国 wàiguó
客人 kèren
又 yòu
小姨 xiǎoyí

最近 zuìjìn
添 tiān
小宝宝 xiǎobǎobao
跑 pǎo
开花 kāi//huā
刮 guā

阵 zhèn
大风 dàfēng

第9课

哈尔滨 的 冬天 经常 下 雪。
Hā'ěrbīn de dōngtiān jīngcháng xià xuě.

ポイント1 作文

1）私たちのクラスに中国人留学生がひとり来た。

2）雇が降ってきた，早く家に帰ろう。

2 様態補語 ——「動詞＋"得"＋形容詞（句）」

「動詞＋"得"」のあとに用いて，動作・行為の特徴や性質についての評価を表す成分を「様態補語」という。様態補語には，形容詞または形容詞句が用いられる。

主語	（動詞＋）目的語	動詞＋"得"	様態補語（形容詞句）
你 哥哥 nǐ gēge		跑得 pǎode	很 快 hěn kuài
北海道 的 冬天 Běihǎidào de dōngtiān	（下） 雪 (xià) xuě	下得 xiàde	非常 大 fēicháng dà
张 三 Zhāng Sān	（说） 日语 (shuō) Rìyǔ	说得 shuōde	那么 流利 nàme liúlì
她 的 日语 tā de Rìyǔ		说得 shuōde	又 标准 又 流利 yòu biāozhǔn yòu liúlì

※ "又～又…" ⇨ 下記ポイント3を参照

¶ 否定文の場合は，様態補語の形容詞を"不"で否定する。

她 （说） 日语 说得 不 流利。
Tā shuō Rìyǔ shuōde bù liúlì.

ポイント2 作文

1）雪がたくさん積もっている。（"厚" hòu，"积" jī）

2）彼は歌（を歌うの）がとてもうまい。（"唱歌" chàng gē）

■新出単語■

哈尔滨 Hā'ěrbīn
经常 jīngcháng
雪 xuě
跑 pǎo

北海道 Běihǎidào
流利 liúlì
标准 biāozhǔn

3 "又～又…" ……一つの事物や一つの場面が,同時に二つの性質や状況を併せもつことを意味する。「～でもあり（かつまた）…でもある」。

中秋节 的 月亮 又 圆 又 亮。
Zhōngqiū Jié de yuèliang yòu yuán yòu liàng.

大家 又 唱 又 跳，非常 愉快。
Dàjiā yòu chàng yòu tiào, fēicháng yúkuài.

ポイント3 作文

1) 食堂の料理は安くて美味しい。（"菜" cài）

2) このりんごは大きくて甘い。（"苹果" píngguǒ,"甜" tián）

4 副詞 "就" ……事態の起こり方を「早い」と受けとめる気持ちを表す。「すぐに；(早くも) もう」。

参照▶ 第13课ポイント③ 副詞 "就" の用法

意大利 足球 甲级 联赛 明天 就 开始。
Yìdàlì zúqiú jiǎjí liánsài míngtiān jiù kāishǐ.

小莉 三 岁 就 开始 学 芭蕾舞 了。
Xiǎolì sān suì jiù kāishǐ xué bālěiwǔ le.

ポイント4 作文

1) 呉さんは昨日9時にはもう寝た。（"小吴" Xiǎo-Wú,"睡" shuì）

2) 彼は16歳でもう大学に入った。（"进" jìn）

中秋节 Zhōngqiū Jié	大家 dàjiā	甲级 jiǎjí
月亮 yuèliang	跳 tiào	联赛 liánsài
圆 yuán	愉快 yúkuài	开始 kāishǐ
亮 liàng	足球 zúqiú	芭蕾舞 bālěiwǔ

5 "有"を用いる連動文……連動文のひとつ目の動詞に"有"を用い,「主語（X）+"有"+目的語（Y）+動詞句」のかたちで，問題の場所・時間・人物（X）に「～するYがいる，～するYがある」という意味を表す。

参照▶第7课ポイント**6** 連動文
第10课ポイント**5** 兼語文

主語	述語		
	"有" +	目的語 [主語 +	動詞句 述語]
明天 míngtiān	有 yǒu	人 rén	接 你 jiē nǐ
门口儿 ménkǒur	有 yǒu	一 个 男同学 yí ge nántóngxué	找 你 zhǎo nǐ
我 wǒ	没有 méiyou	钱 qián	买 书 mǎi shū

ポイント5 作文

1）昨日あなた（のこと）を中国人かと私に尋ねた人がいた。（"问" wèn）
　　ヒント：正反疑問を用いる。

2）明日はお客さんが来る。[来るお客さんがいる]（"客人" kèren）

6 断定の"是"……動詞述語文や形容詞述語文において，述語の前に用いられた"是"は，強い断定の気持ちを表す。「～のである；(確かに)～のだ」。

我 是 想 去 中国 留学, 可是 不 知道 什么 时候 有 机会 去。
Wǒ shì xiǎng qù Zhōngguó liúxué, kěshì bù zhīdào shénme shíhou yǒu jīhuì qù.

吃了 中药 以后 效果 是 不错。
Chīle zhōngyào yǐhòu xiàoguǒ shì búcuò.

■新出単語■

门口儿 ménkǒur　　　　　　　　　机会 jīhuì
男同学 nántóngxué　　　　　　　　以后 yǐhòu
可是 kěshì　　　　　　　　　　　 效果 xiàoguǒ
知道 zhīdao（否定された場合は zhīdào）　不错 búcuò

178 ◆ 時間詞をおぼえましょう

大前天 dàqiántiān (さきおととい)			大前年 dàqiánnián (さきおととし)
前天 qiántiān (おととい)	上上（个）星期 shàngshàng (ge) xīngqī (先先週)	上上（个）月 shàngshàng (ge) yuè (先先月)	前年 qiánnián (おととし)
昨天 zuótiān (昨日)	上（个）星期 shàng (ge) xīngqī (先週)	上（个）月 shàng (ge) yuè (先月)	去年 qùnián (去年)
今天 jīntiān (今日)	这（个）星期 zhèi (ge) xīngqī (今週)	这（个）月 zhèi (ge) yuè (今月)	今年 jīnnián (今年)
明天 míngtiān (明日)	下（个）星期 xià (ge) xīngqī (来週)	下（个）月 xià (ge) yuè (来月)	明年 míngnián (来年)
后天 hòutiān (あさって)	下下（个）星期 xiàxià (ge) xīngqī (再来週)	下下（个）月 xiàxià (ge) yuè (再来月)	后年 hòunián (再来年)
大后天 dàhòutiān (しあさって)			大后年 dàhòunián

※事態の発生する時点を表す「時間詞」は，主語の前か，主語と述語のあいだに用いられる。

今天 我 不 想 去 看 棒球 比赛。
Jīntiān wǒ bù xiǎng qù kàn bàngqiú bǐsài.

咱们 下 个 月 去 北京 旅游 吧。
Zánmen xià ge yuè qù Běijīng lǚyóu ba.

×咱们去北京旅游<u>下个月</u>吧。

棒球 bàngqiú
比赛 bǐsài
旅游 lǚyóu

第9课

179 ◆ 一日の区切り方

早上 zǎoshang	上午 shàngwǔ	中午 zhōngwǔ	下午 xiàwǔ	晚上 wǎnshang
	白天 báitiān			夜里 yèli
早饭 zǎofàn		午饭 wǔfàn		晚饭 wǎnfàn

6 テンスをもたない中国語

　日本語では,〈李君ガ上海デ働ク〉という出来事が現在のことなら「李君は上海で働いている」と言い,過去のことなら「李君は上海で働い(てい)た」と言い,未来のことなら「李君は上海で働く」と言い分けます。ところがこの3通りの日本語を中国語に訳してみると,どれも"小李在上海工作"となります。これは,日本語がテンス(時制)をもつ言語であり,中国語がテンスをもたない言語であるという相違によるものです。

　述べられる事柄が,発話時を基準にしてそれと同時(つまり現在)のことであるか,それより前(つまり過去)のことであるか,それより後(つまり未来)のことであるかという時間的な位置づけを,述語のかたちによって規則的に表し分けるための形態的または文法的手段を「テンス」といいます。中国語は上の例が示すようにそのような手段を持ち合わせない言語,すなわちテンスをもたない言語です。「彼女はアナウンサーだった」も「彼女はアナウンサーだ」も中国語では"她是广播员"。過去でも現在でも動詞は"是"のままです。先の"工作"や"是"は動詞ですが,述語が形容詞である場合も事情は変わりません。「東京は今日は寒い」が"东京今天很冷。"なら,「東京は昨日は寒かった」も"东京昨天很冷。"で,どちらも述語は"很冷"です。

　しかし,「テンスがなければさぞかし不便で紛らわしいだろう」と心配するには及びません。中国語はそのような形態的または文法的手段をもち合わせないだけのことであって,上の"东京今天很冷。"や"东京昨天很冷。"のように,実質的な語彙形式(時間詞)として,現在・過去・未来を明らかに示す手段は豊富にもち合わせていますから,それらのさまざまな語彙形式を副詞的に用いることによって,出来事の時間的位置づけに関する紛らわしさは容易に解消できます。先の〈李君ガ上海デ働ク〉の例で言えば,それが現在の出来事であることを明らかにしたければ"小李现在在上海工作。"と言い,それが過去の出来事であることを明らかにしたければ"小李以前在上海工作。"と言えばよいのです。

　テンスをもたない言語は,中国語のほかにも世界にはたくさんあります。そのような言語を母語とする人たちからすれば,「彼はむかし上海で働いていた」のように,「むかし」と言っておきながら,なおかつ述語に「た」を用いなければならない日本語のようなテンス言語はいかにも非能率的で面倒な言語に感じられるかもしれません。

第10课 你 准备 在 上海 呆 多 长 时间？
Dì shí kè　Nǐ zhǔnbèi zài Shànghǎi dāi duō cháng shíjiān?

（各 位 旅客, 列车 马上 就 要 到达 上海站 了, ……祝 各 位
Gè wèi lǚkè, lièchē mǎshàng jiù yào dàodá Shànghǎi Zhàn le, ……Zhù gè wèi

旅途 愉快！）
lǚtú yúkuài!

王：山本 先生, 你 准备 在 上海 呆 多 长 时间？
　　Shānběn xiānsheng, nǐ zhǔnbèi zài Shànghǎi dāi duō cháng shíjiān?

山本：大概 一 个 月 左右。
　　　Dàgài yí ge yuè zuǒyòu.

王：这 是 我 的 名片, 上面 有 我 的 电话 和
　　Zhè shì wǒ de míngpiàn, shàngmian yǒu wǒ de diànhuà hé

地址。回 北京 后, 请 你 跟 我 联系。
dìzhǐ. Huí Běijīng hòu, qǐng nǐ gēn wǒ liánxì.

山本：我 一定 跟 您 联系。我 的 名片 在 箱子里, 您
　　　Wǒ yídìng gēn nín liánxì. Wǒ de míngpiàn zài xiāngzili, nín

等等, 我 拿 一下。
děngdeng, wǒ ná yíxià.

王：不用 了, 写在 我 的 记事本儿上 吧。
　　Búyòng le, xiězài wǒ de jìshìběnrshang ba.

■新出单语■

列车 lièchē	呆 dāi	回 huí	拿 ná
要 yào ⇨ 1	多 duō ⇨ 2	后 hòu	一下 yíxià ⇨ 第11课 6
到达 dàodá	长 cháng	请 qǐng ⇨ 5	不用 búyòng
上海站 Shànghǎi Zhàn	左右 zuǒyòu	跟 gēn	记事本儿 jìshìběnr
祝 zhù	名片 míngpiàn	联系 liánxì	上 shang ⇨ 4
旅途 lǚtú	上面 shàngmian ⇨ 4	箱子 xiāngzi	
准备 zhǔnbèi	地址 dìzhǐ	等 děng	

芳芳：叔叔，一定 来 我 家 玩儿 啊。
　　　Shūshu, yídìng lái wǒ jiā wánr a.

山本：好， 一言为定。
　　　Hǎo, yì yán wéi dìng.

ポイント

1 近接未来の"了"……文末助詞の"了"は副詞の"就"や"快"や能願動詞の"要"と呼応して用いられ，"就～了"，"快～了"，"要～了"，さらに"就要～了"，"快要～了"などのかたちで，さしせまった未来に発生する新たな事態を表す。「まもなく～する；もうすぐ～する」。

飞机 要 起飞 了。
Fēijī yào qǐfēi le.

快 要 放 暑假 了。
Kuài yào fàng shǔjià le.

小李 明年 就 要 毕业 了。
Xiǎo-Lǐ míngnián jiù yào bìyè le.

¶ 副詞"快"と"快要"は，ほかの時間詞とともに用いることはできない。

× 小李 明年 快 毕业 了。

ポイント1 作文

1) 飛行機はまもなく着陸する。（"飞机" fēijī, "着陆" zhuó//lù）

2) 私たちはもうすぐ冬休みだ。（"寒假" hánjià）

一言为定 yì yán wéi dìng
起飞 qǐfēi
快 kuài
放 fàng
暑假 shǔjià
毕业 bì//yè

183 ② 疑問詞 **"多"** …… "大・高 gāo・长・远 yuǎn・重 zhòng・深 shēn" などの度量衡を表す形容詞の前に用い，面積，高さ，長さ，距離，重量，深さなどをたずねる。「どのくらい〜？」。

长城　有　多　长?
Chángchéng yǒu duō cháng?

"你　多　重?"　——　"七十　公斤。"
Nǐ　duō　zhòng?　　　Qīshí　gōngjīn.

你　今年　多　大?
Nǐ　jīnnián　duō　dà?

¶ "多＋形容詞"と"有＋多＋形容詞"の2つの言い方がある。"有"を用いると数量の大きさが強調される場合がある。

184 ③ 時量（時間幅）の表現

	一 分 钟 yī fēn zhōng	两 分 钟 liǎng fēn zhōng	十 分 钟 shí fēn zhōng
半 个 小时 bàn ge xiǎoshí	一 个 小时 yí ge xiǎoshí	两 个 小时 liǎng ge xiǎoshí	十 个 小时 shí ge xiǎoshí
半 天 bàn tiān	一 天 yì tiān	两 天 liǎng tiān	十 天 shí tiān
	一 个 星期 yí ge xīngqī	两 个 星期 liǎng ge xīngqī	
半 个 月 bàn ge yuè	一 个 月 yí ge yuè	两 个 月 liǎng ge yuè	十 个 月 shí ge yuè
半 年 bàn nián	一 年 yì nián	两 年 liǎng nián	十 年 shí nián

"小时"は"钟头"zhōngtóu ともいう。

¶ 時量表現は動詞のあとに用いて，動作の実行期間を表す。動詞が目的語をとる場合は，「動詞＋時量表現＋目的語」の語順をとる。

参照▶ 第11课ポイント⑤ 「動作量」と回数表現

■新出単語■

高 gāo　　　　　　　深 shēn
远 yuǎn　　　　　　小时 xiǎoshí
重 zhòng　　　　　　天 tiān

咱们 休息 十 分 钟。
Zánmen xiūxi shí fēn zhōng.

他 学了 三 年 日文。
Tā xuéle sān nián Rìwén.

他 坐了 七 个 钟头 飞机。
Tā zuòle qī ge zhōngtóu fēijī.

ポイント3 作文

1) オバマ大統領は上海にどれくらい滞在する予定ですか。("奥巴马总统" Àobāmǎ zǒngtǒng)

2) クリントンは一時間電話をかけた。("克林顿" Kèlíndùn)

4 **方位詞**……「上，下，なか，そと，前，うしろ」などの空間を表すいくつかの語を方位詞という。方位詞には"上、里、后"のような単音節の類と"上面、里边儿、后头"のような二音節の類がある。

	东 dōng	南 nán	西 xī	北 běi	左 zuǒ	右 yòu	上 shàng	下 xià	前 qián	后 hòu	里 lǐ	外 wài	旁 páng	对 duì
边(儿) biān(r)	+	+	+	+	+	+	+	+	+	+	+	+	+	−
面 miàn	+	+	+	+	+	+	+	+	+	+	+	+	−	+
头 tóu	−	−	−	−	−	−	+	+	+	+	+	+	−	−

「+」はその組み合わせが成立し，「−」はその組み合わせが非成立であることを表す。
"边(儿)・面・头"は組み合わせによって，声調を付けて発音する場合と，軽声で発音する場合とがある。

¶ 1) "边(儿)・面・头"を組み合わせた二音節の方位詞は，「名詞(句)+方位詞」または「名詞(句)+"的"+方位詞」のかたちで，ほかの名詞のあとに付けて用いる。また，単独で主語や目的語に用いることもできる。

邮局 在 银行 (的) 东边儿。
Yóujú zài yínháng (de) dōngbianr.

外边儿 冷， 里边儿 暖和。
Wàibianr lěng, lǐbianr nuǎnhuo.

日文 Rìwén　　　　　邮局 yóujú　　　　　外边儿 wàibianr
坐 zuò　　　　　　银行 yínháng　　　　里边儿 lǐbianr
钟头 zhōngtóu　　　东边儿 dōngbianr

2）"上・下・前・后・里・外"は，一般に，「名詞（句）+方位詞」のかたちで，単独で名詞（句）のあとに直接付けて用いることができる。それ以外の"东・南・西・北・左・右・对"にはこの用法が無い。なお"旁"は"门旁 ménpáng・路旁 lùpáng"など単語として存在するが，組み合わされる名詞は単音節のものに限られる。

我 的 名片 在 箱子里。
Wǒ de míngpiàn zài xiāngzili.

书架上 有 很 多 儿童书。
Shūjiàshang yǒu hěn duō értóngshū.

× 银行 对 有 一 个 人。

× 邮局 东 有 一 个 银行。

3）名詞には，場所表現として用いられる場合に，"上"や"里"などの方位詞を必要とするものと必要としないものがある。

方位詞 "上" や "里" を必要としないもの	方位詞 "上" や "里" を必要とするもの	方位詞 "上" や "里" を省略してもよいもの
国名，地名，機関，施設などを表す固有名詞	一般名詞，抽象名詞，身体部位名詞など，場所としてみなされないものや"～子"のかたちの名詞	日常生活のなかでの活動の場や集いの場を表す名詞
中国 Zhōngguó	书包里 shūbāoli	家（里）jiā(li)
北京 Běijīng	桌子上 zhuōzishang	学校（里）xuéxiào(li)
日本 Rìběn	黑板上 hēibǎnshang	电影院（里）diànyǐngyuàn(li)
美国 Měiguó	车上／里 chēshang/li	百货商店（里）bǎihuòshāngdiàn(li)
纽约 Niǔyuē	飞机上 fēijīshang	超市（里）chāoshì(li)
中央电视台 Zhōngyāng Diànshìtái	河上／里 héshang/li	

■新出単語■

门旁 ménpáng
路旁 lùpáng
书架 shūjià
儿童书 értóngshū

纽约 Niǔyuē
中央电视台 Zhōngyāng Diànshìtái
书包 shūbāo
黑板 hēibǎn

河 hé
电影院 diànyǐngyuàn
百货商店 bǎihuòshāngdiàn
超市 chāoshì

5 兼語文

「諸葛亮に頼んで参謀になってもらう」とか「病人にタバコをやめるよう勧める」のように，「なんらかの動作行為を行なうよう人に要請したり，促したりする目的で人に働きかける」という事態を表すときにも連動文を用いる。人に働きかける行為を前の動詞（「動詞₁」の位置）で表し，要請や促しの対象になる動作行為を後ろの動詞（「動詞（句）₂」）で表す。この種の連動文は，二つの動詞の間に位置する名詞が，前の動詞に対しては目的語となり，後ろの動詞に対しては意味上の主語の役割を担うところから，特に「兼語文」と呼ばれる。

主語	述語		
	動詞₁ ＋	目的語 ＋ [主語]	動詞（句）₂ 述語]
刘备 Liú Bèi	请 qǐng	诸葛亮 Zhūgě Liàng	当 参谋 dāng cānmóu
医生 yīshēng	劝 quàn	病人 bìngrén	戒 烟 jiè yān
周瑜 Zhōu Yú	要 yào	诸葛亮 Zhūgě Liàng	准备 十万 枝 箭 zhǔnbèi shíwàn zhī jiàn
我 wǒ	求 qiú	他 tā	办事 bànshì

主語（N₁）が目的語（N₂）にある行為をするように働きかけるが，N₂がその行為を行なわないという場合でも文は成立可能である。

小马 请 我 参加 会议, 我 没 参加。
Xiǎo-Mǎ qǐng wǒ cānjiā huìyì, wǒ méi cānjiā.

ポイント5 作文

1) 私は彼に買うよう勧めたが，彼は買わなかった。

2) 私は彼に手伝うようにお願いした。（"帮忙" bāng//máng）

刘备 Liú Bèi	劝 quàn	箭 jiàn	会议 huìyì
诸葛亮 Zhūgě Liàng	病人 bìngrén	求 qiú	
当 dāng	戒 jiè	办事 bàn//shì	
参谋 cānmóu	周瑜 Zhōu Yú	参加 cānjiā	

6 "不～了"……文末助詞の"了"を，述語が"不"で否定されている文の末尾に用い（「"不"＋動詞（句）＋"了"」または「"不"＋形容詞（句）＋"了"」のかたちで），事態の変更や中断を表す。「～でなくなった；～しなくなった」。

他 病 好 了 以后， 不 抽 烟 了。
Tā bìng hǎo le yǐhòu, bù chōu yān le.

我 的 手表 坏 了， 不 走 了。
Wǒ de shǒubiǎo huài le, bù zǒu le.

ポイント6 作文

1）目覚まし時計が鳴らなくなった。［音がしなくなった］（"闹钟" nàozhōng，"响" xiǎng）

2）旅行に行くのをやめることにした。

前置詞の"在"と結果補語の"在" COLUMN-5

本課の会話の中で，"你准备在上海呆多长时间？"と"写在我的记事本儿上吧。"という文が出てきますが，"在＋場所"と述語動詞の語順が違います。"在上海"は"呆"の前にあり，"在我的记事本儿上"は"写"の直後に付いています。動詞の直後に用いられる"在"は結果補語（第8課ポイント**4**）であり，動作の主体や対象が，動作の結果として位置する場所を表します。

前置詞の"在"を用いた構文"主語＋在＋場所＋動詞（句）"は「ある場所においてある活動（行為）を行なう」という意味を表しますので，かなり生産的であり（つまり，「どこかで何かをする」ということは無限の組み合わせがあるので），述語動詞もさまざまですが，結果補語の"在"を用いた構文"主語＋動詞＋在＋場所"は，まず，ある行為（非意図的な事態も含む）が起こって，その結果として動作主や対象がある場所に（固定的に）位置しているという意味を表すので，述語動詞にも限りがあります。上で出た"写"以外に，代表的なものとして，"住 zhù（住む）・放 fàng（置く）・掉 diào（落ちる）・忘 wàng（［モノを置き］忘れる）・跳 tiào（跳び上がる）"といった「（着点としての）場所が不可欠」な動詞や，"坐 zuò（座る）・站 zhàn（立つ）・躺 tǎng（寝転ぶ）"といった「姿勢」を表す動詞などが挙げられます。

我住在吉祥寺。（わたしは吉祥寺に住んでいる）
Wǒ zhùzài Jíxiángsì.

■**新出単語**■

坏 huài　　　坐 zuò　　　躺 tǎng　　　吉祥寺 Jíxiángsì
走 zǒu　　　站 zhàn　　　住 zhù

钥匙<u>忘在</u>家里了。（鍵は家に忘れてきた）
Yàoshi wàngzài jiāli le.

蛋糕<u>掉在</u>地上，不能吃了。（ケーキは地面に落ちたので，もう食べられない）
Dàngāo diàozài dìshang, bù néng chī le.

我喝茶的时候，茶叶不<u>放在</u>茶壶里，<u>放在</u>杯子里。（わたしはお茶を飲むときに，お茶の葉をポット
Wǒ hē chá de shíhou, cháyè bú fàngzài cháhúli, fàngzài bēizili.　　には入れないで，湯呑みに入れます）

同じ動詞と場所の組み合わせであっても，語順によって意味が変わります。たとえば，前置詞型の"在桌子上写着（字）zài zhuōzishang xiě zhe (zì)"ですと，通常は「机で（紙やノートなどに）字を書いている」という意味であり ["V着"：第14课ポイント⑤「持続を表す"着"」参照]，補語型の"（字）写在桌子上 xiězài zhuōzishang"ですと「（字は）机に書いてある（机の表面に字を書いてある）」という意味を表します。「今日わたしは食堂でご飯を食べる」という文は"今天我在食堂吃饭。"という前置詞型でしか言えません。もし"×我今天吃在食堂。"と補語型にすれば，「わたしは今日食事をした結果，食堂にいる」ということになり，意味が通じなくなります。補語型は「ある行為（事態）の結果，動作主か動作対象がある場所に位置している」という意味を表すので，使われる動詞自体が上で挙げたように制限的であり，その点において，使える動詞にあまり制限の無い前置詞型とは大きく異なります。

第10课

忘 wàng	地上 dìshang	着 zhe
掉 diào	放 fàng	字 zì

第11课 让我来介绍一下。
Dì shíyī kè　Ràng wǒ lái jièshào yíxià.

188

（上海站　检票口，铃木　挥着　手）
Shànghǎi Zhàn jiǎnpiàokǒu, Língmù huīzhe shǒu

铃木：山本！
Língmù　Shānběn!

山本：等了　半天　了　吧?
Děngle bàntiān le ba?

铃木：没有。我们　也　刚　到。
Méiyou. Wǒmen yě gāng dào.

山本：这　位　是……？
Zhèi wèi shì ……?

铃木：让　我　来　介绍　一下，她　是　我　同屋，叫　张　燕。
Ràng wǒ lái jièshào yíxià, tā shì wǒ tóngwū, jiào Zhāng Yàn.

山本：你　好。
Nǐ hǎo.

张　：你　好。铃木　小姐　跟　我　提过　你。
Zhāng Nǐ hǎo. Língmù xiǎojie gēn wǒ tíguo nǐ.

铃木：我　以前　没　来过　火车站，怕　不　认识　路，所以　请
Wǒ yǐqián méi láiguo huǒchēzhàn, pà bú rènshi lù, suǒyǐ qǐng

小张　一起　来　了。
Xiǎo-Zhāng yìqǐ lái le.

189 ■新出单语■

检票口 jiǎnpiàokǒu	刚 gāng	同屋 tóngwū	火车站 huǒchēzhàn
挥 huī	让 ràng ⇨ ③	小姐 xiǎojie	认识 rènshi
着 zhe ⇨ 第14课 ⑤	来 lái ⇨ ④	提 tí	路 lù
半天 bàntiān	介绍 jièshào	以前 yǐqián	所以 suǒyǐ ⇨ ⑦

山本：这么 热 的 天，让 你 跑 一 趟 真 不 好意思。
　　　Zhème rè de tiān, ràng nǐ pǎo yí tàng zhēn bù hǎoyìsi.

张　：别 客气。我 跟 铃木 是 好朋友。
　　　Bié kèqi. Wǒ gēn Língmù shì hǎopéngyou.

ポイント

1. **数量表現 +文末助詞"了"**……数量表現のうしろに文末助詞の"了"を用いて，発話時（または問題の時点）に至るまでの時間の推移（経過）や数量の到達を表す。

   1）**動詞 +"了"+ 数量表現 +"了"**…動作量が当該の数量に達したこと，または動作が実現したのち当該の時間が経過したことを表す。

   ¶ 動詞の直後の"了"は完了を表す動詞接尾辞の"了"。

   参照▶第8課ポイント⑥　完了を表す"了"

   他 喝了 三 杯 了。
   Tā hēle sān bēi le.

   我们 在 北京 已经 住了 十 年 了。
   Wǒmen zài Běijīng yǐjīng zhùle shí nián le.

   我 爷爷 死了 七 年 了。
   Wǒ yéye sǐle qī nián le.

   2）**動詞 +目的語 +数量表現 +"了"**…動作が実現したのちに当該の時間が経過したことを表す。

   他 来 日本 已经 三十 多 年 了。
   Tā lái Rìběn yǐjīng sānshí duō nián le.

ポイント1 作文

1）我々はすでに3千メートル走っている。（"跑"pǎo,"米"mǐ）

2）私はもう3回読んだ。（"遍"biàn,"念"niàn）

3）彼はバレエを習ってもう10年になる。

不好意思　bù hǎoyìsi
好朋友　hǎopéngyou
死　sǐ

191 ② **副詞 "没有"**……動作や変化が，問題の時点において実現中でないこと，または問題の時点以前に実現済みでないことを表すときは，否定の副詞 "没有" または "没" を用い，"不" を用いない。

> 参照▶ 第6課ポイント⑤　経験を表す "过"
> 　　　第8課ポイント⑥　完了を表す "了"

我　没有　爬过　泰山。
Wǒ　méiyou　páguo　Tàishān.

我　奶奶　没　坐过　飞机。
Wǒ　nǎinai　méi　zuòguo　fēijī.

¶　単独で疑問文に返答する場合は，必ず "没有" を用い，"没" は用いない。

"你　吃　了　吧？"——"没有。"
　Nǐ　chī　le　ba?　　　　Méiyou.

ポイント2 作文

1）子供は寝付きましたか。　——　寝付いていません。（"睡着" shuìzháo）

2）先週の土曜日は外出しなかった。家で一日中寝ていた。

（"出门儿" chū//ménr，"一整天" yì zhěngtiān）

192 ③ **使役構文**……兼語文における前の動詞（第10課ポイント⑤の動詞₁）の位置に，"叫・让・使" のいずれかを用い，「X＋"叫・让・使"＋Y＋動詞句／形容詞句」のかたちで，「XがYに（を）〜させようとする；〜させる」の使役の意味を表す。

主語	述語		
	"叫・让・使" ＋	目的語 ＋ ［主語］	動詞（句）／形容詞（句） ［述語］
警察 jǐngchá	叫 jiào	司机 sījī	停车　　　　（強制使役） tíng chē
你 nǐ	让 ràng	他 tā	随便 说说　（許容使役） suíbiàn shuōshuo
他 的 话 tā de huà	使 shǐ	我 wǒ	很 高兴　　（誘発使役） hěn gāoxìng

■新出単語■

泰山 Tàishān　　　　　随便 suíbiàn
警察 jǐngchá　　　　　使 shǐ
叫 jiào
司机 sījī

¶ 使役には命令的な強制使役，放任的な許容使役，原因性の誘発使役がある。"使"は書面語で誘発使役にだけ用いられる。

参照▶ 第10课ポイント⑤　兼語文

ポイント3 作文

1）先生が学生にテキストの本文を読ませる。（"念课文" niàn kèwén）

2）看護師は患者に薬を飲むように言った。（"护士" hùshi, "病人" bìngrén, "吃药" chī yào）

3）彼のあの言葉（一言）はみんなをとてもがっかりさせた。（"句" jù, "话" huà, "失望" shīwàng）

④ 積極性を表す"来"……単独で用いるか，または，ほかの動詞の前に用いて，「さあ～しよう」と積極的に動作に取り掛かろうとする意向を表したり，促したりする。

我　劲儿　大，我　来　开　吧。
Wǒ　jìnr　dà,　wǒ　lái　kāi　ba.

最后　一　个，你　来　吃！
Zuìhòu　yí　ge,　nǐ　lái　chī!

⑤ 動作量と回数表現……動作の量（時量表現）や回数を表す数量表現は動詞のあとに置く。動詞が目的語をとる場合は，通常「動詞＋数量表現＋目的語」の語順となる。

参照▶ 第10课ポイント③　時量（時間幅）の表現
第16课［コラム］　動作の回数を表す量詞──「動量詞」

他　睡了　十　个　小时　了。
Tā　shuìle　shí　ge　xiǎoshí　le.

他　每　天　吃　两　顿　饭。
Tā　měi　tiān　chī　liǎng　dùn　fàn.

请　您　再　说　一　遍。
Qǐng　nín　zài　shuō　yí　biàn.

刚　学到　一点儿　本事　就　自吹自擂　了。
Gāng　xuédào　yìdiǎnr　běnshi　jiù　zì chuī zì léi　le.

劲儿 jìnr
开 kāi
最后 zuìhòu
每 měi

顿 dùn
一点儿 yìdiǎnr
本事 běnshi
自吹自擂 zì chuī zì léi

¶ 目的語が人称代名詞のときは，一般に「動詞＋代名詞＋数量表現」の順に並ぶ。

你 去 问 他 一下。
Nǐ qù wèn tā yíxià.

時間量を表す語の位置　　　　　　　　　　　　　　　　COLUMN-6

時間量を表す語は，動詞のあとに置かれてその動作を行なった時間の長さを表しますが，動詞の前に置かれた場合は，その動作（や事態）が実現するまでの時間や，ある行為を行なう量を示すための「単位（基準）」を表します。

＜動詞＋時間量：「時間量」＝行為そのものの時間の長さ＞

咱们等一会儿吧。
Zánmen děng yíhuìr ba.

小王每天打一个小时网球。
Xiǎo-Wáng měi tiān dǎ yí ge xiǎoshí wǎngqiú.

＜時間量＋動詞：「時間量」＝行為（事態）に至るまでの時間／行為の量を示す「単位」＞

一会儿公交车来了。
Yíhuìr gōngjiāochē lái le.

小王一个小时能走八公里。
Xiǎo-Wáng yí ge xiǎoshí néng zǒu bā gōnglǐ.

参照▶ 第19课ポイント③　時量表現の連用修飾用法

195
[6] "一下"……一回の動作量を意味する。

1) 動詞のあとに用いて「一回（〜する）・ひとつ（〜する）」の意を表す。

他 用尽 力气 拍了 一下 桌子。
Tā yòngjìn lìqi pāile yíxià zhuōzi.

¶ 1) 依頼や命令の表現に用いると負担軽減の意味合いを帯び，口調を和らげる効果を持つ。「ちょっと（〜する）」

你 听 一下 这 盘 CD。
Nǐ tīng yíxià zhèi pán CD.

■新出単語■

一会儿 yíhuìr　　　　公里 gōnglǐ　　　　拍 pāi
打 dǎ　　　　　　　用 yòng　　　　　盘 pán
网球 wǎngqiú　　　　尽 jìn
公交车 gōngjiāochē　力气 lìqi

2）動詞の重ね型と"一下"をいっしょに用いることはできない。

2）動詞の前に用いて「いきなり；にわかに；あっという間に」の意を表す（"一下子"ともいう）。

他 很 聪明， 一下（子） 就 学会 了。
Tā hěn cōngmíng, yíxià(zi) jiù xuéhuì le.

ポイント6 作文

1）ちょっと休んでください。（"休息"xiūxi）

2）ちょっと自己紹介をさせてください（"自我介绍"zìwǒ jièshào）

7 接続詞 "所以" ……因果関係を表す複文の主節（後節）の先頭に用いられる。「（～なので）だから；したがって」。

今天 下 大雪， 所以 街上 的 行人 很 少。
Jīntiān xià dàxuě, suǒyǐ jiēshang de xíngrén hěn shǎo.

昨天 晚上 没 睡好， 所以 今天 没有 精神。
Zuótiān wǎnshang méi shuìhǎo, suǒyǐ jīntiān méiyou jīngshen.

¶ 従属詞に原因・理由を表す接続詞 "因为 yīnwèi" を用い，"因为～所以…"（～なので，だから…）のかたちで用いられることもある。

因为 交通 阻塞， 所以 大家 都 迟到 了。
Yīnwèi jiāotōng zǔsè, suǒyǐ dàjiā dōu chídào le.

ポイント7 作文

1）彼はとても勉強熱心なので，成績が非常に良い。（"努力"nǔlì，"成绩"chéngjì）
　ヒント：文の前半部は "努力" を述語に用いる。

2）あそこは昔行ったことがあるので，今回は行くのを止めにした。

聪明 cōngmíng　　　街上 jiēshang　　　精神 jīngshen
一下（子）yíxià(zi)　　行人 xíngrén　　　因为 yīnwèi
会 huì　　　　　　　少 shǎo　　　　　　交通 jiāotōng
大雪 dàxuě　　　　　好 hǎo　　　　　　　阻塞 zǔsè

第12课　这儿　比　北京　还　热闹　嘛。
Dì shí'èr kè　Zhèr　bǐ　Běijīng　hái　rènao　ma.

（坐在　出租车上）
zuòzài　chūzūchēshang

张：你　是　第　一　次　来　上海　吗？
　　Nǐ　shì　dì　yī　cì　lái　Shànghǎi　ma?

山本：对。哟，这儿　比　北京　还　热闹　嘛。
　　　Duì. Yō, zhèr　bǐ　Běijīng　hái　rènao　ma.

张：这　一带　是　车站　商业　区，人　特别　多。上海　没有
　　Zhè　yídài　shì　chēzhàn　shāngyè　qū,　rén　tèbié　duō. Shànghǎi　méiyou

　　北京　那么　大，热闹　的　地方　也　比较　集中。这
　　Běijīng　nàme　dà,　rènao　de　dìfang　yě　bǐjiào　jízhōng. Zhè

　　一带　也　是　最近　才　开始　发展　的。
　　yídài　yě　shì　zuìjìn　cái　kāishǐ　fāzhǎn　de.

铃木：不过，我　和　小张　经常　去　南京路　和　淮海路　逛
　　　Búguò,　wǒ　hé　Xiǎo-Zhāng　jīngcháng　qù　Nánjīng Lù　hé　Huáihǎi Lù　guàng

　　　商店。
　　　shāngdiàn.

张：过　几　天　去　南京路　看看，那　才　真　叫　热闹　呢。
　　Guò　jǐ　tiān　qù　Nánjīng Lù　kànkan,　nà　cái　zhēn　jiào　rènao　ne.

■新出单语■

出租车 chūzūchē	车站 chēzhàn	集中 jízhōng	商店 shāngdiàn
比 bǐ ⇨ 1	商业 shāngyè	才 cái ⇨ 4	过 guò
还 hái ⇨ 1	区 qū	发展 fāzhǎn	才（〜呢）
热闹 rènao	没有 méiyou ⇨ 3	南京路 Nánjīng Lù	cái (〜ne) ⇨ 5
嘛 ma ⇨ 2	地方 dìfang	淮海路 Huáihǎi Lù	
一带 yídài	比较 bǐjiào	逛 guàng	

山本：好　哇。欸，小张　　上海人　吧？
　　　Hǎo　wa.　Éi,　Xiǎo-Zhāng　Shànghǎirén　ba?

张：不，我　不　是　上海人，是　杭州人。
　　Bù,　wǒ　bú　shì　Shànghǎirén,　shì　Hángzhōurén.

ポイント

1 前置詞 "比" ……「X＋"比"＋Y＋形容詞（句）」のかたちで形容詞述語の前に用い，比較の基準を示す。「〜より（も）」。

妹妹　个子　比　姐姐　高。
Mèimei　gèzi　bǐ　jiějie　gāo.

新疆　的　葡萄　比　北京　的　甜。
Xīnjiāng　de　pútao　bǐ　Běijīng　de　tián.

瘦死　的　骆驼　比　马　大。（痩せて死んだラクダでも馬より大きい　→　腐っても鯛）
Shòusǐ　de　luòtuo　bǐ　mǎ　dà.

¶　1）比較差の分量を表す数量表現は形容詞のあとに置く。

他　比　我　大　三　岁。
Tā　bǐ　wǒ　dà　sān　suì.

长江　比　黄河　长　多少　公里？
Chángjiāng　bǐ　Huánghé　cháng　duōshao　gōnglǐ?

¶　2）形容詞の前に副詞 "更"，"还" を付けることもある。

「X＋"比"＋Y＋"更"＋形容詞（句）」

（もともとYも〜であるが，その）YよりもXの方がさらに〜だ

小王　比　小赵　高，小李　比　小王　更　高。
Xiǎo-Wáng　bǐ　Xiǎo-Zhào　gāo,　Xiǎo-Lǐ　bǐ　Xiǎo-Wáng　gèng　gāo.

上海人　Shànghǎirén
杭州人　Hángzhōurén
个子　gèzi
新疆　Xīnjiāng
葡萄　pútao
骆驼　luòtuo

马　mǎ
长江　Chángjiāng
黄河　Huánghé
更　gèng

「X＋"比"＋Y＋"还"＋形容詞（句）」

一般常識などに照らして相当以上の程度を持っている事物や人物をYに用いて，「そのYよりも，Xの方がもっと～だ」

哈尔滨 的 冬天 比 北京 还 冷。
Hā'ěrbīn de dōngtiān bǐ Běijīng hái lěng.

2 強意断定の"嘛"……文末助詞。平叙文に用いて，聞き手がすでに了解している原因や理由を示しながら強い断定の気持ちを表したり，話者の意外な発見に基づいて，そこから得られた結論を述べたりする。「(言うまでもなく)～ではないか」，「(それまで知らなかったが)～ではないか」。

我 是 四川人 嘛，当然 喜欢 吃 辣 的。
Wǒ shì Sìchuānrén ma, dāngrán xǐhuan chī là de.

真 没 想到，你 很 会 买 东西 嘛。
Zhēn méi xiǎngdào, nǐ hěn huì mǎi dōngxi ma.

ポイント2 作文

1) わたしたちは古い友人じゃないですか，お礼を言わなくてもいいですよ。

("老朋友" lǎopéngyou，"谢" xiè)

2) 日曜日は家で本を読んだり，音楽を聴いたりするのもとても良いものですね。

("音乐" yīnyuè)

3 比較に用いる"有"と"没有"……動詞の"有"または"没有"を用い，事物の程度や範囲が比較の基準に達していることや達していないことを表す。

1)「X＋"有"＋Y＋(这么／那么)～」：XがYの程度に劣らない（同程度である）ことを表す。「XはYほどの～だ」。

那 块 石头 有 一 间 房子 那么 大。
Nèi kuài shítou yǒu yì jiān fángzi nàme dà.

他 有 你 (这么) 高 吗?
Tā yǒu nǐ (zhème) gāo ma?

■新出単語■

四川人 Sìchuānrén
当然 dāngrán
辣 là
石头 shítou
有 yǒu
间 jiān

2）「X＋"没有"＋Y＋(这么／那么)～」：XがYの程度に及ばないこと，劣ることを表す。「XはYほどの～ではない：XはYほど～でない」。

小陈 没有 小许 能干。
Xiǎo-Chén méiyou Xiǎo-Xǔ nénggàn.

那 件 事 没有 你 想像得 那么 容易。
Nèi jiàn shì méiyou nǐ xiǎngxiàngde nàme róngyì.

ポイント3 作文

1）北京の冬は黒竜江ほど寒くはない。（"黑龙江" Hēilóngjiāng）

2）私の中国語は彼ほど流暢ではない。

④ 副詞 "才"（1）

「時点を表す語句＋"才"＋動詞」のかたちで，話者がある行為や事態の実現が遅いと感じていることを表す。「ようやく（～する／した）；やっと（～する／した）」

参照▶ 第17课ポイント② 副詞 "才"（3）

已经 中午 了， 他 才 起床。
Yǐjīng zhōngwǔ le, tā cái qǐchuáng.

电影 六 点 开始， 六 点 三 刻 小王 才 来。
Diànyǐng liù diǎn kāishǐ, liù diǎn sān kè Xiǎo-Wáng cái lái.

¶ "才" のあとに用いる動詞は，"了" をともなうことができない。

× 深夜三点他才睡觉了。 → 深夜 三 点 他 才 睡觉。
　　　　　　　　　　　　　 Shēnyè sān diǎn tā cái shuìjiào.

ポイント4 作文

1）彼は明後日ようやく到着する。（"到" dào）

2）彼は先月ようやく自転車に乗ることをマスターした。（"骑" qí）

能干 nénggàn
想像 xiǎngxiàng
容易 róngyì
深夜 shēnyè

5 副詞"才"(2)

主語に立つ人や事物に焦点をあて，述語の表す内容がその人や事物にこそ該当するという意味を表す。「～（のほう）こそ」。文末にしばしば"呢"を用いる。

参照 "呢" ⇒ 第14课ポイント5 持続を表す"着"¶2）

"池袋　人　真　多。"　——　"新宿　人　才　多　呢。"
　Chídài rén zhēn duō.　　 Xīnsù rén cái duō ne.

"你　骗　人　吧。"　——　"我　不　骗　人，你　才　骗　人　呢。"
　Nǐ piàn rén ba.　　 Wǒ bú piàn rén, nǐ cái piàn rén ne.

ポイント5 作文

1）彼こそ頭が良い。（"聪明"cōngmíng）

2）おまえこそウソをついているではないか。（"撒谎"sā//huǎng）

6 名詞述語文（2）……出身地，原籍，特性などを表す一部の名詞（句）は，肯定文ではそれ自身が述語になり，名詞述語文を構成することができる。

参照 第3课ポイント3 名詞述語文（1）

他　爸爸　澳大利亚人。
Tā bàba Àodàlìyàrén.

"今天　什么　日子？"　——　"今天　儿童节。"
　Jīntiān shénme rìzi?　　 Jīntiān Értóng Jié.

他　南方　口音。
Tā nánfāng kǒuyīn.

ポイント6 作文

1）彼の奥さんは天津の人です。（"夫人"fūren）

2）鄧小平は四川訛りだった。（"邓小平"Dèng Xiǎopíng，"四川"Sìchuān）

■新出単語■

池袋 Chídài　　　　　　日子 rìzi
新宿 Xīnsù　　　　　　 儿童节 Értóng Jié
骗 piàn　　　　　　　　南方 nánfāng
澳大利亚人 Àodàlìyàrén　口音 kǒuyīn

第13课　那　就　从　高架　走　吧。
Dì shísān kè　Nà　jiù　cóng　gāojià　zǒu　ba.

山本：听说　　杭州　　风景　　很　美，是　不　是？
　　　Tīngshuō Hángzhōu fēngjǐng hěn měi, shì bu shì?

张　：是。特别　是　西湖　一带　风景　最　美。
　　　Shì. Tèbié shì Xīhú yídài fēngjǐng zuì měi.

（司机　问　小张）
　　sījī wèn Xiǎo-Zhāng

司机：小姐，前面　路口　往　左　拐　就　可以　上　高架　了，
sījī Xiǎojie, qiánmian lùkǒu wǎng zuǒ guǎi jiù kěyǐ shàng gāojià le,

　　　要　不　要　上　高架？
　　　yào bu yào shàng gāojià?

张　：高架　现在　堵车　吗？
　　　Gāojià xiànzài dǔchē ma?

司机：已经　不　是　高峰　了，
　　　Yǐjīng bú shì gāofēng le,

　　　不　会　堵车。
　　　bú huì dǔchē.

张　：那　就　从　高架　走　吧。
　　　Nà jiù cóng gāojià zǒu ba.

■新出单语■

听说 tīngshuō ⇨ 1　　前面 qiánmian　　上 shàng　　从 cóng ⇨ 6
风景 fēngjǐng　　　　路口 lùkǒu　　　　高架 gāojià　　走 zǒu
美 měi　　　　　　　往 wǎng　　　　　堵车 dǔ//chē
西湖 Xīhú　　　　　 拐 guǎi　　　　　 高峰 gāofēng
最 zuì　　　　　　　可以 kěyǐ ⇨ 4　　 会 huì ⇨ 5

111

ポイント

208

1 伝聞を表す"听（…）说～"……「～のことを伝え聞いている；（…の話によると）～だそうだ；～とのことだ」。"听"と"说"の間に情報源の名詞句を入れることができる。

我 没 听说过 这 个 人。
Wǒ méi tīngshuōguo zhèi ge rén.

我 听 小徐 说 老李 已经 退休 了。
Wǒ tīng Xiǎo-Xú shuō Lǎo-Lǐ yǐjīng tuìxiū le.

ポイント1 作文

1) 彼はアメリカに留学に行ったそうだ。

2) 天気予報によると来週の月曜日は晴れだそうだ。（"天气预报" tiānqì yùbào,"晴天" qíngtiān）

209

2 確認要求の"是不是"……「平叙文＋"是不是"」や「"是不是"＋形容詞（句）／動詞（句）／節」のかたちで用い，事柄の真偽や自らの判断の妥当性について相手に確認を求める。「～（なの）でしょう？；～なのだろうか？；～だよねえ？」。

你 又 跟 她 吵嘴 了，是 不 是？
Nǐ yòu gēn tā chǎozuǐ le, shì bu shì?

你 是 不 是 困 了？
Nǐ shì bu shì kùn le?

210

3 副詞"就"の用法

1) 対象を限定し，「ほかでもなく；まさしく」の意味を表す。

他 就 是 你 要 找 的 人。
Tā jiù shì nǐ yào zhǎo de rén.

■新出単語■

退休 tuìxiū
吵嘴 chǎo//zuǐ
困 kùn

2）空間的に隔たっていないことを表す。

"邮局 在 哪儿？" —— "就 在 前面。"
Yóujú zài nǎr? Jiù zài qiánmian.

3）事態の起こり方を「早い」と受け止める気持ちを表す。「すぐに；（早くも）もう」。

参照▶第9課ポイント④　副詞"就"

4）直前の文脈で述べられた事柄を条件や動機として，当該の事態が引き起こされること，あるいは当該の判断が下されることを表す。「…なら～；…であれば～；…すると～」。

他 去, 我 就 不 去。
Tā qù, wǒ jiù bú qù.

他 一 喝 酒, 脸 就 红。
Tā yì hē jiǔ, liǎn jiù hóng.

ポイント3 作文

1）あの方が我々の先生です。（"位"wèi，"老师"lǎoshī）

2）上海駅はどこですか。　——　すぐそこ（前）です。（"上海站"Shànghǎi Zhàn）

3）彼女が来ないのなら，私は参加しない。

④ 能願動詞"可以"……動詞の前に用い，「（客観的状況として許されているため，あるいは客観的条件が備わっているため）～できる；～してもよい；～すればよい」という意味を表す。

体检 报告 当天 就 可以 拿到。
Tǐjiǎn bàogào dàngtiān jiù kěyǐ nádào.

这 个 体育馆 可以 坐 一万 人。
Zhèi ge tǐyùguǎn kěyǐ zuò yíwàn rén.

你 没 带 雨伞 可以 用 我 的。
Nǐ méi dài yǔsǎn kěyǐ yòng wǒ de.

脸 liǎn　　　　　　当天 dàngtiān
红 hóng　　　　　　拿 ná
体检 tǐjiǎn　　　　体育馆 tǐyùguǎn
报告 bàogào

ポイント4 作文

1）ここはタバコを吸ってもいいですか。

2）病気が治ったら，出勤できますよ。（"上班" shàng//bān）

⑤ 能願動詞 "会"(2) ……動詞の前に用い，事態が起こり得る可能性や見込みを表す。文末に "的" を付加し，"会～的" のかたちで話し手の強い確信の気持ちを表すこともある。疑問文では一般に "的" を用いない。否定は "不会～(的)"

参照▶ 能願動詞 "会"(1) ⇨ 第4課ポイント⑦

明天 会 下 雨 吗？
Míngtiān huì xià yǔ ma?

这么 早 出发，不 会 迟到 的。
Zhème zǎo chūfā, bú huì chídào de.

ポイント5 作文

1）来週の木曜日に彼はあなたに連絡するはずだ。

2）傘を持たなくてもいい，夜に雨が降ることはないから。

⑥ 前置詞 "从" ……場所表現や時点をともない，起点や経由点を示す。

1）移動や行為の起点を示す。

我 从 早上 就 在 这儿 等 小王。
Wǒ cóng zǎoshang jiù zài zhèr děng Xiǎo-Wáng.

他 是 从 安徽 来 的 留学生。
Tā shì cóng Ānhuī lái de liúxuéshēng.

2）移動の経由点を示す。

我们 别 坐 电梯 了，从 楼梯 走 吧。
Wǒmen bié zuò diàntī le, cóng lóutī zǒu ba.

■新出単語■

出发 chūfā

安徽 Ānhuī

电梯 diàntī

楼梯 lóutī

阳光　　从　天窗里　射进来。
Yángguāng　cóng　tiānchuāngli　shèjinlai.

参照▶ "进来" 方向補語 ⇨ 第16课ポイント③

3)「"从"＋X＋"到"＋Y＋動詞句」のかたちで用い，ある状況・状態や出来事が展開する範囲を示す。

这　部　电影　从　小孩儿　到　老人　都　喜欢　看。
Zhèi　bù　diànyǐng　cóng　xiǎoháir　dào　lǎorén　dōu　xǐhuan　kàn.

从　今天　晚上　十　点　到　明天　早上　六　点，你　不要　吃　东西。
Cóng　jīntiān　wǎnshang　shí　diǎn　dào　míngtiān　zǎoshang　liù　diǎn,　nǐ　búyào　chī　dōngxi.

4)「"从"＋X＋動詞＋"到"＋Y」のかたちで用い，移動や行為の起点と終点を示す。

那　家　便利店　从　早上　七　点　营业到　晚上　十二　点。
Nèi　jiā　biànlìdiàn　cóng　zǎoshang　qī　diǎn　yíngyèdao　wǎnshang　shí'èr　diǎn.

下课　后，我　从　大学　走到了　涩谷。
Xiàkè　hòu,　wǒ　cóng　dàxué　zǒudàole　Sègǔ.

参照▶ "V 到" 結果補語 ⇨ 第8课ポイント④

阳光 yángguāng　　　部 bù　　　便利店 biànlìdiàn
天窗 tiānchuāng　　小孩儿 xiǎoháir　　营业 yíngyè
射 shè　　　　　老人 lǎorén　　　下课 xià//kè
进 jìn　　　　　家 jiā　　　　涩谷 Sègǔ

第14课　我在这儿等着吧。
Dì shísì kè　Wǒ zài zhèr děngzhe ba.

215

（复旦大学　门口儿）
Fùdàn Dàxué ménkǒur

铃木：复旦大学 到 了。我 在 留学生 公寓 给 你 订了
　　　Fùdàn Dàxué dào le. Wǒ zài liúxuéshēng gōngyù gěi nǐ dìngle

一 个 房间。
yí ge fángjiān.

山本：那 我 先 把 东西 放好，然后 一起 去 吃 夜宵，
　　　Nà wǒ xiān bǎ dōngxi fànghǎo, ránhòu yìqǐ qù chī yèxiāo,

好 吗？
hǎo ma?

铃木：好。小张，去 上 次 你 带 我 去过 的 那 个
　　　Hǎo. Xiǎo-Zhāng, qù shàng cì nǐ dài wǒ qùguo de nèi ge

饭店， 怎么样？
fàndiàn, zěnmeyàng?

张：好 哇。那儿 的 味道 挺 不错 的。
　　Hǎo wa. Nàr de wèidao tǐng búcuò de.

山本：那 就 这么 定 了。公寓 离 这儿 远 吗？
　　　Nà jiù zhème dìng le. Gōngyù lí zhèr yuǎn ma?

铃木：不 远。走 三 分 钟 就 到。
　　　Bù yuǎn. Zǒu sān fēn zhōng jiù dào.

216 ■新出单語■

公寓 gōngyù　　　　　先 xiān　　　　　　饭店 fàndiàn
给 gěi ⇨ 1　　　　　把 bǎ ⇨ 3　　　　　挺 tǐng ⇨ 2
订 dìng　　　　　　　然后 ránhòu　　　　　定 dìng
房间 fángjiān　　　　夜宵 yèxiāo　　　　　离 lí ⇨ 4

山本：小张， 先 到 我 房间 坐 一会儿。
　　　Xiǎo-Zhāng, xiān dào wǒ fángjiān zuò yíhuìr.

张：不 了， 你们 去 放 行李，
　　Bù le, nǐmen qù fàng xíngli,

　　我 在 这儿 等着 吧。
　　wǒ zài zhèr děngzhe ba.

ポイント

1 前置詞 "给" ……ものを受け取る相手（受給者）や，利益・恩恵を受ける相手（受益者），または奉仕の対象を示す。「～に；～のために（…してやる；あげる）」。

妈妈 给 客人 沏了 一 杯 茶。
Māma gěi kèren qīle yì bēi chá.

我 给 孩子 洗 头。
Wǒ gěi háizi xǐ tóu.

ポイント1 作文

1）彼は中国に行ったとき私に山水画を買ってくれた。（"山水画" shānshuǐhuà, "一幅" yì fú）

2）あなたがみなさんにちょっと説明してください。（"说明" shuōmíng）

3）私が（あなたのために）荷物を取りに行ってあげよう。（"拿" ná）

沏 qī

218

２ 副詞 "挺" ……話し言葉に多く用い，形容詞を修飾して話者が主観的に程度が高いと認めていることを表す。「とても〜だ；結構〜だ」。しばしば形容詞のあとに "的" を付けて，「"挺"＋形容詞＋"的"」のかたちで用いる。

这 个 孩子 挺 可爱 的。
Zhèi ge háizi tǐng kě'ài de.

> **ポイント２ 作文**
>
> １）彼が作った料理は結構美味しい。
>
> ２）この番組はとても面白い。（"节目" jiémù）

219

３ "把" 構文 …… "把" を用いて動作の対象を動詞の前に置き，既存の特定の対象に対する積極的な働きかけを表す構文を "把" 構文（または「処置文」）と呼ぶ。多くは，対象に何らかの状態変化や位置の移動を起こさせることを意図した動作を表すため，動詞はしばしば結果補語や場所表現（移動先など）をともなう。

主　語	述　語			文末助詞
	能願動詞など	名詞	動詞句	
[動作者] 〜が・は		把 〜を	[動作の対象]	…する／した	
她 tā		把 bǎ	杯子 bēizi	打碎 dǎsuì	了 le
你 nǐ		把 bǎ	书 shū	放在 沙发上 fàngzài shāfāshang	吧 ba
我 wǒ	准备 zhǔnbèi	把 bǎ	这 台 电脑 zhèi tái diànnǎo	带到 中国 去 dàidào Zhōngguó qù	
你 nǐ	要 yào	把 bǎ	门 mén	关上 guānshang	啊 a

■**新出単語**■

可爱 kě'ài　　　　　门 mén
打 dǎ　　　　　　 关 guān
碎 suì　　　　　　 上 shang
沙发 shāfā

1) 一般に，"把"構文の述語動詞は結果補語や場所・移動先を表す表現をともなうので，動詞に"了"が付いただけでは文が成立しないことが多い。また，"把"のあとの名詞は特定の事物なので，数量表現だけをともなった「不特定」の名詞は用いられない。

× 我 把 那 本 小说 <u>看 了</u>。

× 他 把 一 封 信 <u>写 了</u>。

2) ただし，動詞が「騙す／殺す」など「損害を与える」意味を表す場合，あるいは「脱ぐ／捨てる」など「離脱（して元の場所から離れる）」意味を表す場合は，"了"をともなうだけで"把"構文を構成することができる。

房间里 很 暖和， 他 把 羽绒服 脱 了。
Fángjiānli hěn nuǎnhuo, tā bǎ yǔróngfú tuō le.

是 不 是 这 个 世界 把 我 骗 了 呢?
Shì bu shì zhèi ge shìjiè bǎ wǒ piàn le ne?

参照▶ 第20课ポイント② 疑問文に用いる"呢"

3) 否定文は，否定の副詞"没（有）"を"把"の前に置く。

他 没 把 门 关上。
Tā méi bǎ mén guānshang.

× 他 把 门 没 关上。

ポイント3 作文

1) 私は名刺をスーツケース（の中）に入れた。（"箱子" xiāngzi）

2) 私はもう部屋をきれいに掃除した。（"干净" gānjìng, "打扫" dǎsǎo）

3) 子供を幼稚園まで送って行ってください。（"幼儿园" yòu'éryuán, "送" sòng）

封 fēng
羽绒服 yǔróngfú
脱 tuō
世界 shìjiè

4 前置詞 "离" ……隔たりの基点を示す。「～から；～まで」。

王　老师　家　离　学校　很　近。
Wáng lǎoshī jiā lí xuéxiào hěn jìn.

天津　离　北京　有　一百　多　公里　路。
Tiānjīn lí Běijīng yǒu yìbǎi duō gōnglǐ lù.

离　毕业　只　有　一　个　月　了。
Lí bìyè zhǐ yǒu yí ge yuè le.

ポイント4 作文

1）クリスマスまであと1ヶ月になった。("圣诞节" Shèngdàn Jié，"还" hái)

2）あなたの家は大学から遠いですか。

5 持続を表す "着" ……動詞接尾辞。動詞のあとに付き，問題の時点において，動作が〈持続したままの状態にある〉ことや，動作・変化のもたらす結果が〈持続したままの状態にある〉ことを表す。「～ている；～てある」。

他们　开着　会　呢，你　等　一会儿　再　来　吧。（動作の持続）
Tāmen kāizhe huì ne, nǐ děng yíhuìr zài lái ba.

你　等　一下，他　正　穿着　衣服　呢。（動作の持続）
Nǐ děng yíxià, tā zhèng chuānzhe yīfu ne.

今天　他　穿着　一　件　中山装。（結果の持続）
Jīntiān tā chuānzhe yí jiàn Zhōngshānzhuāng.

瓶子里　插着　一　朵　花儿。（結果の持続）＝「存現文」
Píngzili chāzhe yì duǒ huār.

参照▶第9课ポイント1　存現文

■新出単語■

近 jìn
开会 kāi//huì
呢 ne
正 zhèng

中山装 Zhōngshānzhuāng
瓶子 píngzi
插 chā
朵 duǒ

花儿 huār

¶ 1）結果の持続に対する否定の表現には"没（有）"を用いる。この場合，"着"は付けたままで良い。

墙上　　没　挂着　　画儿。
Qiángshang méi guàzhe huàr.

两　个　窗户　都　没有　开着。
Liǎng ge chuānghu dōu méiyou kāizhe.

動作の持続を表す"着"も"没（有）"で否定されるが，この場合，"着"は用いられない。

× 他　没　看着　电视。
→ 他　没　看　电视。
　　Tā méi kàn diànshì.

2）動作の持続の"着"を用いる文は，文末に文末助詞の"呢"をしばしば付ける。"呢"は平叙文の文末に用いて，現状や既存の事実を相手に確認させようとする気持ちを表す。「～なのだよ」。

ポイント5 作文

1）外は雪が降っていますよ。

2）今日林くんは赤いセーターを着ている。（"小林"Xiǎo-Lín, "红"hóng, "毛衣"máoyī）

3）彼が私にくれた名刺には，メールアドレスが書いてなかった。（"邮箱地址"yóuxiāng dìzhǐ）

墙 qiáng　　　　　电视 diànshì
挂 guà
画儿 huàr
窗户 chuānghu

7　中国語のアスペクト

　述べられる事態が，発話時を基準にして現在・過去・未来のどこに位置するかを述語のかたちによって表し分ける手段がテンスだという話はすでにしました（p.91　3分間レクチャー6参照）。それに対して，述べられる動作（または変化）それ自体が，どのような時間的様相を呈するものか，あるいは，どのような時間的段階にあるものかを表し分ける形態的または文法的手段を「アスペクト」といいます。時間的様相には，たとえば〈持続・状態〉的な様相や〈完了〉的な様相などがあり，時間的段階には，たとえば〈開始〉の段階，〈継続〉の段階，〈終了〉の段階などがあります。中国語はテンスをもたない言語ですが，アスペクトはもっています。次に挙げる形式は動詞の直後にくっついていくつかのアスペクトの意味を担います。

　　　　　着　　　了　　　过　　　起来　　　下去　　　完

　仮に，前の3つを「アスペクト第一類」，後の3つを「アスペクト第二類」と呼ぶことにします。アスペクト第一類に属する3つの形式は，一般に「動詞接尾辞」とも呼ばれ，以下のような意味でそれぞれの動作や変化の時間的様相を表します。

　　"着"：「持続相」を表す。述べられる動作が，問題の時点において，状態的・持続的なかたちで実現していること（すなわち，「～している；～してある；～したままの状態である」こと）を表す。**(第14課ポイント5参照)**

　　"了"：「完了相」を表す。述べられる動作や変化が，問題の時点において，すでに実現済みであることを表す。**(第8課ポイント6参照)**

　　"过"：「経験相」を表す。述べられる動作が，問題の時点において，すでに経験済みであることを表す。**(第6課ポイント5参照)**

　ここで言う「問題の時点」とは話し手が任意に設定した基準時を意味しており，必ずしも発話時とは限りません。"了"を例にとって言えば，それは，発話時においての動作の実現済み（すなわち現在完了）を表すだけでなく，過去の或る時点においての動作の実現済み（すなわち過去完了）を表すことも，未来の或る時点においての動作の実現済み（すなわち未来完了）を表すこともできます。"昨晚9点，我爸爸已经<u>回来了</u>。"（昨晩9時には，父はもう帰って来ていました）なら過去完了に該当し，"明天你爸爸<u>回来了</u>，你就告诉我一下。"（明日お父さんが帰って来たら，私に知らせてくださいね）なら未来完了に該当します。テンスをもたない中国語は，もとより現在完了・過去完了・未来完了の対立を区別する形態的・文法的手段をもちあわせておらず，いずれの時点の完了であっても"回来了"です。アスペクトとしての"了"は，テンスとは無関係に，ひたすら「すでに実現済み」（＝完了）という意味を担うのみ，ということです。"着"についても同じです**(第14課ポイント5の例文参照)**。

3分間レクチャー

　次にアスペクト第二類ですが，この類に属する3つの形式は，動作そのものに内在する固有の時間的段階を表します。およそ時間軸に沿って実現し，展開する動作であるなら（瞬間的な変化は別として），現在・過去・未来いずれの時点で行なわれる動作であろうと，必ず〈～し始める〉段階，〈～し続ける〉段階，そして〈～し終わる〉段階というものがあるはずです。一つの動作は，大まかに言えば，この3つの段階から構成されていると言えます。このような，「起動相」，「継続（続行）相」，「終結相」と呼び分けられる動作の内的な時間相を表すのが，"起来"，"下去"，"完"という3つの形式です。

　　　"起来" -qilai ： 「起動相」を表す。(第19課ポイント①参照)
　　　"下去" -xiaqu ： 「継続相」を表す。(読物編 Part 3 注釈④参照)
　　　"完"   -wán   ： 「終結相」を表す。(第8課ポイント④参照)

　"说起来"で「話し始める」，"说下去"なら「話し続ける」，"说完"なら「話し終わる」といった具合です。このうち，"起来"と"下去"のアスペクトとしての用法は，空間的な移動の方向を表す方向補語(第16課ポイント③参照)から派生したものであり，"完"のアスペクトとしての用法は，動作の結果として対象が「尽きる；なくなる」という意味を表す結果補語(第8課ポイント④参照)から派生したものです。

　なお，"说起来"や"说完"のように「動詞＋"起来"」と「動詞＋"完"」のかたちで構成された複合動詞のあとに，さらに第一類の"了"をくっつけて，"说起来了"や"说完了"のように言うことも可能です。"说起来了"は，「話し始める」という段階が〈すでに実現済み〉であること，すなわち「話し始めた；もう話し始めている」ということを意味し，"说完了"は，「話し終わる」という段階が〈すでに実現済み〉であること，すなわち「話し終わった；もう話し終わっている」ということを意味します。

　最後にもう一点。第二類に属する3つの形式のうち"下去"と"完"については，動詞との間に"得"や"不"を割り込ませて可能補語(第15課ポイント⑥参照)のかたちを作ることができます。つまり，継続の可能性や終結の可能性を問題にする表現です。たとえば"说得完"なら「話し終われる」，"说不下去"なら「話し続けられない」という意味になります。なぜか，"起来"については，このような可能表現を作り出すことができません。"×说得起来"や"×说不起来"とは言えないということです。そして，動詞接尾辞と呼ばれる第一類の形式については，それらと動詞（または複合動詞）との間に，"得"であれ，"不"であれ，いかなる要素も割り込ませることはできません。

第14課

第 15 课　上海话 你 听得懂 吗？
Dì shíwǔ kè　Shànghǎihuà nǐ tīngdedǒng ma?

222

山本：这里 的 菜 太 好吃 了，而且 服务 也 不错。
　　　Zhèli de cài tài hǎochī le, érqiě fúwù yě búcuò.

铃木：这 得 感谢 小张。
　　　Zhè děi gǎnxiè Xiǎo-Zhāng.

山本：小张，太 感谢 你 了。
　　　Xiǎo-Zhāng, tài gǎnxiè nǐ le.

张：哪里 哪里。你 知道 吗？这儿 的 厨师 是 从
　　Nǎli nǎli. Nǐ zhīdao ma? Zhèr de chúshī shì cóng

　　锦江饭店 来 的。
　　Jǐnjiāng Fàndiàn lái de.

山本：真 的？我 还是 觉得 南方菜 更 合 我 的 口味。
　　　Zhēn de? Wǒ háishi juéde nánfāngcài gèng hé wǒ de kǒuwèi.

铃木：小张，你 刚才 和 服务员 说 的 是 上海话 吧？
　　　Xiǎo-Zhāng, nǐ gāngcái hé fúwùyuán shuō de shì Shànghǎihuà ba?

张：对。上海话 你 听得懂 吗？
　　Duì. Shànghǎihuà nǐ tīngdedǒng ma?

铃木：一点儿 都 听不懂。
　　　Yìdiǎnr dōu tīngbudǒng.

223 ■新出单语■

太 tài ⇨ [1]	厨师 chúshī	觉得 juéde	和 hé
而且 érqiě ⇨ [2]	是…的 shì…de ⇨ [5]	南方菜 nánfāngcài	听得懂 tīngdedǒng ⇨ [6]
服务 fúwù	锦江饭店 Jǐnjiāng Fàndiàn	合 hé	一点儿～都…
得 děi ⇨ [3]	真的 zhēn de	口味 kǒuwèi	yìdiǎnr~dōu… ⇨ [7]
感谢 gǎnxiè	还是 háishi ⇨ [4]	刚才 gāngcái	

山本：看来，你 得 跟 小张 学 几 句 上海话。
　　　Kànlái, nǐ děi gēn Xiǎo-Zhāng xué jǐ jù Shànghǎihuà.

张：我 说得 也 不 好。
　　 Wǒ shuōde yě bù hǎo.

ポイント

224

1 "太～了"……過度に程度がはなはだしいという気持ちを表す。「ものすごく～；あまりにも～（すぎる）」。

这 杯 咖啡 冲得 太 甜 了。
Zhèi bēi kāfēi chōngde tài tián le.

吐鲁番 的 夏天 太 热 了。
Tǔlǔfān de xiàtiān tài rè le.

ポイント1 作文

1) このスープは塩辛すぎて，おいしくない。（"咸" xián）

2) 外はすごく寒いから，コートを着て出かけなさい。（"出门儿" chū//ménr）

225

2 接続詞 "而且"……複文の後節の先頭に用い，「なおかつ；かつまた；しかも」の意味を表す。一般に副詞 "也、还、又" などとともに用いられる。

那 家 餐厅 很 贵， 而且 又 不 好吃。
Nèi jiā cāntīng hěn guì, érqiě yòu bù hǎochī.

他 得 奖 了， 而且 还 得了 一 等 奖。
Tā dé jiǎng le, érqiě hái déle yī děng jiǎng.

看来 kànlái　　　　　　　　　得 dé
跟 gēn ⇨ 読物編 Part 1 注釈③　奖 jiǎng
冲 chōng　　　　　　　　　　等 děng
吐鲁番 Tǔlǔfān
餐厅 cāntīng

第15课

¶ しばしば前節に"不仅 bùjǐn"や"不但 búdàn"を用い、"不仅～，而且…""不但～，而且…"のかたちで「～であるのみならず，かつまた…」の意味を表す。

下　雪　不仅　影响　交通　而且　容易　发生　事故。
Xià xuě bùjǐn yǐngxiǎng jiāotōng érqiě róngyì fāshēng shìgù.

ポイント2 作文

1）あのレストランはサービスがよくて，しかもとても安い。

2）彼は頭がいいだけでなく，大変な努力家である。（"用功" yònggōng）

③ 能願動詞"得 děi"……動詞の前に用い，話し手または聞き手を取り巻くその場の状況から判断して「～しなければならない，～する必要がある」という意味を表す。話し言葉に用いられ，否定は"不用 búyòng"を用いる。

今后　还　得　请　您　多多　指教。
Jīnhòu hái děi qǐng nín duōduō zhǐjiào.

这　件　事　得　跟　大家　好好儿　商量。
Zhèi jiàn shì děi gēn dàjiā hǎohāor shāngliang.

ポイント3 作文

1）明日早起きするから，今晩は早めに寝なくては。

（"要" yào，"早起" zǎoqǐ，"早点儿" zǎo diǎnr）

2）私に感謝する必要はありません。

④ 副詞"还是"……選択肢をあれこれ比較したりして考えたうえで結論を述べる場合や，実行や検討したあとで比較対象の評価を述べる場合に用いる。「やはり～だ；どちらかと言えば～だ」。

咱们　还是　坐　高铁　去　吧。
Zánmen háishi zuò gāotiě qù ba.

周杰伦　和　王力宏，还是　周杰伦　的　歌　好听。
Zhōu Jiélún hé Wáng Lìhóng, háishi Zhōu Jiélún de gē hǎotīng.

■新出単語■

不仅 bùjǐn	发生 fāshēng	指教 zhǐjiào	高铁 gāotiě
不但 búdàn	事故 shìgù	好好儿 hǎohāor	周杰伦 Zhōu Jiélún
影响 yǐngxiǎng	今后 jīnhòu	商量 shāngliang	王力宏 Wáng Lìhóng

ポイント4 作文

1）今日の夜はやっぱり中国料理を食べましょうよ。（"中国菜" Zhōngguócài）

2）明日はきっと雨が降るから，私はやはり行くのをやめます。

5 "(是)～的"構文……すでに行なわれた動作について，時間・場所・手段・動作者などを特に取り立て，いつ・どこで・何によって，あるいは誰が行なった動作であるかを強調しつつ説明したり，尋ねたりするのに用いる。動詞のあとに"的"を置き，取り立てられる要素の前にしばしば"是"を置く。「～したのだ」。（否定文では必ず"是"を用いる。動詞が目的語をとる場合は，「～＋動詞＋"的"＋目的語」の語順をとる。）

¶ 動詞は"了、着、过"などの動詞接尾辞をともなってはならない。

"你（是）哪一年生的？"
Nǐ shì nǎ yì nián shēng de?

—— "我（是）一九六四年生的。"
Wǒ shì yī jiǔ liù sì nián shēng de.

我（是）在机场买的免税品。
Wǒ shì zài jīchǎng mǎi de miǎnshuìpǐn.

你（是）跟谁学的汉语？
Nǐ shì gēn shéi xué de Hànyǔ?

ポイント5 作文

1）あなたはどこで中国語を学んだのですか。

2）（あなたたち）二人はどこで知り合ったのですか。（"认识" rènshi）

6 可能補語……「動詞＋"得 de"＋結果補語」または「動詞＋"不 bu"＋結果補語」のように，結果補語を"得 de"または"不 bu"を用いて動詞のあとにつなげることにより「動作の結果として，補語の意味する変化・状態が実現し得る／し得ない」という意味の可能性を表す。

参照▶ 第8课ポイント④ 結果補語

好听 hǎotīng
生 shēng
机场 jīchǎng

免税品 miǎnshuìpǐn

[肯定形]　　　　　　　　　　　　　　　　[否定形]

動詞＋"得"＋自動詞／形容詞　　　　　　動詞＋"不"＋自動詞／形容詞

找　　得　　到　　　　　　　　　找　　不　　到
zhǎo　de　dào　　　　　　　　　zhǎo　bu　dào

［さがす ＋ 得 ＋ 到
→さがしあてることができる
（みつけられる）］

［さがす ＋ 不 ＋ 到
→さがしあてられない
（みつけられない）］

看　　得　　懂　　　　　　　　　看　　不　　懂
kàn　de　dǒng　　　　　　　　　kàn　bu　dǒng

听　　得　　见　　　　　　　　　听　　不　　见
tīng　de　jiàn　　　　　　　　　tīng　bu　jiàn

睡　　得　　着　　　　　　　　　睡　　不　　着
shuì　de　zháo　　　　　　　　　shuì　bu　zháo

洗　　得　　干净　　　　　　　　洗　　不　　干净
xǐ　de　gānjìng　　　　　　　　xǐ　bu　gānjìng

说　　得　　清楚　　　　　　　　说　　不　　清楚
shuō　de　qīngchu　　　　　　　shuō　bu　qīngchu

教室里　很　吵，听不清　录音。
Jiàoshìli　hěn　chǎo, tīngbuqīng　lùyīn.

黑板上　的　字，你　看得见　看不见？
Hēibǎnshang　de　zì, nǐ　kàndejiàn　kànbujiàn?

睡觉　前　喝　咖啡　会　睡不着　觉　（的）。
Shuìjiào　qián　hē　kāfēi　huì　shuìbuzháo　jiào　(de).

ポイント6 作文

1）日本では本格的な中華料理が食べられますか。（"地道" dìdao,"吃到" chīdào）

2）こんなにたくさんの宿題は一時間ではやり終えることができない。（"做作业" zuò zuòyè）

3）声がこんなに小さくて聞こえますか。（"声音" shēngyīn）

■新出単語■

清楚 qīngchu　　　　吵 chǎo　　　　录音 lùyīn
教室 jiàoshì　　　　清 qīng

COLUMN-7　2種類の可能表現

動詞が結果補語をとる場合の可能表現は，たとえば"看见"を例にとると，能願動詞の"能"を用いるタイプと，"可能補語"を用いるタイプの2種類の表現が存在します。

　　　["能"を用いるタイプ]　　　　　　　　　　[可能補語を用いるタイプ]
　　　能看见　／　不能看见　　　　　　　　　　看得见　／　看不见
　　　néng kànjiàn　bù néng kànjiàn　　　　　　kàndejiàn　　kànbujiàn

　一般に，肯定形では"能"を用いる"能看见"型の使用が優勢であり，可能補語の"看得见"型は，主として疑問文あるいは反語文に用いられる傾向があります。"能看见"型は動作主の能力や条件などが整っていてその行為が実現できることを表すのに対して，"看得见"型は，ある状況においてその行為が妨げられることなく実現する可能性があるという判断を表します。

　逆に，否定形においては使用頻度が逆転し，通常は可能補語の"看不见"型が用いられます。能願動詞の否定形"不能"は「できない」という不可能の意味も表すのですが，往々にして「〜してはいけない」という「禁止」の意味に傾くので，「ある行為を行なっても，結果補語の表す状態にはならない（起こり得ない）」という意味の「不可能」を表すには，"看不见"型が活躍するのです。

230
⑦ **"一点ル + 都"** ……「"一"＋量詞＋(名詞)＋"都"」のかたちで否定形の述語を修飾し，「すこしも〜ない；全然〜ない」という全否定の意味を表す。"都"のかわりに"也"を用いることも可能。

　　那　本　小说　一点儿　意思　都　没有。
　　Nèi běn xiǎoshuō yìdiǎnr yìsi dōu méiyou.

　　我　给　他　做　的　菜　他　一　口　都　没　吃。
　　Wǒ gěi tā zuò de cài tā yì kǒu dōu méi chī.

ポイント7 作文

1）さっきの会議には一人も来なかった。（"刚才" gāngcái，"会议" huìyì）

2）昨日の番組は全然面白くなかった。

没(有) 意思　méi(you) yìsi
口　kǒu

第 16 课　快　站起来　走走　看。
Dì shíliù kè　Kuài zhànqilai zǒuzou kàn.

231

（马路上　一边　骑　车，一边　交谈）
mǎlùshang yìbiān qí chē, yìbiān jiāotán

铃木：山本，这　辆　车　好　骑　吗？
　　　Shānběn, zhèi liàng chē hǎo qí ma?

山本：还　可以。不过，上海　的　路　真　窄　呀！
　　　Hái kěyǐ. Búguò, Shànghǎi de lù zhēn zhǎi ya!

（正　要　拐弯　时）
zhèng yào guǎiwān shí

铃木：哎呀！小心！
　　　Āiyā! xiǎoxīn!

（山本　与　摩托车　相　撞，倒下）
Shānběn yǔ mótuōchē xiāng zhuàng, dǎoxià

骑　摩托车　的　人：你　怎么　不　看着　点儿？伤着　没有？
qí mótuōchē de rén　Nǐ zěnme bú kànzhe diǎnr? Shāngzháo méiyou?

铃木：山本，快　站起来　走走　看。
　　　Shānběn, kuài zhànqilai zǒuzou kàn.

山本：拉　我　一　把。不行，站不起来。
　　　Lā wǒ yì bǎ. Bùxíng, zhànbuqǐlái.

232　■新出单語■

马路 mǎlù　　　　　　　窄 zhǎi　　　　　　　　与 yǔ　　　　　　　　起来 qilai ⇨ 3
一边～一边… yìbiān~　　呀 ya ⇨ p.22（発音編）　摩托车 mótuōchē　　　看 kàn ⇨ 4
yìbiān… ⇨ 第18课 5　　 拐弯 guǎi//wān　　　　相 xiāng　　　　　　拉 lā
交谈 jiāotán　　　　　　 时 shí　　　　　　　　撞 zhuàng　　　　　　把 bǎ
好 hǎo ⇨ 1　　　　　　 哎呀 āiyā　　　　　　　怎么 zěnme ⇨ 2　　　不行 bùxíng
还 hái　　　　　　　　　小心 xiǎoxīn　　　　　　伤 shāng

130

行人1：谁　有　手机？快　帮　他　叫　一　辆　救护车。
　　　　xíngrén Shéi yǒu shǒujī? Kuài bāng tā jiào yí liàng jiùhùchē.

行人2：我　去　叫　警察。
　　　　Wǒ qù jiào jǐngchá.

警察：怎么　了？欸，把　驾照　拿出来　给　我　看看。
　　　jǐngchá Zěnme le? Ēi, bǎ jiàzhào náchulai gěi wǒ kànkan.

行人3：救护车　来　了。
　　　　Jiùhùchē lái le.

警察：你们　俩　是　一起　的　吧？你　也　坐上去　吧！
　　　Nǐmen liǎ shì yìqǐ de ba? Nǐ yě zuòshangqu ba!

ポイント

233

1 "好"＋動詞……"好"を動詞（多くは単音節動詞）の直前に用い，問題の事物や状況がその動作を難なく，スムーズに行なうことのできる性質のものであることを表す。「～しやすい」。

这个　手机　是　新产品，很　好　用。
Zhèi ge shǒujī shì xīnchǎnpǐn, hěn hǎo yòng.

路上　积　雪　太　多，不　好　走。
Lùshang jī xuě tài duō, bù hǎo zǒu.

234

2 疑問詞 "怎么"

1)「動作の方式」を問う。「"怎么"＋動詞」の形で用いる。"怎么"を主語の前で用いることはできない。

去　北京站　怎么　走？
Qù Běijīng Zhàn zěnme zǒu?

帮 bāng
救护车 jiùhùchē
欸 ēi
驾照 jiàzhào
俩 liǎ
新 xīn

产品 chǎnpǐn
北京站 Běijīng Zhàn

这 个 螃蟹 怎么 卖?
Zhèi ge pángxiè zěnme mài?

2)「原因」を問う。「"怎么"＋動詞または形容詞」の形で用いるが，"怎么"を主語の前で用いることもできる。

这 套 西服 怎么 这么 贵?
Zhèi tào xīfú zěnme zhème guì?

咳, 怎么 你 还 不 走?
Hāi, zěnme nǐ hái bù zǒu?

3)「状態・状況」を問う。単独で用いるが，あとにしばしば"了"をともなう。

你 怎么 了? 身体 不 舒服 吗?
Nǐ zěnme le? Shēntǐ bù shūfu ma?

¶ 1)「原因・理由」を問う疑問詞には"为什么 wèi shénme"もあるが，"怎么"を用いると，話者が不満を持ちつつ訝しいと思う気持ちを表すことが多い。

你 昨天 为 什么 没 来?
Nǐ zuótiān wèi shénme méi lái?

你 昨天 怎么 没 来?
Nǐ zuótiān zěnme méi lái?

2) 動詞が目的語をとる場合，"怎么"で「方式」を尋ねるときは，目的語が主題化しやすい。

饺子 怎么 包?
Jiǎozi zěnme bāo?

ポイント2 作文

1) あなたの名前はどう書きますか。

2) 王先生の家へはどうやって行きますか。

3) 今日，私はどうしてこんなに忙しいの？

■新出単語■

螃蟹 pángxiè　　　　身体 shēntǐ
套 tào　　　　　　　舒服 shūfu
西服 xīfú　　　　　　为什么 wèi shénme
咳 hāi　　　　　　　包 bāo

235

③ 方向補語……動詞のあとに付け加えて，動作者や動作対象の移動する方向を表す成分を「方向補語」という。方向補語には次のような方向動詞が用いられる。

〈方向動詞一覧表〉

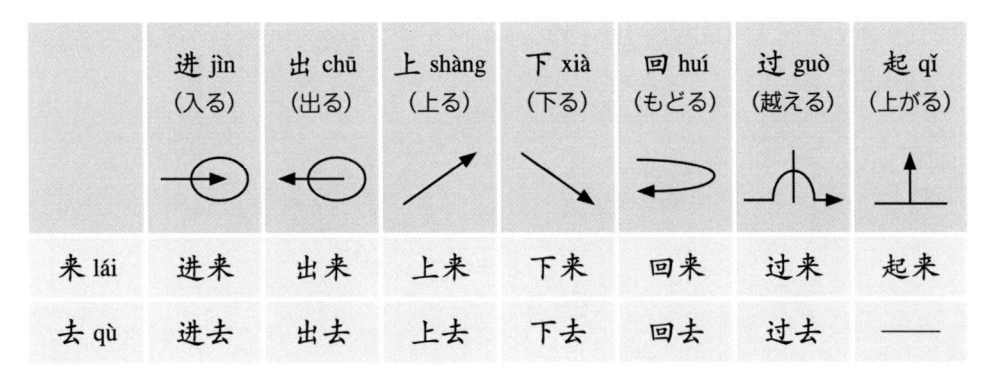

	进 jìn (入る)	出 chū (出る)	上 shàng (上る)	下 xià (下る)	回 huí (もどる)	过 guò (越える)	起 qǐ (上がる)
来 lái	进来	出来	上来	下来	回来	过来	起来
去 qù	进去	出去	上去	下去	回去	过去	——

"进来・出去"のように組み合わされたものを「複合方向動詞」といい，単独で文の述語になることができる。「複合方向動詞」が，"买回来・走进去"のように，さらに別の動詞と組み合わされた場合は「(複合) 方向補語」となる。「(複合) 方向補語」は動詞のあとに直接付く場合は軽声で発音される。

你 先 <u>进去</u> 吧。
Nǐ xiān jìnqu ba.

燕子 飞回 南方 去 了。
Yànzi fēihuí nánfāng qù le.

我 给 孩子 买回来 一些 玩具。
Wǒ gěi háizi mǎihuilai yìxiē wánjù.

我 把 衣服 收进来 了。
Wǒ bǎ yīfu shōujinlai le.

1) 目的語が「移動可能な事物」を表す場合，"来／去"は目的語の前に置かれることもあれば，あとに置かれることもある。ただし，"来／去"が目的語の前に置かれるかたちは，移動が完了している場合に限られる。命令表現や未然の動作の表現では"来／去"が目的語のあとに置かれる。

燕子 yànzi 　　　　　收 shōu
飞 fēi
一些 yìxiē
玩具 wánjù

你 给 我 拿 一 杯 水 来 吧。
Nǐ gěi wǒ ná yì bēi shuǐ lái ba.

× 你 给 我 拿来 一 杯 水 吧。

2）目的語が「場所」を表す場合，それは"进、出、上、下、过"のあとに置かれ，"来、去"のあとには置かれない。

工藤 走进 屋里 来。
Gōngténg zǒujìn wūli lái.

× 工藤 走进来 屋里。

罗纳尔多 走出 房间 去。
Luónà'ěrduō zǒuchū fángjiān qù.

× 罗纳尔多 走出去 房间。

3）方向補語を"得 de"または"不 bu"を用いて動詞のあとにつなげることにより，「動作の結果として，補語の意味する移動が実現し得る／し得ない」という意味の可能性を表す。

现在 外面 下 大雪，出不去。
Xiànzài wàimian xià dàxuě, chūbuqù.

你 的 书包 太 小，装不进去。
Nǐ de shūbāo tài xiǎo, zhuāngbujìnqù.

参照▶第15课ポイント⑥　可能補語

ポイント3 作文

1）パスポートを出してください。（"把" bǎ，"护照" hùzhào）

2）彼は日本からお土産をすこし買って（帰って）きた。（"礼物" lǐwù）

3）先生は教室に（歩いて）入っていった。

■新出単語■

水 shuǐ
屋里 wūli
装 zhuāng

236

4 試行を表す "〜看"……動詞の重ね型や，数量表現をともなう動詞句のあとに "看" を用いて，「(動作がもたらす効果や結果を知ることを目的として) やってみる；〜してみる」という意味を表す。

东西 不 会 丢 的， 你 再 仔细 找找 看。
Dōngxi bú huì diū de, nǐ zài zǐxì zhǎozhao kàn.

这 件 衣服 合 不 合 身， 你 穿穿 看。
Zhèi jiàn yīfu hé bu hé shēn, nǐ chuānchuan kàn.

237

5 "给" を用いる兼語文……「X＋"给"＋Y＋動詞句」のかたちの兼語文は，XがYに物を提供したり，Yに手を貸したりすることによって，Yの動作を促す，あるいは介助するという事態を表す。「XがYに〜させる」。

参照▶第14课ポイント① 前置詞 "给"

我 买 一 本 书 给 你 看 吧。
Wǒ mǎi yì běn shū gěi nǐ kàn ba.

他 借了 一 盘 李小龙 的 DVD 给 我 看。
Tā jièle yì pán Lǐ Xiǎolóng de DVD gěi wǒ kàn.

ポイント5 作文

1) 明日家に来ませんか。ギョウザをつくってごちそうする (食べさせる) から。("包" bāo)

2) 彼は魯迅の小説を私に貸して読ませてくれた。("鲁迅" Lǔ Xùn)

丢 diū　　　　　李小龙 Lǐ Xiǎolóng
仔细 zǐxì
合身 hé//shēn
借 jiè

"拉我一把"……動作の回数を表す量詞 ――「動量詞」

動作の回数を表すために用いる量詞を「動量詞」といいます。"个"や"本"などの事物（名詞）を数える量詞は，それと区別して「名量詞」といいます。

一般に用いられる「動量詞」には，次のものがあります。

"次 cì"： 反復して出現し得る動作や状況を数える。「～回」
　　　　看过　一　次　京剧 （京劇を一回見たことがある）
　　　　kànguo yí cì Jīngjù

"回 huí"： 動作の回数を表す。「～回；～度」
　　　　来过　三　回 （三度来たことがある）
　　　　láiguo sān huí

"遍 biàn"： 動作の始めから終わりまでの全過程を1回として数える。「～回；～遍」
　　　　念　一　遍　课文 （テキストの本文を一回［ひと通り］音読する）
　　　　niàn yí biàn kèwén

"顿 dùn"： 食事の回数，「叱る・殴る・批判する」回数を数える。
　　　　一　天　吃　五　顿　饭 （一日に五回食事をとる）
　　　　yì tiān chī wǔ dùn fàn

"阵 zhèn"： 一区切りの時間中に引き続いて起こる行為や現象を数える。「ひとしきり」
　　　　下了　一　阵　雨 （ひとしきり雨が降った［にわか雨］）
　　　　xiàle yí zhèn yǔ

"场 cháng"：「降雨・喧嘩・訴訟」など，比較的長めの時間を要する行為を数える。
　　　　下了　一　场　雨 （ひと雨降った）
　　　　xiàle yì cháng yǔ

"场 chǎng"：「上演・試合・試験・芝居の場」など設定時間の定まった行為を数える。
　　　　一　天　参加了　三　场　球赛 （一日に三回球技の試合に参加した）
　　　　yì tiān cānjiāle sān chǎng qiúsài

"番 fān"：「景観・心情・味わい」や「時間と労力をかけた行為」を数える。
　　　　下了　一　番　工夫 （ずいぶん時間を費やした［力を注いだ］）
　　　　xiàle yì fān gōngfu

■新出単語■

回 huí
场 cháng
场 chǎng
球赛 qiúsài

番 fān
下 xià
工夫 gōngfu

COLUMN-8

　上記の「動量詞」とは別に，"把 bǎ・眼 yǎn・脚 jiǎo" など，身体の一部を用いて行なう動作の量や回数を表すものがあります。

　　是　谁　推了　我　一　把？　　　　　（誰が私をグッと押したのか）
　　Shì shéi tuīle wǒ yì bǎ?

　　他　抬头　看了　小王　一　眼。　　（彼は顔を上げて王くんをチラッと見た）
　　Tā táitóu kànle Xiǎo-Wáng yì yǎn.

　これら身体部位の行為を表す「動量詞」は，上記の例文に付した日本語訳からも分かるように，"一把"：「手で一回行なう動作（＝つかむ・引っ張るなど）」，"一眼"：「目で一回行なう動作（＝見る）」を表すわけですが，実際の意味としては「回数」よりも動作行為のあり方を描く方に重点があり，日本語の「グッと；チラッと」のような擬態語に近い表現機能を持っています。

眼　yǎn
脚　jiǎo
推　tuī
抬头　tái//tóu

第17课　山本被车撞伤了。
Dì shíqī kè　Shānběn bèi chē zhuàngshāng le.

238

张：听说　山本　被　车　撞伤　了，是　吗?
　　Tīngshuō Shānběn bèi chē zhuàngshāng le, shì ma?

铃木：是　啊。才　来了　不　到　一　个　星期，就　遇上　交通
　　　Shì a. Cái láile bú dào yí ge xīngqī, jiù yùshang jiāotōng

　　事故，真　倒霉。
　　shìgù, zhēn dǎoméi.

张：撞得　厉害　吗?
　　Zhuàngde lìhai ma?

铃木：不　太　厉害。医生　说　再　过　一　两　天　就　可以
　　　Bú tài lìhai. Yīshēng shuō zài guò yì liǎng tiān jiù kěyǐ

　　出院　了。
　　chūyuàn le.

张：我　想　去　医院　看看　他，行　吗?
　　Wǒ xiǎng qù yīyuàn kànkan tā, xíng ma?

铃木：行。正好　我　也　要　去　看　他。咱们　俩　一起　去。
　　　Xíng. Zhènghǎo wǒ yě yào qù kàn tā. Zánmen liǎ yìqǐ qù.

　　（在　医院）
　　　zài yīyuàn

铃木：山本，你　看　谁　来　了?
　　　Shānběn, nǐ kàn shéi lái le?

239 ■新出单语■

被 bèi ⇨ ①　　　倒霉 dǎoméi　　　行 xíng
才 cái ⇨ ②　　　厉害 lìhai　　　正好 zhènghǎo
遇 yù　　　医院 yīyuàn

138

山本：小张！　（要　从　床上　下来）
　　　Xiǎo-Zhāng!　yào cóng chuángshang xiàlai

张：（急　上　前）快　别　下来。伤　好　点儿　了　吗？
　　　jí shàng qián　Kuài bié xiàlai. Shāng hǎo diǎnr le ma?

山本：好多了。都　怪　我　自己　没　注意。
　　　Hǎoduōle. Dōu guài wǒ zìjǐ méi zhùyì.

ポイント

1 受け身文……「X＋"被・叫・让"＋Y＋述語動詞句」のかたちで，動作の受け手を主語（X）とし，動作主を"被・叫・让"のあと（Y）に置いて，「XがYに〜される／された」という意味を表す。

主　語	述　語		
		名詞	動詞句
[動作の受け手] 〜が・は	被／叫／让／	[動作主]	…される／された
杯子 bēizi	被 bèi	他 tā	打碎　了 dǎsuì　le
山本 Shānběn	被 bèi	大家 dàjiā	送进了　医院 sòngjìnle yīyuàn
昨天　买　的　书 zuótiān mǎi de shū	叫 jiào	孩子 háizi	撕坏了　封面 sīhuàile fēngmiàn
他 tā	让 ràng	我 wǒ	说服　了 shuōfú le

急 jí　　　　　多了 duōle ⇨ 4　　叫 jiào　　　　让 ràng
别 bié ⇨ 3　　怪 guài　　　　　撕 sī　　　　　服 fú
伤 shāng　　　自己 zìjǐ　　　　封面 fēngmiàn

1) 一般に，受け身文の述語動詞は「結果補語」(第8課ポイント④参照)や「様態補語」(第9課ポイント②参照)などをともなうことが多く，動詞に"了"が付いただけでは文が成立しないことが多い。

  × 我的车叫人骑了。

  → 我的车叫人骑走了。
    Wǒ de chē jiào rén qízǒu le.

  × 我的日记被小李看了。

  → 我的日记被小李看到了。
    Wǒ de rìjì bèi Xiǎo-Lǐ kàndào le.

2) ただし，動詞が「騙す／殺す」など「損害を与える」意味を表す場合，あるいは「捨てる」など「離脱(して元の場所から離れる)；消失する」意味を表す場合などは，"了"をともなうだけで受け身文を構成することができる。また，「殴る／叱る」などの受ける影響が強い動詞の場合は，"了"と動量詞をともなうことで受け身文が成立する。

  他们都被那个公司骗了。
  Tāmen dōu bèi nèi ge gōngsī piàn le.

  我的漫画被妈妈扔了。
  Wǒ de mànhuà bèi māma rēng le.

  我被老板骂了一顿。
  Wǒ bèi lǎobǎn màle yí dùn.

3) 話し言葉では，"被"よりも"叫・让"が多く用いられる。

4) "被"を用いる場合は，あとに置く動作主を省略することができるが，"叫・让"では省略することができない。

  我的自行车被骑走了。
  Wǒ de zìxíngchē bèi qízǒu le.

ポイント1 作文

1) 図書館のあの本は誰かに借りていかれた。("走"-zǒu)

2) 今日傘を持っていなかったので，服が雨に濡(らさ)れてしまった。("淋湿" línshī)

3) 昨日買ったばかりのパソコンが子供に壊されてしまった。("弄坏" nònghuài)

■新出単語■

日记 rìjì   老板 lǎobǎn
漫画 mànhuà   骂 mà
扔 rēng

「受け身文」と"把"構文　　　　　　　　　　　　　　　　　COLUMN-9

通常,「受け身文」と対応するのは「能動文」ですが,中国語において「受け身文」に対応するのは,むしろ"把"構文(第14課ポイント③参照)だと考えることも可能です。受け身文「X＋"被・叫・让"＋Y＋述語動詞句」のXとYを入れ替えて,「Y＋"把"＋X＋述語動詞句」のかたちでそのまま"把"構文に言い替えが可能な文があります(すべての文で言い替えが可能なわけではありません)。

　　受け身文　　：　杯子被他打碎了。　　　[グラスが彼に壊された]
　　　　　　　　　　Bēizi bèi tā dǎsuì le.

　　"把"構文　　：　他把杯子打碎了。　　　[彼がグラスを壊した]
　　　　　　　　　　Tā bǎ bēizi dǎsuì le.

それぞれのポイントの説明を見れば分かるように,「受け身文」と"把"構文とでは述語動詞に対する要求が同じです。すなわち,①一般に,動詞のあとに結果補語などの「状態変化」を表す成分が必要である,②「損害を与える」動詞などの場合は"了"をともなうだけでも文が成立する,といった点です。こういったことから考えて,中国語の受け身文「X＋"被・叫・让"＋Y＋述語動詞句」は,日本語や英語の受け身文のように,単に「XガYニ〜サレル／サレタ」という意味を表すというよりも,「XガYニ〜サレテ…トイウ状態ニナル／ナッタ」という意味を表し,同様に,"把"構文「Y＋"把"＋X＋述語動詞句」は「YガXニ〜シテ…トイウ状態ニスル／シタ」という意味を表す構文であることが分かります。この２つの構文にとって重要なのは「動作」だけでなく,「状態変化」も同様に重要だということです。

241 ② 副詞"才"(3)……数量表現の前や数量表現をともなう動詞句の前に用いられた"才"はその数量が少ないと感じる話し手の気持ちを表す。「わずか(〜だけ);たった〜」。

才　九　点　她　就　睡　了。
Cái jiǔ diǎn tā jiù shuì le.

他　才　十　岁，怎么　能　喝　酒？
Tā cái shí suì, zěnme néng hē jiǔ?

他　才　喝　了　一　口，脸　就　红　了。
Tā cái hēle yì kǒu, liǎn jiù hóng le.

参照▶第12課ポイント④　副詞"才"(1)

ポイント2 作文

1）あの学校にはたった10人しか留学生がいない。

2）彼はわずか4歳でバイオリンを習い始めた。

3 禁止の表現……「～してはいけない；～するな」と不履行を求める禁止表現には，動詞句の前に"不要"や副詞の"别"を用いる。

上课 时 不要 吃 东西。
Shàngkè shí búyào chī dōngxi.

别 着急， 我 帮 你 想想 办法。
Bié zháojí, wǒ bāng nǐ xiǎngxiang bànfǎ.

¶ 1）"别"は話し言葉にのみ用いる。

2）"不要"や"别"が文末助詞の"了"と呼応して用いられるかたちは，動作の中止・中断を求める意味を表す。「もう～するな」。

好 了， 别 哭 了。
Hǎo le, bié kū le.

ポイント3 作文

1）このことをあの人に教えないでください。

2）さわぐのをやめなさい。（"闹"nào）

3）彼のことはもうほうっておけ（かまわなくていい）。（"管"guǎn）

■新出単語■

着急 zháojí　　哭 kū
想 xiǎng
办法 bànfǎ

> **"快"＋禁止の命令** COLUMN-10
>
> 　第17課の会話文の最後から2行目に，"快别下来。"という文が出てきます。これは禁止の命令文の前に，"快"が付いて修飾している構造になっていますが，「はやく＋〈～スルナ〉」という意味ですので一瞬理解に戸惑うかも知れません。この"快＋别～"のかたちは現場性が非常に強く，まさに眼前に現われている（または現われつつある）行為や状態を一刻も早く止めることで，相手（聞き手）にとってプラスになるように気遣うことを表します。
>
> 　　"快别站着了，请坐，请坐。"　　［もう立ってないで，どうぞお座りください］
> 　　　Kuài bié zhànzhe le, qǐng zuò, qǐng zuò.
>
> 　この文では，目の前で立ったままでいる相手を気遣って，その（立っている）状態を早くやめさせようとする意味を表しています。第17課の会話文においても，怪我をして寝ている山本さんがベッドから降りようとするのを，張さんが慌てて止めている場面で"快别下来。"という台詞が出てきます。

243

4 比較に用いる"多" …… "多了 duōle"や"得多 deduō"のかたちで形容詞のあとに用い，比較の結果の差が大きいことを表す。「ずっと～；はるかに～」。

　他　的　汉语　比　我　强多了。
　Tā　de　Hànyǔ　bǐ　wǒ　qiángduōle.

　今年　夏天　比　往年　热得多。
　Jīnnián　xiàtiān　bǐ　wǎngnián　rèdeduō.

¶ 比較差が少量であることを表すときは"一点儿"を形容詞のあとに用いる。

　她　比　我　矮　一点儿。
　Tā　bǐ　wǒ　ǎi　yìdiǎnr.

ポイント4 作文

1) 日本の物価は中国よりずっと高い。（"物价"wùjià，"贵"guì）

2) 部屋の外は部屋の中よりちょっと涼しい。（"屋子"wūzi，"凉快"liángkuai）

强 qiáng　　　　　　　矮 ǎi
往年 wǎngnián
得多 deduō

第 18 课　您 教 我们 包 饺子，好 吗？
Dì shíbā kè　Nín jiāo wǒmen bāo jiǎozi, hǎo ma?

（回到 北京， 在 北大 校园内）
huídào Běijīng, zài Běi-Dà xiàoyuánnèi

李老师：快 要 到 春节 了， 你们 打算 怎么 过？
Lǐlǎoshī Kuài yào dào Chūn Jié le, nǐmen dǎsuan zěnme guò?

山本：我们 想 感受 一下 中国 春节 的 气氛。
Wǒmen xiǎng gǎnshòu yíxià Zhōngguó Chūn Jié de qìfen.

李老师：那么 年三十儿 晚上 来 我 家， 咱们 一起
Nàme niánsānshír wǎnshang lái wǒ jiā, zánmen yìqǐ

热热闹闹地 过 个 年， 好 不 好？
rèrenàonàode guò ge nián, hǎo bu hǎo?

田中：太 好 了。 老师， 听说 年三十儿 晚上 家家 都 包
Tiánzhōng Tài hǎo le. Lǎoshī, tīngshuō niánsānshír wǎnshang jiājiā dōu bāo

饺子， 是 吗？
jiǎozi, shì ma?

李老师：是 啊。 不光 包 饺子， 还 要 放 鞭炮 呢。
Shì a. Bùguāng bāo jiǎozi, hái yào fàng biānpào ne.

山本：李 老师， 南方 过年 的 时候 也 包 饺子 吗？
Lǐ lǎoshī, nánfāng guònián de shíhou yě bāo jiǎozi ma?

李老师：南方人 过年 一般 不 吃 饺子。 过年 吃 饺子， 这
Nánfāngrén guònián yìbān bù chī jiǎozi. Guònián chī jiǎozi, zhè

■新出单语■

校园 xiàoyuán	感受 gǎnshòu	地 de ⇨ ②	一般 yìbān
内 nèi	气氛 qìfen	过年 guò//nián
春节 Chūn Jié	那么 nàme	不光 bùguāng
打算 dǎsuan	年三十儿 niánsānshír	鞭炮 biānpào

是 北方 的 习惯。 全家人 聚在 一起， 一边儿 包
shì běifāng de xíguàn. Quánjiārén jùzài yìqǐ, yìbiānr bāo

饺子， 一边儿 聊天儿。
jiǎozi, yìbiānr liáotiānr.

田中： 除夕 那 天 您 教 我们 包 饺子， 好 吗?
Chúxī nèi tiān nín jiāo wǒmen bāo jiǎozi, hǎo ma?

李老师： 好 啊。 你们 早 点儿 来。
Hǎo a. Nǐmen zǎo diǎnr lái.

ポイント

1 形容詞の重ね型

一般に，形容詞はそのままのかたちで単独で用いると，事物の一般的・恒常的な性質や属性を表す働きをもつ。その場合，「対比」の意味が含意される。

乌鸦 黑， 兔子 白。
Wūyā hēi, tùzi bái.

胖 的 人 怕 热， 瘦 的 人 怕 冷。
Pàng de rén pà rè, shòu de rén pà lěng.

それに対して，"黑黑（的）"や"热热闹闹（的）"のように，形容詞を重ねるかたちで用いると，特定の状況の中で知覚し，認識される具体的な様子や状態をありのままに生き生きと描き写す働きをもつ。

二音節形容詞の重ね型には次のような2つのタイプの構成法があり，XとYが並列の関係で構成されている形容詞は（1）のタイプになり，XとYが修飾－被修飾の関係で構成されている形容詞は（2）のタイプになる。

1) XXYYタイプ：热热闹闹 rèrenàonào　　　清清楚楚 qīngqingchǔchǔ
　　　　　　　　　（賑々しい）　　　　　　　（はっきりと明瞭である）

北方 běifāng　　　　聚 jù　　　　　　　　除夕 chúxī　　　　兔子 tùzi
习惯 xíguàn　　　　一边儿~一边儿…　　　教 jiāo ⇨ 6　　　白 bái
全 quán　　　　　　yìbiānr~yìbiānr… ⇨ 5　乌鸦 wūyā
家人 jiārén　　　　聊天儿 liáo//tiānr　　　黑 hēi

　　　　　　干干净净 gānganjìngjìng　　　高高兴兴 gāogaoxìngxìng
　　　　　　（さっぱりと清潔）　　　　　（うきうきとうれしそう）

2）ＸＹＸＹタイプ：碧绿碧绿 bìlùbìlù　　　雪白雪白 xuěbáixuěbái
　　　　　　（青々としている）　　　　　（雪のように真っ白である）

　　　　　　通红通红 tōnghóngtōnghóng（真っ赤である）
　　　　　　冰凉冰凉 bīngliángbīngliáng（ひんやりと冷たい）

¶　形容詞の重ね型は，述語，様態補語，連体修飾語，連用修飾語として用いられる。連用修飾語に用いられるときは助詞の"地"（下記ポイント2参照）をともない，それ以外は一般に"的"をともなって用いられる。

　　他　个子　高高　的，　人　瘦瘦　的。
　　Tā　gèzi　gāogāo　de,　rén　shòushòu　de.

　　我们　去　迪士尼　乐园　痛痛快快地　玩儿　一　天　吧。
　　Wǒmen qù Díshìní Lèyuán tòngtongkuàikuàide wánr yì tiān ba.

　　姑娘们　都　打扮得　漂漂亮亮　的。
　　Gūniangmen dōu dǎbande piàopiaoliàngliàng de.

247　**2** 連用修飾語に用いる助詞"地"……動詞や形容詞の前に用いて，それらを修飾する成分を「連用修飾語」という。二音節形容詞・形容詞の重ね型・形容詞句などは助詞の"地"をともなって連用修飾語に用いられ，動作を行なっているときの動作者の態度や様子を描き写す。

　　小王　不　高兴地　走　了。
　　Xiǎo-Wáng bù gāoxìngde zǒu le.

　　他　很　认真地　做着　作业。
　　Tā hěn rènzhēnde zuòzhe zuòyè.

248　**3** 動詞＋"个"＋目的語……量詞の"个"を動詞と目的語の間に割り込ませ，軽く，自在に動作・行為を行なうという気持ちを表す。「ひとつ〜してみる；一丁〜してみる」。

　　你　累　了，　快　去　洗　个　澡，　休息休息。
　　Nǐ lèi le, kuài qù xǐ ge zǎo, xiūxixiuxi.

■新出単語■

碧绿 bìlù　　　　　　迪士尼乐园 Díshìní Lèyuán　　漂亮 piàoliang
雪白 xuěbái　　　　　痛快 tòngkuài　　　　　　　　认真 rènzhēn
通红 tōnghóng　　　　姑娘 gūniang　　　　　　　　洗澡 xǐ//zǎo
冰凉 bīngliáng　　　　打扮 dǎban

咱们 找 个 机会 去 看看。
Zánmen zhǎo ge jīhuì qù kànkan.

249

4 名詞の重ね型……"人、家、事、天"などの名詞は重ね型を構成して主語や連用修飾語に用いることができ，「どの～も」の意味を表す。一般に副詞の"都"とともに用いられることが多い。

参照▶第20課ポイント**4** 量詞の重ね型

他们 班 人人 都 很 用功。
Tāmen bān rénrén dōu hěn yònggōng.

他 天天 做 早操。
Tā tiāntiān zuò zǎocāo.

家家 都 有 一 本 难 念 的 经。（どの家庭にも人には聞かせたくない事情がある。）
Jiājiā dōu yǒu yì běn nán niàn de jīng.

250

5 "一边（儿）～，一边（儿）…"……二つの動詞句を「"一边（儿）"＋動詞句₁，"一边（儿）"＋動詞句₂」のかたちで並べ，一人の動作者が二つの動作を並行して同時に行なう様子を表す。「～しながら…する；一方で～しつつ，同時に一方で…する」。

他 一边 吃 瓜子儿， 一边 看 电视。
Tā yìbiān chī guāzǐr, yìbiān kàn diànshì.

¶ "一"を省略して"边～，边…"のかたちで用いられることもある。

边 开 车 边 打 电话 很 危险。
Biān kāi chē biān dǎ diànhuà hěn wēixiǎn.

ポイント5 作文

1) 彼は音楽を聞きながら勉強するのが好きだ。（"听音乐" tīng yīnyuè，"喜欢" xǐhuan）

2) さあ，食べながら話そう。（"谈" tán）

早操 zǎocāo
经 jīng
危险 wēixiǎn

6 二重目的語構文

英語の"I'll give you a present."のように，ひとつの動詞のあとに「ヒト」と「モノ」を表す２つの目的語が連続して置かれる構文を二重目的語構文という。中国語では動詞の表す意味により，２種類の二重目的語構文が存在する。

1) 動詞が「与える（授与する）」タイプ：「あげる」型の二重目的語構文

「主語＋動詞＋ヒト＋モノ」で，「主語がヒトにモノを〜スル」の意味を表す。

このタイプに属する動詞には，"给 gěi"（与える），"送 sòng"（贈る），"还 huán"（返す），"赔 péi"（弁償する），"喂 wèi"（食べさせる），"告诉 gàosu"（知らせる），"教 jiāo"（教える）などがある。

我 教 铃木 汉语, 铃木 教 我 日语。
Wǒ jiāo Língmù Hànyǔ, Língmù jiāo wǒ Rìyǔ.

我 来 日本 的 时候, 他 送了 我 一 枝 笔。
Wǒ lái Rìběn de shíhou, tā sòngle wǒ yì zhī bǐ.

那 场 官司, 被告 赔了 原告 一千 五百 万。
Nèi cháng guānsi, bèigào péile yuángào yìqiān wǔbǎi wàn.

2) 動詞が「受け取る（取得する）」タイプ：「もらう」型の二重目的語構文

「主語＋動詞＋ヒト＋モノ」で，「主語がヒトからモノを〜スル」の意味を表す。

このタイプに属する動詞には，"抢 qiǎng"（奪う），"偷 tōu"（盗む），"收 shōu"（もらう，取る），"要 yào"（もらう），"娶 qǔ"（嫁をもらう）などがある。

收 你 一百, 找 你 二十五 块。
Shōu nǐ yìbǎi, zhǎo nǐ èrshiwǔ kuài.

这么 点儿 东西, 他 要了 我 好几 十 块。
Zhème diǎnr dōngxi, tā yàole wǒ hǎojǐ shí kuài.

¶ 1) やりとりの対象になる「モノ」を表す目的語には一般に，数量詞のついた名詞句が用いられる。

2) "借 jiè"には「（無料で）貸す」と「（無料で）借りる」の意味があり，"租 zū"には「（有料で）貸す」と「（有料で）借りる」の意味があるため，次の文はどちらも二義的である。

■新出単語■

给 gěi　　　　　喂 wèi　　　　　原告 yuángào　　　　好几 hǎojǐ
送 sòng　　　　笔 bǐ　　　　　　抢 qiǎng
还 huán　　　　官司 guānsi　　　偷 tōu
赔 péi　　　　　被告 bèigào　　　娶 qǔ

我 借 他 一 本 书。
Wǒ jiè tā yì běn shū.

小王 租了 我 一 个 房间。
Xiǎo-Wáng zūle wǒ yí ge fángjiān.

ポイント6 作文

1）彼は私から本を1冊借りてまだ返していない。

2）先生は私たちに中国の歌を教えてくれた。（"中国歌" Zhōngguógē）

3）店員は客から50元受け取った。（"服务员" fúwùyuán，"客人" kèren）

租 zū

第 19 课 不是一两天能练出来的。
Dì shíjiǔ kè　Bú shì yì liǎng tiān néng liànchulai de.

（李 老师 家）
Lǐ lǎoshī jiā

李老师：来，咱们 开始 包 饺子 吧。
　　　　Lái, zánmen kāishǐ bāo jiǎozi ba.

山本：好 哇。
　　　Hǎo wa.

李老师：我 先 来 擀 几 个 皮儿，给 大家 做 个 示范。
　　　　Wǒ xiān lái gǎn jǐ ge pír, gěi dàjiā zuò ge shìfàn.

佐藤：你们 看 李 老师 擀起 皮儿 来，又 快 又 圆，
　　　Nǐmen kàn Lǐ lǎoshī gǎnqǐ pír lái, yòu kuài yòu yuán,

　　　还 不 费劲儿。
　　　hái bú fèijìnr.

田中：这 可 不 是 一 两 天 能 练出来 的。
　　　Zhè kě bú shì yì liǎng tiān néng liànchulai de.

李老师：怎么样？不 难 吧。你们 谁 来 试着 擀 几 个？
　　　　Zěnmeyàng? Bù nán ba. Nǐmen shéi lái shìzhe gǎn jǐ ge?

山本：我 来 试试 看。
　　　Wǒ lái shìshi kàn.

佐藤：李 老师，是 不 是 得 赶紧 包 了，要不然 皮儿
　　　Lǐ lǎoshī, shì bu shì děi gǎnjǐn bāo le, yàoburán pír

■新出单语■

擀 gǎn　　　　　费劲儿 fèi//jìnr　　　练 liàn　　　　要不然 yàoburán
示范 shìfàn　　　可 kě　　　　　　　赶紧 gǎnjǐn

都 粘到 一起 了。
dōu zhāndào yìqǐ le.

ポイント

1 方向補語"起来"の派生用法

方向補語として用いられる"起来"は，基本義として，動作が上向きの方向（「起き上がる」方向）で実現することを意味するが，そのほかにも派生的用法として次のような意味を表す。

1) 動作や変化が現実に立ち現われること，立ち上がること，起動すること，実行段階に移ることなどを表す。(p.123　3分間レクチャー7参照)

没 说 她 几 句，她 就 哭起来 了。
Méi shuō tā jǐ jù, tā jiù kūqilai le.

这 苹果 样子 看起来 不 怎么样，吃起来 味道 还 不错。
Zhèi píngguǒ yàngzi kànqilai bù zěnmeyàng, chīqilai wèidao hái búcuò.

2) 動作の対象が，分散や放置の状態から収束の状態に移ることを表す。

你 把 吃剩 的 东西 都 包起来。
Nǐ bǎ chīshèng de dōngxi dōu bāoqilai.

警察 抓错了 人，把 好人 抓起来 了。
Jǐngchá zhuācuòle rén, bǎ hǎorén zhuāqilai le.

¶ "起来"が派生用法で用いられる場合，動詞のうしろの目的語は必ず"起"と"来"の間に置かれる。

刚 下 火车，就 下起 雨 来 了。
Gāng xià huǒchē, jiù xiàqǐ yǔ lái le.

参照▶第16课ポイント3　方向補語

ポイント1 作文

1) このようなことは，言うのは簡単だが実際にやってみると難しい。

("这样" zhèyàng, "简单" jiǎndān)

2) お母さんは子供におもちゃを片付けるように言った。

("把" bǎ, "玩具" wánjù, "收拾" shōushi)

3) 彼は仕事し始めるととてもはやい。("干活" gàn//huó)

| 粘 zhān | 样子 yàngzi | 抓 zhuā | 好人 hǎorén |
| 说 shuō | 不怎么样 bù zěnmeyàng | 错 cuò | 火车 huǒchē |

2 方向補語"出来"の派生用法

方向補語として用いられる"出来"は，基本義として，具体的な事物が「（中から外に）出てくる」方向で動作が実現することを意味するが，そのほかにも派生的用法として，事物が動作の結果出現すること，生み出されること，出来あがること，認識されることなどを表す。

想了 半天, 还是 想不出来。
Xiǎngle bàntiān, háishi xiǎngbuchūlái.

我 一 眼 就 把 他 认出来 了。
Wǒ yì yǎn jiù bǎ tā rènchulai le.

参照▶ 第16课ポイント3　方向補語

ポイント2 作文

1）この方法は誰が思いついたものですか。（"办法" bànfǎ）

2）彼の声は聞き分けられない（聞いてもわからない）。

3 時量表現の連用修飾用法……連用修飾語として動詞（句）の前に用いられる時量（時間幅）表現は，次のような意味に用いられる。

1）動詞（句）の表す動作や変化が実現に至るまでに要する時間幅を表す。

小刘 一年 就 学完了 两 年 的 课程。
Xiǎo-Liú yì nián jiù xuéwánle liǎng nián de kèchéng.

你 在 这儿 等 一下, 我 一会儿 就 回来。
Nǐ zài zhèr děng yíxià, wǒ yíhuìr jiù huílai.

2）動詞（句）の表す動作や変化が実現する時間的領域（期間）を表す。「〜（の間）に」。

他 一 天 洗 两 次 头发。
Tā yì tiān xǐ liǎng cì tóufa.

这 种 药 一 天 只 能 吃 一 次。
Zhèi zhǒng yào yì tiān zhǐ néng chī yí cì.

参照▶ 第11课ポイント5　動作量と回数表現

■新出単語■

认 rèn　　　　　　　种 zhǒng
课程 kèchéng　　　药 yào

ポイント3 作文

1）王さんは，ただ半月だけで運転免許が取れた。（"驾照" jiàzhào，"拿到" nádào）

2）私は1週間に20コマ授業に出る。（"节" jié）

④ 連動文の"着"……連動文において「V₁着（＋目的語）＋V₂」のかたちで用いられる動詞接尾辞の"着"はV₁の動作を状態化し，それがV₂の動作に付随して行なわれる様態的な動作であることを示す。「～しつつ（…する）；～したまま（…する）」。

躺着 看 书 对 眼睛 不 好。
Tǎngzhe kàn shū duì yǎnjing bù hǎo.

今天 咱们 走着 去 吧。
Jīntiān zánmen zǒuzhe qù ba.

在 日本 一般 不 穿着 鞋 进 屋。
Zài Rìběn yìbān bù chuānzhe xié jìn wū.

¶ 単音節動詞のあとに"着"がくっついて"V₁着＋V₂"のかたちで用いられるもののなかには"试着 shìzhe、接着 jiēzhe、紧着 jǐnzhe"のように，V₁が具体的な動作を表さず，"V₁着"全体で副詞に近い連用修飾語の働きをしているものもある。

你 接着 讲 吧！
Nǐ jiēzhe jiǎng ba!

会上 的 气氛 非常 活跃，大家 都 抢着 发言。
Huìshang de qìfen fēicháng huóyuè, dàjiā dōu qiǎngzhe fāyán.

你 来 试着 包包 看。
Nǐ lái shìzhe bāobao kàn.

ポイント4 作文

1）あなたはどうして眼鏡をかけたまま寝ているの？（"戴" dài，"眼镜儿" yǎnjìngr）

2）やはり座って食べましょうよ。（"还是" háishi）

对 duì	接 jiē	讲 jiǎng	抢 qiǎng
屋 wū	紧 jǐn	活跃 huóyuè	发言 fā//yán

第20课　想 吃 什么 馅儿 就 包 什么 馅儿。
Dì èrshí kè　Xiǎng chī shénme xiànr jiù bāo shénme xiànr.

258

（大家　边　请教　李　老师，边　学着　包　饺子）
　dàjiā　biān　qǐngjiào　Lǐ　lǎoshī, biān xuézhe bāo jiǎozi

佐藤：我　包　的　饺子　怎么　这么　难看　呢？
　　　Wǒ　bāo　de　jiǎozi　zěnme　zhème　nánkàn　ne?

李老师：不　要紧。多　包　几　个，掌握住　要领　就　好　了。
　　　　Bú yàojǐn. Duō bāo jǐ ge, zhǎngwòzhù yàolǐng jiù hǎo le.

田中：这　些　饺子　一　看　就　知道　是　李　老师　包　的。
　　　Zhèi xiē jiǎozi yí kàn jiù zhīdao shì Lǐ lǎoshī bāo de.

　　　个个　薄皮儿　大馅儿，都　像　小肥猪　似的。
　　　Gègè báopír dàxiànr, dōu xiàng xiǎoféizhū shìde.

山本：李　老师，饺子　一般　都　是　什么　馅儿？
　　　Lǐ lǎoshī, jiǎozi yìbān dōu shì shénme xiànr?

李老师：这　很　难　说。各　地　有　各　地　的　习惯，每　家
　　　　Zhè hěn nán shuō. Gè dì yǒu gè dì de xíguàn, měi jiā

　　　　还　有　每　家　的　包法。一般　是　想　吃　什么
　　　　hái yǒu měi jiā de bāofǎ. Yìbān shì xiǎng chī shénme

　　　　馅儿　就　包　什么　馅儿。我们　家　常常　包　白菜
　　　　xiànr jiù bāo shénme xiànr. Wǒmen jiā chángcháng bāo báicài

　　　　馅儿　饺子。
　　　　xiànr jiǎozi.

259 ■新出単語■

请教 qǐngjiào　　　　掌握 zhǎngwò　　　　馅儿 xiànr　　　　法 fǎ
难看 nánkàn　　　　 住 zhù　　　　　　　像 xiàng ⇨ 5　　白菜 báicài
呢 ne ⇨ 2　　　　　 要领 yàolǐng　　　　　肥 féi
要紧 yàojǐn　　　　　一～就… yī~jiù…　　　似的 shìde ⇨ 5

154

ポイント

1 副詞 "都" と疑問表現

副詞 "都" は述語の表す内容が，文中（あるいは話題）に出てくる複数の事項について「余すところなく；すべて；いずれも」成立することを表すが，その複数の事項は "都" よりも前の位置に置かれる。

这 三 本 书 我 都 看完 了。
Zhè sān běn shū wǒ dōu kànwán le.

福州、 扬州、 泉州， 我 都 去过。
Fúzhōu、Yángzhōu、Quánzhōu, wǒ dōu qùguo.

× 我 都 去过 福州、扬州、泉州。

参照▶第1課ポイント⑥ 副詞 "也" と "都"

ただし，疑問詞を用いた表現は "都" のあとに置かれても良い。

你 都 去过 哪 些 地方？
Nǐ dōu qùguo něi xiē dìfang?

你 的 书包里 都 有 些 什么？
Nǐ de shūbāoli dōu yǒu xiē shénme?

ポイント1 作文

1）あなたは昨日の夜，（全部で）何と何を食べましたか。

2）机の上には，（全部で）何と何がありますか。

2 疑問文に用いる "呢" ……当否疑問文を除く疑問文（正反疑問文・選択疑問文・疑問詞疑問文）の文末に "呢" を用い，「はて〜だろう（か）？」と首をかしげて疑念を抱く気持ちを表す。

那 件 事儿 谁 告诉 他 的 呢？
Nèi jiàn shìr shéi gàosu tā de ne?

福州 Fúzhōu
扬州 Yángzhōu
泉州 Quánzhōu

他 会 不 会 开 车 呢?
Tā huì bu huì kāi chē ne?

¶ 相手への問いかけ（質問）の文に"呢"を用いると，語気をやわらげる効果をもつ。

参照▶ 第1课ポイント⑤ "呢"を用いる省略疑問文

262 ③ "多"の副詞的用法

動詞の直前に"多"を用い，「多めに；余分に」の意味を表す。動詞のあとには，しばしば数量表現をともなう。

来 一 次 不 容易, 多 住 几 天 吧。
Lái yí cì bù róngyì, duō zhù jǐ tiān ba.

¶ 反義表現として「ひかえめに～（する）」の意味を表すには「"少"+動詞+数量表現」を用いる。

香烟 对 身体 有害, 还是 少 抽 几 枝 吧。
Xiāngyān duì shēntǐ yǒuhài, háishi shǎo chōu jǐ zhī ba.

ポイント3 作文

1) 今日は少し多めに飲もう。（"一点ル" yìdiǎnr）

2) お金が足りなくなった。買うのは少し控えめにしよう。（"不够" bú gòu）

263 ④ 量詞の重ね型……量詞は重ね型を構成して，連体修飾語・連用修飾語・主語のいずれかに用いることができ，「どの～も；どれも；毎～」の意味を表す。一般に副詞の"都"とともに用いられる。

他们 家 顿顿 晚饭 都 有 鸡 鸭 鱼 肉。
Tāmen jiā dùndùn wǎnfàn dōu yǒu jī yā yú ròu.

参加 晚会 的 个个 都 打扮得 漂漂亮亮 的。
Cānjiā wǎnhuì de gègè dōu dǎbande piàopiaoliàngliàng de.

她 写 的 书 本本 都 畅销。
Tā xiě de shū běnběn dōu chàngxiāo.

■新出単語■

香烟 xiāngyān 畅销 chàngxiāo
有害 yǒuhài
鸭 yā
晚会 wǎnhuì

264

5 "像～似的"……"像＋名詞（句）／動詞（句）＋似的" のかたちで比喩・比況を表す。「(まるで)～のようだ；～みたいだ」。

这 孩子 真 可爱， 像 洋娃娃 似的。
Zhèi háizi zhēn kě'ài, xiàng yángwáwa shìde.

她 最近 脸色 一直 不 好， 像 生了 一 场 大病 似的。
Tā zuìjìn liǎnsè yìzhí bù hǎo, xiàng shēngle yì cháng dàbìng shìde.

¶ 類義表現として"好像 hǎoxiàng ～似的"や"跟 gēn ～似的"のかたちも用いられる。

265

6 疑問詞連鎖による複文表現……複文の従属節（前節）と主節（後節）に同一の疑問詞を一つずつ用い，「任意の事物や事柄について従属節（前節）で述べる条件にかなうものはすべて主節（後節）で述べる命題に該当する」という意味を表す。主節にしばしば副詞"就"を用いる。

谁 先 回 家， 谁 就 做 饭。
Shéi xiān huí jiā, shéi jiù zuò fàn.
（任意の誰かが先に帰宅すれば，その誰かが食事を作る）→ 誰でも先に帰宅した人が食事を作る。

你 想 喝 什么 就 喝 什么。
Nǐ xiǎng hē shénme jiù hē shénme.

什么 时候 有 空儿 就 什么 时候 来。
Shénme shíhou yǒu kòngr jiù shénme shíhou lái.

你 愿意 去 哪儿 就 去 哪儿。
Nǐ yuànyì qù nǎr jiù qù nǎr.

ポイント6 作文

1) 食べたい人が買いに行く。

2) あなたのやりたいようにやりなさい。（"怎么"を用いて）

3) 明日は休みだ。何時でも，起きたい時間に起きればよい。（"休息"xiūxi）

洋娃娃 yángwáwa
脸色 liǎnsè
一直 yìzhí
大病 dàbìng

好像 hǎoxiàng
空儿 kòngr
愿意 yuànyì

第21课　越 来 越 觉得 中国 有 意思 了。
Dì èrshiyī kè　Yuè lái yuè juéde Zhōngguó yǒu yìsi le.

266

李老师：这　是　中国　有名　的　镇江香醋，大家　尝尝　看。
　　　　Zhè shì Zhōngguó yǒumíng de Zhènjiāng Xiāngcù, dàjiā chángchang kàn.

田中：要　不　要　再　放　点儿　酱油？
　　　Yào bu yào zài fàng diǎnr jiàngyóu?

李老师：先　别　放，要是　嫌　味道　淡　的话，再　放。
　　　　Xiān bié fàng, yàoshi xián wèidao dàn dehuà, zài fàng.

佐藤：李　老师，您　吃　饺子　怎么　放　这么　多　醋？
　　　Lǐ lǎoshī, nín chī jiǎozi zěnme fàng zhème duō cù?

李老师：因为　我　爱　"吃醋"　哇。（笑）……毕业　后　你们　有
　　　　Yīnwèi wǒ ài "chīcù" wa. (xiào) Bìyè hòu nǐmen yǒu

什么　打算？
shénme dǎsuan?

山本：我　打算　留在　中国　工作　一　段　时间。
　　　Wǒ dǎsuan liúzài Zhōngguó gōngzuò yí duàn shíjiān.

李老师：你　的　女朋友　不　是　在　上海　读书　吗？
　　　　Nǐ de nǚpéngyou bú shì zài Shànghǎi dúshū ma?

山本：她　也　准备　再　延长　一　年。她　说　她　越　来
　　　Tā yě zhǔnbèi zài yáncháng yì nián. Tā shuō tā yuè lái

越　觉得　中国　有　意思　了。
yuè juéde Zhōngguó yǒu yìsi le.

267 ■新出单语■

有名 yǒumíng	嫌 xián	吃醋 chī//cù	段 duàn
镇江香醋 Zhènjiāng Xiāngcù	淡 dàn	笑 xiào	读书 dú//shū
酱油 jiàngyóu	的话 dehuà ⇨ 1	打算 dǎsuan	延长 yáncháng
要是 yàoshi ⇨ 1	再 zài ⇨ 2	留 liú	越～越… yuè~yuè… ⇨ 3

158

佐藤： 我 准备 五月初 回国。
　　　 Wǒ zhǔnbèi wǔyuèchū huíguó.

李老师：田中 同学， 你 呢?
　　　　Tiánzhōng tóngxué, nǐ ne?

田中： 我? 还 在 犹豫。
　　　 Wǒ? Hái zài yóuyù.

　　　（几十 分 钟 后）
　　　 jǐshí fēn zhōng hòu

李老师：大家 都 吃饱 了 吗?
　　　　Dàjiā dōu chībǎo le ma?

佐藤
山本： 我们 都 吃饱 了。
田中　 Wǒmen dōu chībǎo le.

李老师：好， 最后 让 我们 举杯， 为 新 的 一 年
　　　　Hǎo, zuìhòu ràng wǒmen jǔbēi, wèi xīn de yì nián

　　　 学业有成、 前途无量， 干杯。
　　　 xuéyè yǒu chéng、 qiántú wú liàng, gānbēi.

大家： 干杯!
　　　 Gānbēi!

初 chū	犹豫 yóuyù	学业 xuéyè	干杯 gān//bēi
回国 huí//guó	举杯 jǔ//bēi	有成 yǒuchéng	
同学 tóngxué	为 wèi ⇨ 5	前途 qiántú	
在 zài ⇨ 4	新 xīn	无量 wúliàng	

> **ポイント**

268

1 仮定表現……「もし；もしも〜（なら）」の意味で仮定を表すには，複文の従属節（前節）の先頭，もしくは主語のあとに接続詞"如果"や"要是"を用いる。主節にはしばしば"就"が用いられる。

如果　身体　不　舒服，就　去　医院　看　一下。
Rúguǒ shēntǐ bù shūfu, jiù qù yīyuàn kàn yíxià.

要是　你　喜欢，就　送给　你。
Yàoshi nǐ xǐhuan, jiù sònggěi nǐ.

¶ 従属節の末尾に"的话"を用い，"如果〜的话"や"要是〜的话"のかたちで用いられることもある。

如果　感　兴趣　的话，可以　来　看看。
Rúguǒ gǎn xìngqù dehuà, kěyǐ lái kànkan.

> **ポイント1 作文**

1）もし疲れたなら，少し休みましょう。

2）もし忙しいなら，来なくていいです。

269

2 副詞"再"(2)……問題の動作をあとまわしにしたり，別の機会に譲ったりすることを示す。ある動作をまず行なってから，あるいはある出来事が実現してから，「それから；そのうえで；改めて（〜する）」という意味を表す。

这　本　书　你　先　看　吧，看完　以后　再　还　我。
Zhèi běn shū nǐ xiān kàn ba, kànwán yǐhòu zài huán wǒ.

等　大家　到齐　后　再　吃　吧。
Děng dàjiā dàoqí hòu zài chī ba.

参照▶第6课ポイント6　副詞"再"(1)

■**新出単語**■

如果 rúguǒ
感 gǎn
兴趣 xìngqù
齐 qí

ポイント2 作文

1）今日は先に食事をしてからお風呂に入る。（"洗澡" xǐ//zǎo）

2）まずあなたが説明してください。私たちはそれから質問します。（"问问题" wèn wèntí）

③ "越~越…" …… "越X越Y" のかたちで事態の激化や程度の増長を表す。「XすればするほどYする；XになればなるほどYになる」。XとYには動詞（句）や形容詞が用いられるが，特にYに用いる動詞は，感情や心理状態を表す動詞や "像（似ている）" などの属性を表す動詞に限られる。

古董 越 旧 越 值钱。
Gǔdǒng yuè jiù yuè zhíqián.

这 孩子 越 长 越 像 他 父亲 了。
Zhèi háizi yuè zhǎng yuè xiàng tā fùqin le.

¶ Xの位置に実質的な意味をもたない形式動詞としての "来" を用いた "越来越Y" のかたちは，単に時間の経過のみを表して「ますますYになる」という意味を表す。

人们 的 生活 节奏 越 来 越 快。
Rénmen de shēnghuó jiézòu yuè lái yuè kuài.

ポイント3 作文

1）中国語は勉強すればするほどおもしろくなる。

2）ここは渋滞がますますひどくなってきた。（"堵车" dǔ//chē，"厉害" lìhai）

④ 副詞 "在" …… 動作や出来事が現に実現している最中であることを示す。しばしば副詞の "还"，"正" や現状確認の気持ちを表す文末助詞の "呢" とともに用いられる。

参照▶第20課ポイント② 疑問詞に用いる "呢"

外边儿 还 在 下 雨。
Wàibianr hái zài xià yǔ.

古董 gǔdǒng　　像 xiàng　　节奏 jiézòu
旧 jiù　　父亲 fùqin
值钱 zhíqián　　人们 rénmen
长 zhǎng　　生活 shēnghuó

"小王 在 吗?" —— "他 正 在 开会 呢。"
Xiǎo-Wáng zài ma? Tā zhèng zài kāihuì ne.

ポイント4 作文

1）何をしているところですか。 —— 餃子をゆでているところです。（"煮"zhǔ）

2）彼は今ちょうど試験の準備をしているところだそうです。（"考试"kǎoshì，"准备"zhǔnbèi）

5 前置詞"为"……貢献，祝福，配慮などの対象を示す。「～のために」。

为 人民 服务！
Wèi rénmín fúwù!

为 我们 的 重逢，干杯！
Wèi wǒmen de chóngféng, gānbēi!

我 这么 做 也 是 为 你 着想。
Wǒ zhème zuò yě shì wèi nǐ zhuóxiǎng.

■新出単語■

人民 rénmín
重逢 chóngféng
着想 zhuóxiǎng

読 物 編
弟弟（四则）

読物編 Part 1　　　弟弟（四则）
Dìdi　sì zé

一

301

今天，我们 家 来了 一 个 "小客人"。说 是¹⁾ "客人"，其实²⁾
Jīntiān, wǒmen jiā láile yí ge "xiǎokèren". Shuō shì "kèren", qíshí

就 是 从小 在 乡下 跟³⁾ 姥姥 长大 的 小弟弟——黑蛋儿。他，刚
jiù shì cóngxiǎo zài xiāngxia gēn lǎolao zhǎngdà de xiǎodìdi —— Hēidànr. Tā, gāng

满 六 岁，留着 嘎子头，黑红黑红 的 小脸，两 只 小黑眼珠
mǎn liù suì, liúzhe gǎzitóu, hēihónghēihóng de xiǎoliǎn, liǎng zhī xiǎohēiyǎnzhū

滴溜溜地 转个不停⁴⁾，好奇地 打量着 屋中 的 每 件 东西。他 一
dīliūliūde zhuàngebùtíng, hàoqíde dǎliangzhe wūzhōng de měi jiàn dōngxi. Tā yī

身 乡下 孩子 的 打扮，再 加上 姥姥 给 他 起了 个 土里土气⁵⁾
shēn xiāngxia háizi de dǎban, zài jiāshàng lǎolao gěi tā qǐle ge tǔlitǔqì

的 名字 "黑蛋儿"，就 真 成了 一 个 地地道道 的 "小土孩儿" 了。
de míngzi "Hēidànr", jiù zhēn chéngle yí ge dìdidàodào de "xiǎotǔháir" le.

他 见到 我们，甚至 见到 妈妈，也 是 傻呼呼地 发愣，使劲地
Tā jiàndào wǒmen, shènzhì jiàndào māma, yě shì shǎhūhūde fālèng, shǐjìnde

往里 吸着 流到 嘴边 的 鼻涕。"土"，这 就 是 我 见到 弟弟，
wǎnglǐ xīzhe liúdào zuǐbiān de bítì. "Tǔ", zhè jiù shì wǒ jiàndào dìdi,

302
■新出单語■

其实 qíshí ⇨ 2)	小脸 xiǎoliǎn	打扮 dǎban	发愣 fā//lèng
从小 cóngxiǎo	眼珠 yǎnzhū	加 jiā	使劲 shǐ//jìn
乡下 xiāngxia	滴溜溜 dīliūliū	起 qǐ	吸 xī
小弟弟 xiǎodìdi	转 zhuàn	土里土气 tǔlitǔqì ⇨ 5)	流 liú
满 mǎn	好奇 hàoqí	成 chéng	鼻涕 bítì
留 liú	打量 dǎliang	小土孩儿 xiǎotǔháir	土 tǔ
嘎子头 gǎzitóu	中 zhōng	甚至 shènzhì	
黑红 hēihóng	身 shēn	傻呼呼 shǎhūhū	

对⁶⁾ 他 的 第 一 个 印象。
duì tā de dì yī ge yìnxiàng.

注釈

1) "说是~" ……他者の言説や表現を引き合いに出すときに用いる。「～とのことである」。

他 跟 我 请假, 说 是 身体 不 舒服。
Tā gēn wǒ qǐngjià, shuō shì shēntǐ bù shūfu.

他 来了 个 电话, 说 是 家里 来了 客人。
Tā láile ge diànhuà, shuō shì jiāli láile kèren.

2) 接続詞 "其实" ……前文の内容に反して真相はこうであると指摘するときに用いる。「実は；実際には；実のところは」。

他 说 是 工作, 其实 是 去 玩儿 的。
Tā shuō shì gōngzuò, qíshí shì qù wánr de.

3) 前置詞 "跟" ……付き随う対象を示す。「～（のあと）について」。

他 的 书法 是 跟 有名 的 书法家 学 的。
Tā de shūfǎ shì gēn yǒumíng de shūfǎjiā xué de.

我 的 汉语 是 跟 广播 讲座 学 的。
Wǒ de Hànyǔ shì gēn guǎngbō jiǎngzuò xué de.

4) "转个不停" ……「動詞＋"个"＋"不停"」のかたちで，いつまでも動作が止めどなく続く様子を表す。動詞は一般に単音節のものに限られる。

他 喜欢 唱 卡拉OK, 一 拿到 话筒 就 唱个不停。
Tā xǐhuan chàng kǎlāOK, yì nádào huàtǒng jiù chànggebùtíng.

对 duì ⇨ 6) 话筒 huàtǒng
印象 yìnxiàng
请假 qǐng//jià
书法 shūfǎ
书法家 shūfǎjiā
广播 guǎngbō
讲座 jiǎngzuò
卡拉OK kǎlāOK

今天 他 从 早上 到 现在 忙个不停, 一会儿 接待 客人, 一会儿
Jīntiān tā cóng zǎoshang dào xiànzài mánggebùtíng, yíhuìr jiēdài kèren, yíhuìr

接 电话。
jiē diànhuà.

5) "土里土气"……形容詞の重ね型（参照▶第18课ポイント①）の一種。「Ｘ＋里(li)＋ＸＹ」のかたちで二音節形容詞（ＸＹ）を拡張し，形容詞の表す内容に嫌悪感や軽蔑の気持ちを加えて表現する。一般に，好ましくない意味をもつ形容詞のみが用いられる。

你 怎么 这么 糊里糊涂, 连 这么 重要 的 事情 都 忘 了。
Nǐ zěnme zhème húlihútū, lián zhème zhòngyào de shìqing dōu wàng le.

他 说话 总是 啰里啰嗦 的, 没 完 没 了。
Tā shuōhuà zǒngshì luōliluōsuō de, méi wán méi liǎo.

6) 前置詞 "对" → 読物編 Part 2 注釈4) 参照

■新出単語■

接待 jiēdài 　　　　没完没了 méi wán méi liǎo
接 jiē
糊里糊涂 húlihútū
连～都… lián~dōu…
事情 shìqing
说话 shuō//huà
总是 zǒngshì
啰里啰嗦 luōliluōsuō

読物編 Part 2

二

308

今天，妈妈 似乎 是 为了 补偿 弟弟 应 有 的 母爱，几乎 把
Jīntiān, māma sìhū shì wèile bǔcháng dìdi yīng yǒu de mǔ'ài, jīhū bǎ

"玩具店" 搬到了 家。有 大皮球、小手枪、塑料 熊猫……但 我
"wánjùdiàn" bāndàole jiā. Yǒu dàpíqiú、xiǎoshǒuqiāng、sùliào xióngmāo …… dàn wǒ

看得出，弟弟 最 喜欢 的 还是 那 架 蓝色 的 小飞机，他 把
kàndechū, dìdi zuì xǐhuan de háishi nèi jià lánsè de xiǎofēijī, tā bǎ

小飞机 在 手里 翻过来，倒过去，真 是 爱不释手。
xiǎofēijī zài shǒuli fānguolai, dàoguoqu, zhēn shì ài bú shì shǒu.

一会儿，弟弟 突然 拉着 妈妈 的 衣角，嘟囔道¹⁾："这 飞机 小，
Yíhuìr, dìdi tūrán lāzhe māma de yījiǎo, dūnangdào: "Zhè fēijī xiǎo,

我 不 要，我 要 大 的！" 妈妈 惊奇地 问："黑蛋儿，要 大 的
wǒ bú yào, wǒ yào dà de!" Māma jīngqíde wèn: "Hēidànr, yào dà de

干吗²⁾？看，这 小 的 不 是 也 能 飞 吗？不 信，妈妈 教 你
gànmá? Kàn, zhè xiǎo de bú shì yě néng fēi ma? Bú xìn, māma jiāo nǐ

开。""不，我 不 要。我 要 大飞机 去 接 姥姥！" 噢，原来 如此！
kāi." "Bù, wǒ bú yào. Wǒ yào dàfēijī qù jiē lǎolao!" Ō, yuánlái rúcǐ!

可是 要 大飞机，这 是 多么³⁾ 天真 的 愿望 啊！
Kěshì yào dàfēijī, zhè shì duōme tiānzhēn de yuànwàng a!

309

似乎 sìhū	皮球 píqiú	爱不释手 ài bú shì shǒu	噢 ō
为了 wèile	手枪 shǒuqiāng	突然 tūrán	如此 rúcǐ
补偿 bǔcháng	塑料 sùliào	衣角 yījiǎo	多么 duōme ⇨ 3)
应 yīng	熊猫 xióngmāo	嘟囔 dūnang	天真 tiānzhēn
母爱 mǔ'ài	但 dàn	道 dào ⇨ 1)	愿望 yuànwàng
几乎 jīhū	蓝色 lánsè	惊奇 jīngqí	
玩具店 wánjùdiàn	翻 fān	干吗 gànmá ⇨ 2)	
搬 bān	倒 dào	信 xìn	

167

"傻"，这就是我对⁴⁾弟弟的第二个印象。
"Shǎ", zhè jiù shì wǒ duì dìdi de dì èr ge yìnxiàng.

注釈

1) 直接引用の"～道"……書面語において，発話行為を表す動詞（"说、命令 mìnglìng、骂 mà、嘟囔 dūnang"など）のあとに"道"をくっつけて用い，発話の内容を直接引用する。

他 点点 头 说道："我 同意 你 的 意见。"
Tā diǎndian tóu shuōdào: Wǒ tóngyì nǐ de yìjiàn.

他 对 客人 骂道："你 给 我 滚出去。"
Tā duì kèren màdào: Nǐ gěi wǒ gǔnchuqu.

2) 疑問動詞"干吗"……話し言葉において，くだけた口調で「何をする；どうする」と尋ねるときに用いる。

①単独で述語に用いる。

你 下午 干吗？
Nǐ xiàwǔ gànmá?

②連動文の述語で，あとの位置に用い理由を尋ねる。

你 买 这个 干吗？
Nǐ mǎi zhèige gànmá?

③連動文の述語で，前の位置に用い理由を尋ねる。

你 干吗 找 他？
Nǐ gànmá zhǎo tā?

3) 感嘆表現の"多么"……形容詞の前に用い，「どんなに～（であることか）；なんと～（だろう）」という意味の感嘆表現をつくる。　参照▶第8課ポイント⑦　指示詞"这么・那么"

这儿 的 景色 多么 美丽 呀。
Zhèr de jǐngsè duōme měilì ya.

这 种 事儿 多么 令 人 高兴 啊。
Zhèi zhǒng shìr duōme lìng rén gāoxìng a.

■新出単語■

傻 shǎ　　　　　　　意见 yìjiàn　　　　　　令 lìng
命令 mìnglìng　　　　滚 gǔn
点头 diǎn//tóu　　　　景色 jǐngsè
同意 tóngyì　　　　　美丽 měilì

4) 前置詞 "对" ……知的活動・伝達行為・対人的態度などが向けられる対象や，作用が及ぶ対象を示す。「～に対して；～にとって；～に」。

我 对 这儿 的 情况 一点儿 也 不 了解。
Wǒ duì zhèr de qíngkuàng yìdiǎnr yě bù liǎojiě.

我 对 你们 饭店 的 服务 态度 非常 满意。
Wǒ duì nǐmen fàndiàn de fúwù tàidu fēicháng mǎnyì.

¶ 「前置詞＋名詞（句）」は一般に連用修飾語に用いられるが，「"对"＋名詞（句）」は "的" をともなって連体修飾語に用いることもできる。

我 对 他 的 关心 还 很 不 够。
Wǒ duì tā de guānxīn hái hěn bú gòu.

情况 qíngkuàng　　　　关心 guānxīn
了解 liǎojiě
态度 tàidu
满意 mǎnyì

読物編 Part 3　　三（一）

今天 傍晚，我 从 屋里 出来，突然 发现 弟弟 不 见 了。我
Jīntiān bàngwǎn, wǒ cóng wūli chūlai, tūrán fāxiàn dìdi bú jiàn le. Wǒ

急得 大声 喊起来："黑蛋儿——黑蛋儿——""哎！" 一 个 尖细
jíde dàshēng hǎnqilai: "Hēidànr —— Hēidànr ——" "Āi!" Yí ge jiānxì

的 童音，从 那边 梧桐树上 碧绿 的 密叶中 传了出来¹⁾，我 仔细
de tóngyīn, cóng nèibiān wútóngshùshang bìlǜ de mìyèzhōng chuánlechūlai, wǒ zǐxì

一 看，只见²⁾ 弟弟 正 双手 抱着 树干 向着 远处 眺望。
yí kàn, zhǐjiàn dìdi zhèng shuāngshǒu bàozhe shùgàn xiàngzhe yuǎnchù tiàowàng.

那 棵 树 真 高，我 从来 没 敢³⁾ 想 去 "征服"，可 弟弟 却
Nèi kē shù zhēn gāo, wǒ cónglái méi gǎn xiǎng qù "zhēngfú", kě dìdi què

不 知 怎么 上到了 树杈上。我 真 替 他 担心，万一……我 不 敢
bù zhī zěnme shàngdàole shùchàshang. Wǒ zhēn tì tā dānxīn, wànyī…… wǒ bù gǎn

想下去⁴⁾，只是 大声 命令道："快 下来，下来！"
xiǎngxiaqu, zhǐshì dàshēng mìnglìngdào: "Kuài xiàlai, xiàlai!"

新出単語

傍晚 bàngwǎn	梧桐树 wútóngshù	眺望 tiàowàng	不知怎么 bù zhī zěnme
发现 fāxiàn	密叶 mìyè	棵 kē	树杈 shùchà
见 jiàn	传 chuán	树 shù	替 tì
大声 dàshēng	双手 shuāngshǒu	从来 cónglái	担心 dān//xīn
喊 hǎn	抱 bào	敢 gǎn ⇨ 3)	万一 wànyī
哎 āi	树干 shùgàn	征服 zhēngfú	只是 zhǐshì
尖细 jiānxì	向 xiàng	可 kě	
童音 tóngyīn	远处 yuǎnchù	却 què	

注釈

1) **"传了出来"** ……「動詞＋"了"＋方向補語」のかたちは，しばしば書面語のなかで情景描写の表現として用いられる。目的語をともなわず，命令文や疑問文や否定文には用いられない。

参照▶ 下記2)の例文 "跑了出来"

2) **"只见"** ……文頭に用い，節を目的語にとって，何かの拍子に思いがけずある情景が視界に入るという事態を表す。「ふと〜が目に入る；ふと見えた」。

我 正 要 开 门，只见 有 人 从 里边儿 慌张地 跑了出来。
Wǒ zhèng yào kāi mén, zhǐjiàn yǒu rén cóng lǐbianr huāngzhāngde pǎolechūlai.

¶ 「ふと耳に止まる；ふと聞こえた」の意味では "只听" を用いる。

我 刚 要 睡，只听 有 人 敲 门。
Wǒ gāng yào shuì, zhǐtīng yǒu rén qiāo mén.

3) **能願動詞 "敢"** ……一般に否定文または反語文のなかで動詞の前に用い，「(勇気や度胸があって)〜できる」という意味を表す。

他 不 敢 在 大家 面前 说话。
Tā bù gǎn zài dàjiā miànqián shuōhuà.

这 种 事儿 以前 连 想 都 不 敢 想。
Zhèi zhǒng shìr yǐqián lián xiǎng dōu bù gǎn xiǎng.

4) **方向補語 "下去" の派生用法**

方向補語として用いられる "下去" は，派生用法の一つとして，動作の続行・継続を表す。

你 再 讲下去。
Nǐ zài jiǎngxiaqu.

这 个 工作 我 不 想 干下去 了。
Zhèi ge gōngzuò wǒ bù xiǎng gànxiaqu le.

参照▶ p.123 3分間レクチャー7
第16课ポイント③ 方向補語

慌张 huāngzhāng
敲 qiāo
面前 miànqián

読物編 Part 4　　三（二）

319

弟弟 像 是 没 听见，还是 那么 悠然自得，看 都¹⁾ 不 看 我
Dìdi xiàng shì méi tīngjiàn, háishi nàme yōu rán zì dé, kàn dōu bú kàn wǒ

一 眼，说："不，我 不 下去，我 要 看，看看 姥姥 是 不 是 还
yì yǎn, shuō: "Bù, wǒ bú xiàqu, wǒ yào kàn, kànkan lǎolao shì bu shì hái

在 那 棵 大柳树下 望着 我 呢！""你，你 真 野！"我 真 不 知
zài nèi kē dàliǔshùxia wàngzhe wǒ ne!" "Nǐ, nǐ zhēn yě!" Wǒ zhēn bù zhī

哪儿 来 的 一 股 怒气，"哼，乡下 的 野孩子！"只听"哧溜"一 声，
nǎr lái de yì gǔ nùqì, "Hēng, xiāngxia de yěháizi!" Zhǐtīng "chīliū" yì shēng,

弟弟 已 站在 我 面前，用 袖子 不停地 抹着 鼻涕，还 不时地
dìdi yǐ zhànzài wǒ miànqián, yòng xiùzi bùtíngde mǒzhe bítì, hái bùshíde

提提 裤子，小嘴 向 上 噘得 老 高，低着 头，向 我 翻着 白眼，
títi kùzi, xiǎozuǐ xiàng shàng juēde lǎo gāo, dīzhe tóu, xiàng wǒ fānzhe báiyǎn,

一声不吭²⁾。我 开始 为 自己 的 急躁 引起 的 冲动 感到 后悔。
yì shēng bù kēng. Wǒ kāishǐ wèi zìjǐ de jízào yǐnqǐ de chōngdòng gǎndào hòuhuǐ.

可是 我 从 心里 埋怨 爸爸、妈妈，都 怪 他们 把 他 放到 乡下，
Kěshì wǒ cóng xīnli mányuàn bàba, māma, dōu guài tāmen bǎ tā fàngdào xiāngxia,

使 本来 可以 成为 又 聪明 又 文明 的 弟弟，变成了 一 个
shǐ běnlái kěyǐ chéngwéi yòu cōngmíng yòu wénmíng de dìdi, biànchéngle yí ge

320 ■新出単語■

悠然自得 yōu rán zì dé	哧溜 chīliū	老 lǎo	后悔 hòuhuǐ
都 dōu ⇨ 1)	声 shēng	低 dī	埋怨 mányuàn
柳树 liǔshù	已 yǐ	翻白眼 fān báiyǎn	本来 běnlái
望 wàng	袖子 xiùzi	一声不吭	成为 chéngwéi
野 yě	抹 mǒ	yì shēng bù kēng ⇨ 2)	文明 wénmíng
股 gǔ	不时 bùshí	急躁 jízào	变 biàn
怒气 nùqì	提 tí	引 yǐn	
哼 hēng	噘 juē	冲动 chōngdòng	

乡下"野"孩子！
xiāngxia "yě" háizi!

"野",这是我对弟弟的第三个印象。
"Yě", zhè shì wǒ duì dìdi de dì sān ge yìnxiàng.

注釈

321
1) 副詞 "都" を用いた強調表現

①「すっかり；もう（すでに）」という程度の受けとめ方を表す。この場合の "都" はストレス（強勢）を置かずに軽く発音される。

天 都 黑 了。
Tiān dōu hēi le.

②述語の表す事態に関して成立する可能性がきわめて低い極端な事項を取り立て、「～でさえ；～さえも」という意味を表す。"连～都" のかたちで用いられることもある。

这 种 事儿 孩子 都 知道。
Zhèi zhǒng shìr háizi dōu zhīdao.

她 连 招呼 都 没 打 就 走 了。
Tā lián zhāohu dōu méi dǎ jiù zǒu le.

¶「～することさえない／なかった；～しようとさえしない／しなかった」の意味で、動作そのものを否定するときは「（"连"）＋動詞＋"都"＋"不／没"＋動詞」のかたちを用いる。

连 看 都 不 看 就 扔 了。
Lián kàn dōu bú kàn jiù rēng le.

这 种 事儿 我 连 想 都 没 想过。
Zhèi zhǒng shìr wǒ lián xiǎng dōu méi xiǎngguo.

参照▶第1课ポイント⑥ 副詞 "也" と "都"
第20课ポイント① 副詞 "都" と疑問表現

天 tiān
黑 hēi
招呼 zhāohu

2) "一声不吭"……「一言も言わない；うんともすんとも言わない」。「"一"＋X＋"不"＋Y」のかたちで四字句をつくり、「ひとつの～も…しない」という意味を表す。

他 今天 在 会上 一言不发， 好像 有 什么 心思 似的。
Tā jīntiān zài huìshang yì yán bù fā, hǎoxiàng yǒu shénme xīnsi shìde.

这 种 东西 对 他 来 说 一钱不值。
Zhèi zhǒng dōngxi duì tā lái shuō yì qián bù zhí.

■新出单语■

一言不发 yì yán bù fā
心思 xīnsi
一钱不值 yì qián bù zhí

読物編 Part 5　　四（一）

323

这几天来，弟弟经常对着饭桌愣神，是饭菜不丰盛，
Zhè jǐ tiān lái, dìdi jīngcháng duìzhe fànzhuō lèngshén, shì fàncài bù fēngshèng,

还是味道不合口？说真的，鸡、鸭、鱼、肉、白馒头，桌上
háishi wèidao bù hékǒu? Shuō zhēn de, jī、yā、yú、ròu、báimántou, zhuōshang

美味应有尽有。有些¹⁾ 不说²⁾ 吃，就是³⁾ 听我都没听过的菜，
měiwèi yīng yǒu jìn yǒu. Yǒuxiē bù shuō chī, jiùshì tīng wǒ dōu méi tīngguo de cài,

也上了餐桌，莫非弟弟还认生？可这几天他已对这个
yě shàng le cānzhuō, mòfēi dìdi hái rènshēng? Kě zhè jǐ tiān tā yǐ duì zhèi ge

新家很熟悉了。真猜不透，他的小闷葫芦里到底装的是
xīnjiā hěn shúxī le. Zhēn cāibutòu, tā de xiǎomènhúluli dàodǐ zhuāng de shì

什么药？
shénme yào?

324

对 duì	白馒头 báimántou	餐桌 cānzhuō	小闷葫芦 xiǎomènhúlu
饭桌 fànzhuō	美味 měiwèi	莫非 mòfēi	到底 dàodǐ
愣神 lèng//shén	应有尽有 yīng yǒu jìn yǒu	认生 rènshēng	
饭菜 fàncài	有些 yǒuxiē ⇨ 1)	熟悉 shúxī	
丰盛 fēngshèng	就是 jiùshì ⇨ 3)	猜 cāi	
合口 hékǒu	上 shàng	透 tòu	

注釈

325 1) "有些"

①名詞用法……一定の範囲のなかの一部分として存在する複数の人や事物を指す。主語や連体修飾語として用いる。「ある人たち；あるもの；ある〜」。

公园里　有些　人　在　下棋，有些　人　在　散步。
Gōngyuánli yǒuxiē rén zài xiàqí, yǒuxiē rén zài sànbù.

②副詞用法……一般に好ましくない事態を表す動詞や形容詞を修飾して「すこし；いくらか」。

他　对　那　件　事儿　有些　后悔。
Tā duì nèi jiàn shìr yǒuxiē hòuhuǐ.

326 2) "不说〜"……接続詞として用い，「〜は言うまでもなく；〜はもちろんのこと；〜はおろか」という意味を表す。類義表現として"别说〜"がよく用いられる。"不说〜就是…"と呼応したかたちで「〜はもちろんのこと，…でさえも」という意味を表す。

不　说　小孩儿，就是　大人　也　不　一定　知道。
Bù shuō xiǎoháir, jiùshì dàren yě bù yídìng zhīdao.

别　说　飞机，就是　火车　都　没　坐过。
Bié shuō fēijī, jiùshì huǒchē dōu méi zuòguo.

327 3) 譲歩表現……「たとえ〜でも；かりに〜であっても」の意味で譲歩仮定を表すには，複文の従属節の先頭に接続詞"即使 jíshǐ、就是 jiùshì、哪怕 nǎpà"などを用い，主節に"也"を用いる。

即使　下　雪　也　得　去。
Jíshǐ xià xuě yě děi qù.

就是　失败　也　没　关系。
Jiùshì shībài yě méi guānxi.

哪怕　是　一　分　钱　也　不　能　乱　花。
Nǎpà shì yì fēn qián yě bù néng luàn huā.

¶ 従属節が疑問文で構成されており，「誰が〜であろうと；どんな〜であろうと；どんなに〜であっても」などの意味の譲歩仮定を表すときは"不管〜，也／都…"や"无论〜，也／都…"のかたちを用いる。

■新出単語■

公园 gōngyuán　　　　大人 dàren　　　　关系 guānxi
下棋 xià//qí　　　　　即使 jíshǐ　　　　哪怕 nǎpà
散步 sàn//bù　　　　　失败 shībài　　　　乱 luàn

不管 是 谁，一律 平等 对待。
Bùguǎn shì shéi, yílù píngděng duìdài.

无论 困难 多 大，我们 都 能 克服。
Wúlùn kùnnan duō dà, wǒmen dōu néng kèfú.

不管 bùguǎn　　　　对待 duìdài　　　　克服 kèfú
一律 yílù　　　　　 无论 wúlùn
平等 píngděng　　　困难 kùnnan

読物編 Part 6　　　　四（二）

328

今天　弟弟　两　眼　盯着　雪白　的　馒头　发起　愣　来，妈妈　疼爱地
Jīntiān　dìdi　liǎng　yǎn　dīngzhe　xuěbái　de　mántou　fāqi　lèng　lái,　māma　téng'àide

说："黑蛋儿，这　饭　不　好吃，你　要　吃　啥？妈　去　给　你　买，"
shuō:　"Hēidànr,　zhè　fàn　bù　hǎochī,　nǐ　yào　chī　shá?　Mā　qù　gěi　nǐ　mǎi,"

弟弟　忽闪了　一下　大眼睛，摇摇　头　说："不，妈，我　想　等　姥姥
dìdi　hūshanle　yíxià　dàyǎnjing,　yáoyao　tóu　shuo:　"Bù,　mā,　wǒ　xiǎng　děng　lǎolao

来了　再　吃　这　馒头，姥姥　在　家　尽　拣　窝窝头　吃，给　我　留着
láile　zài　chī　zhèi　mántou,　lǎolao　zài　jiā　jìn　jiǎn　wōwotóu　chī,　gěi　wǒ　liúzhe

馒头……"他　说着¹⁾，说着，小嘴　一　撇，眼眶里　盛满了　泪水。他
mántou……"　Tā　shuōzhe,　shuōzhe,　xiǎozuǐ　yì　piě,　yǎnkuànglǐ　chéngmǎnle　lèishuǐ.　Tā

的　嘴唇　翕动着，抽泣着　说："妈妈，我　要　姥姥　来，我　想　姥姥，
de　zuǐchún　xīdòngzhe,　chōuqìzhe　shuō:　"Māma,　wǒ　yào　lǎolao　lái,　wǒ　xiǎng　lǎolao,

姥姥……"
lǎolao……"

妈妈　一　把　搂住了　弟弟，亲着　他　黑红　的　小脸，泪珠
Māma　yì　bǎ　lǒuzhùle　dìdi,　qīnzhe　tā　hēihóng　de　xiǎoliǎn,　lèizhū

大颗大颗地　滴落下来。
dàkēdàkēde　dīluòxialai.

329 ■新出単語■

盯 dīng　　　　　　　摇头 yáo//tóu　　　　眼眶 yǎnkuàng　　　抽泣 chōuqì
馒头 mántou　　　　尽 jìn　　　　　　　盛 chéng　　　　　　搂 lǒu
疼爱 téng'ài　　　　　拣 jiǎn　　　　　　　满 mǎn　　　　　　　亲 qīn
啥 shá　　　　　　　窝窝头 wōwotóu　　泪水 lèishuǐ　　　　　泪珠 lèizhū
忽闪 hūshan　　　　＝窝头 wōtóu　　　　嘴唇 zuǐchún　　　　颗 kē
大眼睛 dàyǎnjing　　撇 piě　　　　　　　翕动 xīdòng　　　　　滴落 dīluò

178

我 鼻子 一 酸，泪水 像 一 层 薄雾 蒙住了 双眼，透过 这
Wǒ bízi yì suān, lèishuǐ xiàng yì céng bówù méngzhùle shuāngyǎn, tòuguo zhèi

层 薄雾，我 看到了 一 个 从来 不 认识 的 弟弟，发现了 一 颗
céng bówù, wǒ kàndàole yí ge cónglái bú rènshi de dìdi, fāxiànle yì kē

幼小、天真、善良 而 美丽 的 心。
yòuxiǎo、tiānzhēn、shànliáng ér měilì de xīn.

(出典：《中国中学生作文大全》上海遠東出版社 1992 年)

注釈

1) 「動詞＋"着"」の重ね型……「動詞＋"着"」を重ねて用い，一つの動作が持続進行している最中に，突如新たな局面が出現するという事態を表す。

说着 说着，不知不觉地 声音 就 大 了。
Shuōzhe shuōzhe, bù zhī bù juéde shēngyīn jiù dà le.

他 躺在 床上，想着 白天 的 事儿，想着 想着 不知不觉地
Tā tǎngzài chuángshang, xiǎngzhe báitiān de shìr, xiǎngzhe xiǎngzhe bù zhī bù juéde

睡着 了。
shuìzháo le.

参照▶ 第14课ポイント⑤ 持続を表す "着"

鼻子 bízi　　　　　　透 tòu
酸 suān　　　　　　　幼小 yòuxiǎo
层 céng　　　　　　　善良 shànliáng
薄雾 bówù　　　　　　而 ér
蒙 méng　　　　　　　心 xīn
双眼 shuāngyǎn　　　不知不觉 bù zhī bù jué

語彙索引

本書収録の新出単語をピンインアルファベット順に配列する。数字は課を表す。
課数右には記載箇所を示し，○囲み数字はポイント番号を，片カッコの数字は注釈番号を表す。
ゴチック体の課数のみが表示されているものは，新出単語が本文に記載されていることを表す。

項目	ピンイン	課数(記載箇所)
A		
阿姨	āyí	2 課末コラム
啊	a	3
哎	āi	読三(一)
哎呀	āiyā	16
矮	ǎi	17 ④
爱	ài	1 ②
爱不释手	ài bú shì shǒu	読二
爱情	àiqíng	3 ①
爱人	àiren	2 親族名称表
安徽	Ānhuī	13 ⑥
奥巴马	Àobāmǎ	10 ③
澳大利亚人	Àodàlìyàrén	12 ⑥
B		
芭蕾舞	bāléiwǔ	9 ④
把(名量詞)	bǎ	5 ③
把("把"構文)	bǎ	14
把(動量詞)	bǎ	16
爸爸	bàba	2 ①
吧[推量]	ba	3
吧[提案]	ba	5
白	bái	18 ①
白菜	báicài	20
白酒	báijiǔ	6 ④
白馒头	báimántou	読四(一)
白天	báitiān	9 日の区切
百	bǎi	5
百货商店	bǎihuòshāngdiàn	10 ④
班	bān	2 ①
搬	bān	読二
半	bàn	7
办法	bànfǎ	17 ③
办事	bàn//shì	10 ⑤
半天	bàntiān	11
帮	bāng	16
帮忙	bāng//máng	10 ⑤
棒球	bàngqiú	9 時間詞
傍晚	bàngwǎn	読三(一)
包	bāo	16 ②
薄	báo	6 ③
饱	bǎo	8 ④
抱	bào	読三(一)
报告	bàogào	13 ④
报纸	bàozhǐ	2 ③
杯	bēi	8 ⑥コラム
杯子	bēizi	5 量詞表
北	běi	10 ④
北大	Běi-Dà	4
北方	běifāng	18
北海道	Běihǎidào	9 ②
北京	Běijīng	1 ⑤
北京站	Běijīng Zhàn	16 ②
被	bèi	17
辈分	bèifen	2 課末コラム
被告	bèigào	18 ⑥
被子	bèizi	5 量詞表
本	běn	5 量詞表
本来	běnlái	読三(二)
本事	běnshi	11 ⑤
本子	běnzi	4 ⑥
鼻涕	bítì	読一
鼻子	bízi	読四(二)
笔	bǐ	18 ⑥
比	bǐ	12
比较	bǐjiào	12
比赛	bǐsài	9 時間詞
碧绿	bìlǜ	18 ①
毕业	bì//yè	10 ①
边(儿)	biān(r)	10 ④
鞭炮	biānpào	18
遍	biàn	6 ⑥
变	biàn	読三(二)
便利店	biànlìdiàn	13 ⑥
标准	biāozhǔn	9 ②
表(~哥)	biǎo	2 課末コラム
表(名詞)	biǎo	5 量詞表
别	bié	8 ②
冰凉	bīngliáng	18 ①
病	bìng	7 ②
病人	bìngrén	10 ⑤
伯伯	bóbo	2 親族名称表
伯母	bómǔ	2 課末コラム
薄雾	bówù	読四(二)
不错	búcuò	9 ⑥
不但	búdàn	15 ②
不过	búguò	5
不要	búyào	8 ③
不用	búyòng	10
补偿	bǔcháng	読二
不	bù	1
部	bù	13 ⑥
不管	bùguǎn	読四(一) 3)
不光	bùguāng	18
不好意思	bù hǎoyìsi	11
不仅	bùjǐn	15 ②
不时	bùshí	読三(二)
不行	bùxíng	16
不怎么样	bù zěnmeyàng	19 ①
不知不觉	bù zhī bù jué	読四(二) 1)
不知怎么	bù zhī zěnme	読三(一)
C		
猜	cāi	読四(一)

才[ようやく]	cái	12		冲	chōng	15 ①		大概	dàgài	8
才（~呢）	cái (~ne)	12		冲动	chōngdòng	读三(二)		大后年	dàhòunián	9 時間詞
才[わずか]	cái	17		重逢	chóngféng	21 ⑤		大后天	dàhòutiān	9 時間詞
菜	cài	3 課末コラム		抽	chōu	1 ③		大家	dàjiā	9 ③
餐车	cānchē	7		抽泣	chōuqì	读四(二)		大前年	dàqiánnián	9 時間詞
参加	cānjiā	10 ⑤		出	chū	16 ③		大前天	dàqiántiān	9 時間詞
参谋	cānmóu	10 ⑤		初	chū	21		大人	dàren	读四(一) 2)
餐厅	cāntīng	15 ②		出发	chūfā	13 ⑤		大声	dàshēng	读三(一)
餐桌	cānzhuō	读四(一)		出门儿	chū//ménr	11 ②		大学	dàxué	4 ⑥
草莓	cǎoméi	2 ②		出院	chū//yuàn	7 ②		大学生	dàxuéshēng	2 ⑤
厕所	cèsuǒ	5 ③		出租车	chūzūchē	12		大雪	dàxuě	11 ⑦
层	céng	读四(二)		厨师	chúshī	15		大眼睛	dàyǎnjing	读四(二)
插	chā	14 ⑤		除夕	chúxī	18		大衣	dàyī	5 量詞表
茶	chá	1 ④		穿	chuān	7 ①		呆	dāi	10
茶壶	cháhú	5 量詞表		传	chuán	读三(一)		带	dài	9
茶叶	cháyè	5 ⑥		窗户	chuānghu	14 ⑤		戴	dài	19 ④
差	chà	7 ④		床	chuáng	5 量詞表		担心	dān//xīn	读三(一)
产品	chǎnpǐn	16 ①		吹	chuī	8 ④		胆子	dǎnzi	7 ③
尝	cháng	6		春节	Chūn Jié	18		淡	dàn	21
长	cháng	10		词典	cídiǎn	5 量詞表		但	dàn	读二
场	cháng	16 課末コラム		次	cì	8 ①		担担面	dàndànmiàn	5
长城	Chángchéng	6 ⑤		聪明	cōngmíng	11 ⑥		蛋糕	dàngāo	2 ⑥
长江	Chángjiāng	12 ①		从	cóng	13		当	dāng	10 ⑤
场	chǎng	16 課末コラム		从来	cónglái	读三(一)		当然	dāngrán	12 ④
唱	chàng	9 ②		从小	cóngxiǎo	读一		当天	dàngtiān	13 ④
畅销	chàngxiāo	20 ④		醋	cù	5 量詞表		刀	dāo	5 量詞表
超市	chāoshì	10 ④		错	cuò	19 ①		倒	dǎo	8 ②
吵	chǎo	15 ⑥						倒霉	dǎoméi	17
吵嘴	chǎo//zuǐ	13 ②		**D**				到(動詞)	dào	7
车	chē	4 ⑦		打（~电话）	dǎ	7 ⑥		到(結補)	dào	8
车站	chēzhàn	12		打（~网球）	dǎ	11 ⑤コラム		倒	dào	读二
成	chéng	读一		打（~碎）	dǎ	14 ③		道	dào	读二
盛	chéng	读四(二)		打扮(動詞)	dǎban	18 ①		到达	dàodá	10
成绩	chéngjì	11 ⑦		打扮(名詞)	dǎban	读一		到底	dàodǐ	读四(一)
成为	chéngwéi	读三(二)		打雷	dǎ//léi	9		得	dé	15 ②
吃	chī	1		打量	dǎliang	读一		德国	Déguó	7 ⑤
吃醋	chī//cù	21		打扫	dǎsǎo	14 ③		的（我~）	de	4
吃到	chīdào	15 ⑥		打闪	dǎ//shǎn	9		的（是~）	de	9
吃的	chī de	5		打算(動詞)	dǎsuan	18		地	de	18
吃饭	chī//fàn	7		打算(名詞)	dǎsuan	21		得	de	9
哧溜	chīliū	读三(二)		打字	dǎ zì	6 ④コラム		得多	deduō	17 ④
吃药	chī yào	8 ⑥コラム		大	dà	6 ③		的话	dehuà	21
池袋	Chídài	12 ⑤		大病	dàbìng	20 ⑤		得	děi	15
迟到	chídào	8 ③		大风	dàfēng	9 ①		等(動詞)	děng	10

181

等(名詞)	děng	15 ②	对(動詞)	duì	読四(一)	放(～暑假)	fàng	10 ①
邓小平	Dèng Xiǎopíng	12 ⑥	对待	duìdài	読四(一) 3)	放(～茶叶)	fàng	10 課末コラム
低	dī	読三(二)	对面	duìmiàn	10 ④	飞	fēi	16 ③
滴溜溜	dīliūliū	読一	敦煌	Dūnhuáng	2 ②	非常	fēicháng	4 ⑤
滴落	dīluò	読四(二)	顿	dùn	11 ⑤	飞机	fēijī	5 量詞表
迪士尼乐园	Díshìní Lèyuán	18 ①	顿号	dùnhào	2 ②	肥	féi	20
			多(数詞)	duō	5 ⑥	费劲儿	fèi//jìnr	19
第	dì	3 ④	多(形容詞)	duō	7	分(通貨単位)	fēn	5 ⑦
地道	dìdao	15 ⑥	多(疑問詞)	duō	10	分(時間単位)	fēn	7 ④
弟弟	dìdi	2 ⑤	多了	duōle	17	分钟	fēn zhōng	6 ④コラム
地方	dìfang	12	多么(疑問詞)	duōme	8 ⑦	封	fēng	14 ③
地上	dìshang	10 課末コラム	多么(副詞)	duōme	読二	风景	fēngjǐng	13
地址	dìzhǐ	10	多少	duōshao	5	封面	fēngmiàn	17 ①
点	diǎn	7	朵	duǒ	14 ⑤	丰盛	fēngshèng	読四(一)
点头	diǎn//tóu	読二 1)				夫妻	fūqī	5 量詞表
电话	diànhuà	5 ①	**E**			夫人	fūrén	2 課末コラム
电脑	diànnǎo	5 ①	饿	è	7	幅	fú	14 ①
电视	diànshì	14 ⑤	欸	ēi	16	服	fú	17 ②
电梯	diàntī	13 ⑥	欸	éi	6	服务	fúwù	15
电影	diànyǐng	8 ⑥コラム	而	ér	読四(二)	服务员	fúwùyuán	7
电影院	diànyǐngyuàn	10 ④	而且	érqiě	15	福州	Fúzhōu	20 ①
掉	diào	10 課末コラム	儿童节	Értóng Jié	12 ⑥	复旦大学	Fùdàn Dàxué	9
盯	dīng	読四(二)	儿童书	értóngshū	10 ④	父亲	fùqin	21 ③
订	dìng	14	儿子	érzi	2 ①			
定	dìng	14	二胡	èrhú	4 ⑦	**G**		
丢	diū	16 ④				嘎子头	gǎzitóu	読一
东	dōng	10 ④	**F**			干杯	gān//bēi	21
东边儿	dōngbianr	10 ④	发愣	fā//lèng	読一	干净	gānjìng	8 ④
冬天	dōngtiān	4 ⑤	发生	fāshēng	15 ②	擀	gǎn	19
东西	dōngxi	4 ⑦	发现	fāxiàn	読三(一)	感	gǎn	21 ③
懂	dǒng	8 ④	发言	fā//yán	19 ④	敢	gǎn	読三(一)
都	dōu	1	发音	fāyīn	4	赶紧	gǎnjǐn	19
都	dōu	読三(二)	发展	fāzhǎn	12	感冒	gǎnmào	6 ④
逗号	dòuhào	2 ②	法	fǎ	20	感受	gǎnshòu	18
嘟囔	dūnang	読二	番	fān	16 課末コラム	感谢	gǎnxiè	15
读书	dú//shū	21	翻	fān	読二	干	gàn	8 ⑦
堵车	dǔ//chē	13	翻白眼	fān báiyǎn	読三(二)	干活	gàn//huó	19 ①
肚子	dùzi	7	饭菜	fàncài	読四(一)	干吗	gànmá	読二
段	duàn	21	饭店	fàndiàn	14	刚	gāng	11
对(形容詞)	duì	1	饭桌	fànzhuō	読四(一)	刚才	gāngcái	15
对(量詞)	duì	5 量詞表	方便面	fāngbiànmiàn	5	钢琴	gāngqín	7 ⑤
对(前置詞)	duì	19 ④	房间	fángjiān	14	高	gāo	10 ②
			房子	fángzi	3 課末コラム	高峰	gāofēng	13

182

高架	gāojià	13	管	guǎn	17 ③	和（接続詞）	hé	2
高铁	gāotiě	15 ④	广播	guǎngbō	読一 3)	和（前置詞）	hé	15
高兴	gāoxìng	7 ③	广东	Guǎngdōng	4 ⑤	河	hé	10 ④
告诉	gàosu	7 ⑥	广东话	Guǎngdōnghuà		合	hé	15
歌	gē	9 ②			4 ⑦	盒饭	héfàn	7
哥哥	gēge	2 ⑤	广州	Guǎngzhōu	2 ②	合口	hékǒu	読四(一)
各	gè	7	逛	guàng	12	合身	hé//shēn	16 ④
个儿	gèr	7 ③	贵	guì	6 ③	黑（乌鸦~）	hēi	18 ①
个子	gèzi	12 ①	贵姓	guìxìng	2	黑（天~）	hēi	読三(二) 1)
个	ge	5 ②	滚	gǔn	読二 1)	黑板	hēibǎn	10 ④
给(前置詞)	gěi	14	过（~几天）	guò	12	黑红	hēihóng	読一
给(動詞)	gěi	18 ⑥	过（~来）	guò	16 ③	黑龙江	Hēilóngjiāng	4 ⑤
根	gēn	5 量詞表	过年	guò//nián	18	很	hěn	4
跟	gēn	10	过	guo	6	哼	hēng	読三(二)
更	gèng	12 ①				红	hóng	13 ③
工夫	gōngfu	16 課末コラム	**H**			厚	hòu	6 ④
公交车	gōngjiāochē		哈尔滨	Hā'ěrbīn	9 ①	后（回北京~）	hòu	10
		11 ⑤コラム	哈密瓜	Hāmìguā	3 ①	后（~头）	hòu	10 ④
公斤	gōngjīn	5 量詞表	咳	hāi	16 ②	后悔	hòuhuǐ	読三(二)
公里	gōnglǐ	11 ⑤コラム	还（~没）	hái	8 ④	后年	hòunián	9 時間詞
公司	gōngsī	2 ①	还(比較文)	hái	12	后天	hòutiān	9 時間詞
公用	gōngyòng	5 ①	还（~可以）	hái	16	忽闪	hūshan	読四(二)
公寓	gōngyù	14	还是(接続詞)	háishi	7	糊里糊涂	húlihútū	読一 5)
公园	gōngyuán	読四(一) 1)	还是(副詞)	háishi	15	虎	hǔ	1 ⑥
工作	gōngzuò	4 ①	孩子	háizi	7 ②	护士	hùshi	11 ④
狗	gǒu	5 量詞表	寒假	hánjià	10 ①	护照	hùzhào	16 ③
够	gòu	20 ③	喊	hǎn	読三(一)	花(動詞)	huā	8 ⑤
姑姑	gūgu	2 親族名称表	汉语	Hànyǔ	4	花瓶	huāpíng	5 量詞表
姑娘	gūniang	18 ①	杭州	Hángzhōu	4 ③	花儿	huār	14 ⑤
股	gǔ	読三(二)	杭州人	Hángzhōurén		话	huà	8 ④
古典	gǔdiǎn	4 ④			12	画儿	huàr	14 ⑤
古董	gǔdǒng	21 ③	好（很~）	hǎo	4	话筒	huàtǒng	読一 4)
古迹	gǔjì	7 ③	好（睡~）	hǎo	11 ⑦	淮海路	Huáihǎi Lù	12
故宫	Gùgōng	6 ⑤	好（~骑）	hǎo	16	坏	huài	10 ⑤
刮	guā	9 ①	好吃	hǎochī	6	欢迎	huānyíng	6 ⑥
瓜子儿	guāzǐr	6	好好儿	hǎohāor	15 ③	还	huán	18 ⑥
挂	guà	14 ⑤	好几	hǎojǐ	18 ⑥	慌张	huāngzhāng	読三(一) 2)
拐	guǎi	13	好朋友	hǎopéngyou	11	黄河	Huánghé	12 ①
拐弯	guǎi//wān	16	好人	hǎorén	19 ①	挥	huī	11
怪	guài	17	好听	hǎotīng	15 ④	回(動詞)	huí	10
关	guān	14 ③	好像	hǎoxiàng	20 ⑤	回(動量詞)	huí	16 課末コラム
官司	guānsi	18 ⑥	号	hào	3 ①	回国	huí//guó	21
关系	guānxi	読四(一) 3)	好奇	hàoqí	読一	回家	huí jiā	8 ⑥コラム
关心	guānxīn	読二 4)	喝	hē	1 ③	会(能願:可能)	huì	4

183

会(名詞)	huì	4 ⑤		酱油	jiàngyóu	21		景色	jǐngsè	読二 3)
会(結補)	huì	11 ⑥		教	jiāo	18		酒	jiǔ	1 ③
会(能願:推量)	huì	13		交谈	jiāotán	16		就	jiù	8 ⑥コラム
会议	huìyì	10 ⑤		交通	jiāotōng	11 ⑦		旧	jiù	21 ③
活跃	huóyuè	19 ④		角	jiǎo	5 ⑦		救护车	jiùhùchē	16
火柴	huǒchái	5 量詞表		脚	jiǎo	16 課末コラム		舅舅	jiùjiu	2 親族名称表
火车	huǒchē	19 ①		饺子	jiǎozi	1 ⑤		就是	jiùshì	読四(一)
火车站	huǒchēzhàn	11		叫[姓名]	jiào	2		橘子	júzi	3 課末コラム
或	huò	5		叫[使役]	jiào	11 ③		举	jǔ	7 ①
				叫[受身]	jiào	17 ①		举杯	jǔ//bēi	21
J				教师	jiàoshī	3 課末コラム		句	jù	11 ③
鸡	jī	5 ②		教室	jiàoshì	15 ⑥		聚	jù	18
积	jī	9 ②		接（~你）	jiē	9		噘	juē	読三(二)
机场	jīchǎng	15 ⑤		接（~着讲）	jiē	19 ④		觉得	juéde	15
几乎	jīhū	読二		接（~电话）	jiē	読一 4)				
机会	jīhuì	9 ⑥		接待	jiēdài	読一 4)		**K**		
急	jí	17		街上	jiēshang	11 ⑦		咖啡	kāfēi	1 ⑥
即使	jíshǐ	読四(一) 3)		节	jié	8 ①		卡车	kǎchē	5 量詞表
吉祥寺	Jíxiángsì	10 課末コラム		节目	jiémù	14 ②		卡拉OK	kǎlāOK	読一 4)
急躁	jízào	読三(二)		节奏	jiézòu	21 ③		开（~车）	kāi	4 ⑦
集中	jízhōng	12		姐姐	jiějie	2 ⑤		开（~窗户）	kāi	11 ③
几	jǐ	3		戒	jiè	10 ⑤		开花	kāi//huā	9 ①
记事本儿	jìshìběnr	10		借	jiè	16 ⑤		开会	kāi//huì	14 ⑤
家(名詞)	jiā	2		介绍	jièshào	11		开始	kāishǐ	9 ④
家(量詞)	jiā	13 ⑥		斤	jīn	5 量詞表		开水	kāishuǐ	5
加	jiā	読一		今后	jīnhòu	15 ③		看(動詞)	kàn	3 ①
家人	jiārén	18		今年	jīnnián	3		看(助詞)	kàn	16
甲级	jiǎjí	9 ④		今天	jīntiān	3 ③		看来	kànlái	15
架	jià	5 量詞表		紧	jǐn	19 ④		考试	kǎoshì	21 ④
驾照	jiàzhào	16		锦江饭店	Jǐnjiāng Fàndiàn	15		棵	kē	読三(一)
间	jiān	12 ③		进（~大学）	jìn	9 ④		颗	kē	読四(二)
尖细	jiānxì	読三(一)		进（~来）	jìn	13 ⑥		可(副詞)	kě	19
拣	jiǎn	読四(二)		尽(結補)	jìn	11 ⑥		可(接続詞)	kě	読三(一)
简单	jiǎndān	19 ①		尽(副詞)	jìn	読四(二)		可爱	kě'ài	14 ②
检票口	jiǎnpiàokǒu	11		近	jìn	14 ④		可是	kěshì	9 ⑥
件	jiàn	5 量詞表		进步	jìnbù	6 ③		可以	kěyǐ	13
见（看~）	jiàn	8 ④		劲儿	jìnr	11 ④		刻	kè	7 ④
见（~女朋友）	jiàn	9		经	jīng	18 ④		课	kè	8 ①
见（弟弟不~了）	jiàn	読三(一)		经常	jīngcháng	9 ①		课程	kèchéng	19 ③
箭	jiàn	10 ⑤		京剧	Jīngjù	6 ⑤		克服	kèfú	読四(一) 3)
奖	jiǎng	15 ②		惊奇	jīngqí	読二		克林顿	Kèlíndùn	10 ③
讲	jiǎng	19 ④		精神	jīngshen	11 ⑦		客气	kèqi	8 ②
讲座	jiǎngzuò	読一 3)		警察	jǐngchá	11 ③		客人	kèren	9 ①
								课文	kèwén	11 ③

空儿	kòngr	20 ⑥		离	lí	14		乱	luàn	読四(一) 3)
口	kǒu	15 ⑦		里	lǐ	10 ④		罗里罗嗦	luōliluōsuō	読一 5)
口味	kǒuwèi	15		里边儿	lǐbianr	10 ④		骆驼	luòtuo	12 ①
口音	kǒuyīn	12 ⑥		礼物	lǐwù	16 ③		旅客	lǚkè	7
哭	kū	17 ③		李小龙	Lǐ Xiǎolóng	16 ⑤		旅途	lǚtú	10
裤子	kùzi	5 量詞表		厉害	lìhai	17		旅游	lǚyóu	9 時間詞
块(通貨単位)	kuài	5		力气	lìqi	11 ⑥				
块(量詞)	kuài	5 ②		里	li	6 ④コラム		**M**		
快(形容詞)	kuài	7		俩	liǎ	16		妈妈	māma	2 ①
快(副詞)	kuài	10 ①		连~都…	lián~dōu…	読一 5)		马	mǎ	12 ①
矿泉水	kuàngquánshuǐ	5		联欢会	liánhuānhuì	5 ①		马路	mǎlù	16
葵花子儿	kuíhuāzǐr	2 ⑥		联赛	liánsài	9 ④		马上	mǎshàng	9
困	kùn	13 ②		联系	liánxì	10		骂	mà	17 ①
困难	kùnnan	読四(一) 3)		脸	liǎn	13 ③		吗	ma	1
				脸色	liǎnsè	20 ⑤		嘛	ma	12
L				练	liàn	19		买	mǎi	1 ⑥
拉(~二胡)	lā	4 ⑦		凉快	liángkuai	17 ④		卖	mài	7
拉(~我一把)	lā	16		两	liǎng	5 ①		馒头	mántou	読四(二)
辣	là	12 ②		辆	liàng	5 ①		埋怨	mányuàn	読三(二)
来(~日本)	lái	1 ②		亮	liàng	9 ③		满(動詞)	mǎn	読一
来(五十~块)	lái	8		聊天儿	liáo//tiānr	18		满(形容詞)	mǎn	読四(二)
来(我~介绍)	lái	11		了解	liǎojiě	読二 4)		满意	mǎnyì	読二 4)
蓝色	lánsè	読二		列车	lièchē	10		漫画	mànhuà	17 ①
狼	láng	1 ⑥		列车员	lièchēyuán	5		忙	máng	4 ⑤
老(接頭辞)	lǎo	7 ⑦		淋	lín	17 ①		猫	māo	5 量詞表
老(副詞)	lǎo	読三(二)		零	líng	5 ④		毛	máo	5
老板	lǎobǎn	17 ①		令	lìng	読二 3)		毛巾	máojīn	5 量詞表
老公	lǎogōng	2 課末コラム		留	liú	21		毛衣	máoyī	14 ⑤
姥姥	lǎolao	2 親族名称表		留	liú	読一		没	méi	5 ①
老朋友	lǎopéngyou	8 ②		流	liú	読一		没事儿	méishìr	8 ⑦
老婆	lǎopo	2 課末コラム		刘备	Liú Bèi	10 ⑤		没完没了	méi wán méi liǎo	読一 5)
老人	lǎorén	13 ⑥		流利	liúlì	9 ②		没想到	méi xiǎngdào	8
老师	lǎoshī	3 課末コラム		留学	liú//xué	7 ②		没(有)(副詞)	méi(you)	6
姥爷	lǎoye	2 親族名称表		留学生	liúxuéshēng	3		没有(動詞)	méiyou	5
老爷	lǎoye	2 課末コラム		柳树	liǔshù	読三(二)		没有(動詞・比較文)	méiyou	12
了(文末助詞)	le	7		楼	lóu	5 ③		没(有)意思	méi(you) yìsi	15 ⑦
了(動詞接尾辞)	le	8		楼梯	lóutī	13 ⑥		美	měi	13
雷阵雨	léizhènyǔ	9		搂	lǒu	読四(二)		每	měi	11 ⑤
累	lèi	8 ④		鲁迅	Lǔ Xùn	4 ⑥		美国	Měiguó	4 ④
泪水	lèishuǐ	読四(二)		路	lù	11				
泪珠	lèizhū	読四(二)		路过	lùguò	8				
冷	lěng	4 ⑤		路口	lùkǒu	13				
愣神	lèng//shén	読四(一)		路旁	lùpáng	10 ④				
				录音	lùyīn	15 ⑥				

美丽	měilì	読二 3)	南	nán	10 ④	怕	pà	1 ⑥	
美味	měiwèi	読四(一)	南方	nánfāng	12 ⑥	拍	pāi	11 ⑥	
妹妹	mèimei	2 親族名称表	南方菜	nánfāngcài	15	盘	pán	11 ⑥	
门	mén	14 ③	南京	Nánjīng	8	旁	páng	10 ④	
门口儿	ménkǒur	9 ⑤	南京板鸭	Nánjīng Bǎnyā	8	螃蟹	pángxiè	16 ②	
门旁	ménpáng	10 ④	南京路	Nánjīng Lù	12	胖	pàng	4 ⑤	
蒙	méng	読四(二)	难看	nánkàn	20	跑(～了一只猫)	pǎo	9 ①	
米	mǐ	6 ④	男同学	nántóngxué	9 ⑤	跑(～得很快)	pǎo	9 ②	
密叶	mìyè	読三(一)	闹	nào	17 ③	赔	péi	18 ⑥	
免税品	miǎnshuìpǐn	15 ⑤	闹钟	nàozhōng	10 ⑥	朋友	péngyou	3 課末コラム	
面(名詞)	miàn	5	呢(省略疑問)	ne	1	啤酒	píjiǔ	3 ⑤	
面(方位詞接尾辞)			呢(説得)	ne	8 ④	脾气	píqi	7 ⑤	
	miàn	10 ④	呢(進行)	ne	14 ⑤	皮球	píqiú	読二	
面前	miànqián	読三(一) 3)	呢(思い惑い)	ne	20	皮儿	pír	3 課末コラム	
面条儿	miàntiáor	1 ⑤	内	nèi	18	便宜	piányi	6 ⑤	
秒	miǎo	7 ④	那个	nèige	2 ⑥	骗	piàn	12 ⑤	
明年	míngnián	9 時間詞	能	néng	5 ①	票	piào	5 量詞表	
名片	míngpiàn	10	能干	nénggàn	12 ③	漂亮	piàoliang	18 ①	
名胜	míngshèng	7 ③	嗯	ng	9	撇	piě	読四(二)	
明天	míngtiān	5 ①	你	nǐ	1	瓶	píng	3 ④	
名字	míngzi	2 ④	你们	nǐmen	1	平等	píngděng	読四(一) 3)	
命令	mìnglìng	読二 1)	年级	niánjí	3	苹果	píngguǒ	5 量詞表	
摩托车	mótuōchē	16	年三十儿	niánsānshír	18	瓶子	píngzi	14 ①	
抹	mǒ	読三(二)	念	niàn	5 ③	葡萄	pútao	12 ①	
莫非	mòfēi	読四(一)	鸟	niǎo	5 量詞表				
墨鱼	mòyú	7 ⑦	您	nín	1	**Q**			
母爱	mǔ'ài	読二	牛	niú	5 量詞表	沏	qī	14 ①	
木头	mùtou	3 課末コラム	牛肉面	niúròumiàn	5	妻子	qīzi	2 親族名称表	
			牛仔裤	niúzǎikù	7 ①	骑	qí	4 ①	
N			纽约	Niǔyuē	10 ④	齐	qí	21 ②	
拿(～箱子)	ná	10	弄	nòng	17 ①	其实	qíshí	読一	
拿(～到)	ná	13 ④	努力	nǔlì	11 ⑦	起(方向動詞)	qǐ	16 ③	
哪	nǎ	2 ⑥	怒气	nùqì	読三(二)	起(～个名字)	qǐ	読一	
哪里	nǎli	4	暖和	nuǎnhuo	4 ⑤	起床	qǐ//chuáng	8 ⑦	
哪怕	nǎpà	読四(一) 3)	女儿	nǚ'ér	2	起飞	qǐfēi	10 ①	
哪儿	nǎr	1	女朋友	nǚpéngyou	9	汽车	qìchē	5 量詞表	
那(指示詞)	nà	2 ⑥				气氛	qìfen	18	
那(接続詞)	nà	5	**O**			起来	qilai	16	
那里	nàli	4 ②	噢	ō	読二	千	qiān	5 ④	
那么(指示詞)	nàme	8	哦	ò	9	铅笔	qiānbǐ	5 量詞表	
那么(接続詞)	nàme	18				钱	qián	5	
那儿	nàr	4 ②	**P**			前	qián	10 ④	
奶奶	nǎinai	2	爬	pá	6 ⑤	钱包	qiánbāo	7 ①	
难	nán	4				前面	qiánmian	13	

前年	qiánnián	9 時間詞	认识	rènshi	11	上海站	Shànghǎi Zhàn	10
前天	qiántiān	9 時間詞	认真	rènzhēn	18 ②	上课	shàng//kè	7 ①
前途	qiántú	21	扔	rēng	17 ①	上面	shàngmian	10
墙	qiáng	14 ⑤	日本	Rìběn	1 ②	上上(个)星期	shàngshàng (ge) xīngqī	9 時間詞
强	qiáng	17 ④	日本人	Rìběnrén	3			
抢（~东西）	qiǎng	18 ⑥	日记	rìjì	17 ①	上上(个)月	shàngshàng (ge) yuè	9 時間詞
抢（~着讲）	qiǎng	19 ④	日文	Rìwén	10 ③			
敲	qiāo	読三(一) 2)	日语	Rìyǔ	6 ③	上网	shàng//wǎng	5 ①
亲	qīn	読四(二)	日子	rìzi	12 ⑥	上午	shàngwǔ	9 日の区切
亲人	qīnrén	8 ⑥	容易	róngyì	12 ③	上学	shàng//xué	4
清	qīng	15 ⑥	肉	ròu	5 量詞表	上（桌子~）	shang	10
清楚	qīngchu	15 ⑥	如此	rúcǐ	読二	上（关~）	shang	14 ③
情况	qíngkuàng	読二 4)	如果	rúguǒ	21 ①	少	shǎo	11 ⑦
晴天	qíngtiān	13 ①				绍兴酒	Shàoxīngjiǔ	8 ⑥
请	qǐng	7	**S**			射	shè	13 ⑥
请	qǐng	10	撒谎	sā//huǎng	12 ⑤	谁	shéi	4
请假	qǐng//jià	読一 1)	散步	sàn//bù	読四(一) 1)	深	shēn	10 ③
请教	qǐngjiào	20	涩谷	Sègǔ	13 ⑥	身	shēn	読一
请客	qǐng//kè	5 ⑤	沙发	shāfā	14 ③	身体	shēntǐ	16 ②
请问	qǐngwèn	5	啥	shá	読四(二)	深夜	shēnyè	12 ④
求	qiú	10 ⑤	傻	shǎ	読二	什么	shénme	2 ④
球赛	qiúsài	16 課末コラム	傻呼呼	shǎhūhū	読一	婶婶	shěnshen	2 課末コラム
区	qū	12	山水画	shānshuǐhuà	14 ①	甚至	shènzhì	読一
娶	qǔ	18 ⑥	善良	shànliáng	読四(二)	生(形容詞)	shēng	6
去	qù	1	扇子	shànzi	5 量詞表	生(動詞)	shēng	15 ⑤
去年	qùnián	8	伤(動詞)	shāng	16	声	shēng	読三(二)
全	quán	18	伤(名詞)	shāng	17	生病	shēng bìng	8 ③
泉州	Quánzhōu	20 ①	商店	shāngdiàn	12	生活	shēnghuó	21 ③
劝	quàn	10 ⑤	商量	shāngliang	15 ③	生日	shēngrì	5 ⑤
却	què	読三(一)	商业	shāngyè	12	声音	shēngyīn	15 ⑥
			上（~一趟车）	shàng	8 ①	剩	shèng	8
R			上（~高架）	shàng	13	圣诞节	Shèngdàn Jié	14 ④
然后	ránhòu	14	上（~来）	shàng	16 ③			
让(使役)	ràng	11	上（~菜）	shàng	読四(一)	湿	shī	17 ①
让(受身)	ràng	17 ①	上班	shàng//bān	13 ④	失败	shībài	読四(一) 3)
热	rè	4 ⑤	上(个)星期	shàng (ge) xīngqī	9 時間詞	失望	shīwàng	11 ③
热闹	rènao	12				时	shí	16
人	rén	3 ①	上(个)月	shàng (ge) yuè	9 時間詞	时候	shíhou	8
人们	rénmen	21 ③				时间	shíjiān	7
人民	rénmín	21 ⑤	上海	Shànghǎi	1	食品	shípǐn	5
《人民日报》	Rénmín Rìbào	3 ①	上海话	Shànghǎihuà	4	食堂	shítáng	6 ④
认	rèn	19 ②	上海人	Shànghǎirén	12	石头	shítou	12 ③
认生	rènshēng	読四(一)						

187

使	shǐ	11 ③		说（～上海话）	shuō	4		提（～过你）	tí	11
使劲	shǐ//jìn	読一		说（～她几句）	shuō	19 ①		提（～裤子）	tí	読三(二)
是（这～我女儿）	shì	2		说话	shuō//huà	読一 5)		提供	tígōng	5
是[断定]	shì	9		说不定	shuōbudìng	9		体检	tǐjiǎn	13 ④
事	shì	5 量詞表		说明	shuōmíng	14 ①		体育馆	tǐyùguǎn	13 ④
试	shì	6 ⑦		撕	sī	17 ①		替	tì	読三(一)
似的	shìde	20		司机	sījī	11 ③		添	tiān	9 ①
示范	shìfàn	19		死	sǐ	11 ①		天（一～）	tiān	10 ③
事故	shìgù	15 ②		四川	Sìchuān	12 ⑥		天（～黑了）	tiān	読三(二) 1)
世界	shìjiè	14 ③		四川人	Sìchuānrén	12 ②		天安门	Tiān'ānmén	2 ②
事情	shìqing	読一 5)		似乎	sìhū	読二		天窗	tiānchuāng	13 ⑥
柿子	shìzi	6 ③		送	sòng	14 ③		天津	Tiānjīn	2 ②
收（～到信）	shōu	8 ④		送	sòng	18 ⑥		天气	tiānqì	4 ⑤
收（～衣服）	shōu	16 ③		塑料	sùliào	読二		天真	tiānzhēn	読二
收拾	shōushi	19 ①		酸	suān	読四(二)		甜	tián	9 ③
收音机	shōuyīnjī	5 量詞表		随便	suíbiàn	11 ③		条	tiáo	5 量詞表
手	shǒu	7 ①		岁	suì	3		跳	tiào	9 ③
手表	shǒubiǎo	5 量詞表		碎	suì	14 ③		眺望	tiàowàng	読三(一)
手册	shǒucè	5 量詞表		所以	suǒyǐ	11		听	tīng	4 ④
手机	shǒujī	5 ①						听说	tīngshuō	13
手帕	shǒupà	5 量詞表		**T**				停	tíng	9
手枪	shǒuqiāng	読二		他	tā	1 ①		挺	tǐng	14
瘦	shòu	4 ⑤		她	tā	1 ①		通红	tōnghóng	18 ①
书	shū	3 課末コラム		它	tā	1 ①		通知	tōngzhī	7 ⑥
书包	shūbāo	10 ④		他们	tāmen	1 ①		同屋	tóngwū	11
书法	shūfǎ	読一 3)		她们	tāmen	1 ①		同学	tóngxué	21
书法家	shūfǎjiā	読一 3)		它们	tāmen	1 ①		同意	tóngyì	読二 1)
舒服	shūfu	16 ②		台	tái	5 ①		童音	tóngyīn	読三(一)
书架	shūjià	10 ④		抬头	tái//tóu	16 課末コラム		痛快	tòngkuài	18 ①
叔叔	shūshu	2		太	tài	15		偷	tōu	18 ⑥
熟	shú	6		态度	tàidu	読二 4)		头(量詞)	tóu	5 量詞表
熟悉	shúxī	読四(一)		泰山	Tàishān	11 ②		头(名詞)	tóu	7 ③
暑假	shǔjià	10 ①		太太	tàitai	2 課末コラム		头(方位詞接尾辞)	tóu	10 ④
树	shù	読三(一)		谈	tán	18 ⑤		头发	tóufa	5 量詞表
树杈	shùchà	読三(一)		糖	táng	1		透(形容詞)	tòu	読四(一)
树干	shùgàn	読三(一)		堂(哥)	táng	2 課末コラム		透(動詞)	tòu	読四(二)
数学	shùxué	3 課末コラム		躺	tǎng	10 課末コラム		突然	tūrán	読二
双	shuāng	5 量詞表		趟	tàng	8 ①		图书馆	túshūguǎn	4 ①
双手	shuāngshǒu	読三(一)		套	tào	16 ②		土	tǔ	読一
双眼	shuāngyǎn	読四(二)		特	tè	6		土里土气	tǔlitǔqì	読一
水	shuǐ	16 ③		特别	tèbié	4 ⑤		吐鲁番	Tǔlǔfān	15 ①
水饺	shuǐjiǎo	4 ①		特产	tèchǎn	8		兔子	tùzi	18 ①
睡	shuì	9 ④		疼	téng	7 ③		推	tuī	16 課末コラム
睡觉	shuì//jiào	7 ①		疼爱	téng'ài	読四(二)		退休	tuìxiū	13 ①

| 脱 | tuō | 14 ③ |
| 托尔斯泰 | Tuō'ěrsītài | 7 ① |

W

袜子	wàzi	5 量詞表
哇	wa	5
外	wài	10 ④
外边儿	wàibianr	10 ④
外公	wàigōng	2 課末コラム
外国	wàiguó	9 ①
外婆	wàipó	2 課末コラム
完	wán	8 ④
玩具	wánjù	16 ③
玩具店	wánjùdiàn	読二
玩儿	wánr	7 ⑥
碗	wǎn	5
晚	wǎn	8
晚饭	wǎnfàn	9 日の区切
晚会	wǎnhuì	20 ④
碗面	wǎnmiàn	5
晚上	wǎnshang	9
万	wàn	5 ④
万一	wànyī	読三（一）
王力宏	Wáng Lìhóng	15 ④
往	wǎng	13
往年	wǎngnián	17 ④
网球	wǎngqiú	11 ⑤コラム
忘	wàng	10 課末コラム
望	wàng	読三（二）
微积分	wēijīfēn	4 ⑦
危险	wēixiǎn	18 ⑤
位	wèi	7
喂	wèi	18 ⑥
为	wèi	21
味道	wèidao	6
为了	wèile	読二
为什么	wèi shénme	16 ②
文明	wénmíng	読三（二）
问	wèn	9 ⑤
问题	wèntí	5 量詞表
窝窝头（＝窝头）		
	wōwotóu	読四（二）
我	wǒ	1

我们	wǒmen	1 ①
屋	wū	19 ④
屋里	wūli	16 ③
乌龙茶	wūlóngchá	3 ①
乌鸦	wūyā	18 ①
屋子	wūzi	17 ④
无量	wúliàng	21
无论	wúlùn	読四（一）3)
梧桐树	wútóngshù	読三（一）
午饭	wǔfàn	9 日の区切
物价	wùjià	17 ④

X

西	xī	10 ④
吸	xī	読一
西安	Xī'ān	2 ②
翕动	xīdòng	読四（二）
西服	xīfú	16 ②
西瓜子儿	xīguāzǐr	2 ⑥
西湖	Xīhú	13
习惯	xíguàn	18
洗	xǐ	8 ④
喜欢	xǐhuan	1 ⑥
洗澡	xǐ//zǎo	18 ③
下（～床）	xià	7 ②
下（～一次）	xià	8
下（～雨）	xià	9
下（～面）	xià	10 ④
下（～来）	xià	16 ③
下（～工夫）	xià	16 課末コラム
下(个)星期	xià (ge) xīngqī	
		9 時間詞
下(个)月	xià (ge) yuè	
		9 時間詞
下课	xià//kè	13 ⑥
下棋	xià//qí	読四（一）1)
夏天	xiàtiān	4 ⑤
下午	xiàwǔ	9 日の区切
下下(个)星期	xiàxià (ge) xīngqī	
		9 時間詞
下下(个)月	xiàxià (ge) yuè	
		9 時間詞
先	xiān	14

先生（⇔ 夫人）		
	xiānsheng	2 課末コラム
先生（山本～）		
	xiānsheng	5
咸	xián	15 ①
嫌	xián	21
线	xiàn	5 量詞表
馅儿	xiànr	20
现在	xiànzài	7 ①
相	xiāng	16
香蕉	xiāngjiāo	2 ②
乡下	xiāngxia	読一
香烟	xiāngyān	20
箱子	xiāngzi	10
想(能願動詞)	xiǎng	7
想(動詞)	xiǎng	17 ④
响	xiǎng	10 ⑥
想像	xiǎngxiàng	12 ③
像（～是雷阵雨）		
	xiàng	9
像（～似的）	xiàng	20
像（～他父亲）		
	xiàng	21 ③
向	xiàng	読三（一）
小(接頭辞)	xiǎo	4 ⑦
小(形容詞)	xiǎo	6 ③
小宝宝	xiǎobǎobao	9 ①
小弟弟	xiǎodìdi	読一
小孩儿	xiǎoháir	13 ⑥
小姐	xiǎojie	11
小脸	xiǎoliǎn	読一
小闷葫芦	xiǎomènhúlu	
		読四（一）
小朋友	xiǎopéngyou	3 ④
小时	xiǎoshí	10 ③
小说	xiǎoshuō	4 ④
小提琴	xiǎotíqín	7 ④
小土孩儿	xiǎotǔháir	読一
小心	xiǎoxīn	16
小姨	xiǎoyí	9 ①
笑	xiào	21
效果	xiàoguǒ	9 ⑥
校园	xiàoyuán	18
鞋	xié	5 量詞表

写	xiě	7 ①	眼睛	yǎnjing	5 量詞表	亿	yì	5 ④
谢	xiè	12 ②	眼镜儿	yǎnjìngr	19 ④	一般	yìbān	18
谢谢	xièxie	1	眼眶	yǎnkuàng	読四(二)	一边~一边…	yìbiān~yìbiān…	
新	xīn	16 ①	眼珠	yǎnzhū	読一			16
心	xīn	読四(二)	燕子	yànzi	16 ③	意大利	Yìdàlì	7 ①
新疆	Xīnjiāng	12 ①	阳光	yángguāng	13 ⑥	一点儿	yìdiǎnr	11 ⑤
心里	xīnli	7 ③	洋娃娃	yángwáwa	20 ⑤	一点儿~都…	yìdiǎnr~dōu…	
心思	xīnsi	読三(二) 2)	扬州	Yángzhōu	20 ①			15
新宿	Xīnsù	12 ⑤	样子	yàngzi	19 ①	意见	yìjiàn	読二 1)
信(名詞)	xìn	7 ⑥	摇头	yáo//tóu	読四(二)	一起	yìqǐ	5 ⑤
信(動詞)	xìn	読二	要(動詞)	yào	2 ⑥	一钱不值	yì qián bù zhí	
星期二	xīngqī èr	3 ④	要(能願動詞)	yào	8			読三(二) 2)
星期六	xīngqī liù	3 ④	要[近未来]	yào	10	一声不吭	yì shēng bù kēng	
星期日	xīngqī rì	3 ④	药	yào	19 ③			読三(二)
星期三	xīngqī sān	3 ④	要不然	yàobùrán	19	一些	yìxiē	16 ③
星期四	xīngqī sì	3 ④	要紧	yàojǐn	20	一言不发	yì yán bù fā	読三(二) 2)
星期天	xīngqī tiān	3 ④	要领	yàolǐng	20	一言为定	yì yán wéi dìng	
星期五	xīngqī wǔ	3 ④	钥匙	yàoshi	8 ④			10
星期一	xīngqī yī	3 ④	要是	yàoshi	21	一直	yìzhí	20 ⑤
行	xíng	17	爷爷	yéye	2	因为	yīnwèi	11 ⑦
行李	xíngli	5 量詞表	也	yě	1	音乐	yīnyuè	4 ④
行人	xíngrén	11 ⑦	野	yě	読三(二)	银行	yínháng	10 ④
姓	xìng	2	页	yè	3 ④	引	yǐn	読三(二)
兴趣	xìngqù	21 ①	夜里	yèli	9 日の区切	饮料	yǐnliào	4 ④
熊猫	xióngmāo	読二	夜宵	yèxiāo	14	印象	yìnxiàng	読一
休息	xiūxi	8 ③	衣服	yīfu	5 量詞表	应	yīng	読二
袖子	xiùzi	読三(二)	衣角	yījiǎo	読二	应有尽有	yīng yǒu jìn yǒu	
需要	xūyào	7	一~就…	yī~jiù…	20			読四(一)
学	xué	7 ⑤	医生	yīshēng	2 ⑤	营业	yíngyè	13 ⑥
学生	xuésheng	2 ⑤	医院	yīyuàn	17	影响	yǐngxiǎng	15 ②
学习	xuéxí	4	姨	yí	2 親族名称表	哟	yō	7
学校	xuéxiào	5 ①	一带	yídài	12	用	yòng	11 ⑥
学业	xuéyè	21	一定	yídìng	7	用餐	yòng//cān	7
雪	xuě	9 ①	一会儿	yíhuìr	11 ⑤ コラム	用功	yònggōng	15 ②
雪白	xuěbái	18 ①	一律	yílǜ	読四(一) 3)	悠然自得	yōu rán zì dé	
			姨妈	yímā	2 親族名称表			読三(二)
Y			姨母	yímǔ	2 課末コラム	游	yóu	6 ④
鸭	yā	20 ④	一下	yíxià	10	邮局	yóujú	10 ④
呀	ya	16	一下(子)	yíxià(zi)	11 ⑥	邮箱地址	yóuxiāng dìzhǐ	
烟	yān	1 ③	已	yǐ	読三(二)			14 ⑤
延长	yáncháng	21	以后	yǐhòu	9 ⑥	游泳	yóu//yǒng	6 ④
研究	yánjiū	6 ⑦	已经	yǐjīng	7	游泳池	yóuyǒngchí	5 ①
严重	yánzhòng	8 ⑦	以前	yǐqián	11	犹豫	yóuyù	21
眼	yǎn	16 課末コラム	椅子	yǐzi	5 ③	有(動詞)	yǒu	5

有[比較文]	yǒu	12 ③
有成	yǒuchéng	21
有害	yǒuhài	20 ③
有名	yǒumíng	21
有些	yǒuxiē	読四(一)
有意思	yǒu yìsi	4 ⑤
又	yòu	9 ①
右	yòu	10 ④
幼儿园	yòu'éryuán	14 ③
幼小	yòuxiǎo	読四(二)
又～又…	yòu~yòu…	9
鱼	yú	5 量詞表
余华	Yú Huá	7 ①
愉快	yúkuài	9 ③
雨	yǔ	9
与	yǔ	16
语法	yǔfǎ	4
羽绒服	yǔróngfú	14 ③
雨伞	yǔsǎn	5 量詞表
雨衣	yǔyī	1 ⑥
遇	yù	17
预报	yùbào	9
元	yuán	5 ⑦
圆	yuán	9
原告	yuángào	18 ⑥
原来	yuánlái	9
圆珠笔	yuánzhūbǐ	5 量詞表
远	yuǎn	10 ②
远处	yuǎnchù	読三(一)
愿望	yuànwàng	読二
愿意	yuànyì	20 ⑥
月	yuè	3 ④
月饼	yuèbing	2 ⑥
月亮	yuèliang	9 ③
越～越…	yuè~yuè…	21

Z

杂志	zázhì	5 量詞表
在(動詞)	zài	2
在(前置詞)	zài	4
在(副詞)	zài	21
再（明天～来）	zài	6
再（先吃饭～洗澡）		
	zài	21

咱们	zánmen	1 ④
早	zǎo	8 ⑦
早操	zǎocāo	18 ④
早饭	zǎofàn	9 日の区切
早起	zǎoqǐ	15 ③
早上	zǎoshang	9 日の区切
怎么	zěnme	16
怎么样	zěnmeyàng	6
窄	zhǎi	16
粘	zhān	19
站(名詞)	zhàn	8
站(動詞)	zhàn	10 課末コラム
张	zhāng	5 ③
章鱼	zhāngyú	7 ⑦
长	zhǎng	21 ③
掌握	zhǎngwò	20
丈夫	zhàngfu	2 親族名称表
招呼	zhāohu	読三(二) 1)
着	zháo	11 ②
着急	zháojí	17 ③
找（～五毛）	zhǎo	5
找（钥匙～到了）		
	zhǎo	8 ④
照片	zhàopiàn	5 量詞表
照相机	zhàoxiàngjī	5 量詞表
这	zhè	2
这里	zhèli	4 ②
这么	zhème	8 ⑦
这儿	zhèr	4 ②
这样	zhèyàng	19 ①
着	zhe	10 課末コラム
这个	zhèige	2 ⑥
这(个)星期	zhèi (ge) xīngqī
		9 時間詞
这(个)月	zhèi (ge) yuè
		9 時間詞
真	zhēn	9
真的	zhēn de	15
阵	zhèn	9 ①
镇江香醋	Zhènjiāng Xiāngcù
		21
征服	zhēngfú	読三(一)
正	zhèng	14 ⑤
正好	zhènghǎo	17

只	zhī	5 ②
枝	zhī	5 量詞表
知道	zhīdao	9 ⑥
值钱	zhíqián	21 ③
纸	zhǐ	5 量詞表
只	zhǐ	8
指教	zhǐjiào	15 ③
只是	zhǐshì	読三(一)
钟	zhōng	7 ④
中	zhōng	読一
中国	Zhōngguó	1 ③
中国菜	Zhōngguócài
		15 ④
中国歌	Zhōngguógē
		18 ⑥
中秋节	Zhōngqiū Jié
		9 ③
中山装	Zhōngshānzhuāng
		14 ⑤
钟头	zhōngtóu	10 ③
中文	Zhōngwén	3 課末コラム
中午	zhōngwǔ	9 日の区切
中央电视台	Zhōngyāng Diànshìtái
		10 ④
中药	zhōngyào	6 ⑤
种	zhǒng	19 ③
重	zhòng	10 ③
重要	zhòngyào	4 ⑤
粥	zhōu	7 ①
周杰伦	Zhōu Jiélún	15 ④
周末	zhōumò	7 ⑤
周瑜	Zhōu Yú	10 ⑤
猪	zhū	5 量詞表
诸葛亮	Zhūgě Liàng	10 ⑤
珠算	zhūsuàn	4 ⑦
煮	zhǔ	21 ④
住(動詞)	zhù	10 課末コラム
住(結補)	zhù	20
祝	zhù	10
注意	zhù//yì	8 ②
抓	zhuā	19 ①
转	zhuàn	読一
装	zhuāng	16 ③
撞	zhuàng	16

191

准	zhǔn	9		总是	zǒngshì	読一 5)	嘴唇	zuǐchún	読四(二)
准备	zhǔnbèi	10		总统	zǒngtǒng	10 ③	最	zuì	13
桌子	zhuōzi	5 ③		走（一起~吧）	zǒu	5 ⑤	最后	zuìhòu	11 ④
着陆	zhuó//lù	10 ①		走（~三分钟）	zǒu	6 ⑦	最近	zuìjìn	9 ①
着想	zhuóxiǎng	21 ⑤		走（手表不~了）			昨天	zuótiān	7 ②
仔细	zǐxì	16 ④			zǒu	10 ⑥	左	zuǒ	10 ④
字	zì	10 課末コラム		走（从高架~）	zǒu	13	左右	zuǒyòu	10
自吹自擂	zì chuī zì léi			走路	zǒu//lù	7 ②	做	zuò	4 ⑦
		11 ⑤		租	zū	18 ⑥	坐（~火车）	zuò	10 ③
自己	zìjǐ	17		足球	zúqiú	9 ④	坐（请~）	zuò	10 課末コラム
自我(介绍)	zìwǒ	11 ⑤		阻塞	zǔsè	11 ⑦	做	zuò	15 ⑥
自行车	zìxíngchē	4 ⑦		嘴	zuǐ	7 ③	作业	zuòyè	15 ⑥

小野秀樹（東京大学大学院総合文化研究科教授）
木村英樹（東京大学名誉教授）
張　麗　群（日本大学文理学部教授）
楊　凱　栄（東京大学名誉教授・専修大学客員教授）
吉川雅之（東京大学大学院総合文化研究科教授）

●本文イラスト：トミタ制作室
●表紙デザイン：宇佐美佳子

現代汉语基础[改訂版] CD-ROM付

2013 年 3 月 27 日　初版第 1 刷発行
2023 年 3 月 22 日　第 8 刷 発 行

著　者　小野秀樹・木村英樹・張麗群・楊凱栄・吉川雅之
発行者　佐藤和幸
発行所　白帝社
　　　　〒171-0014　東京都豊島区池袋 2-65-1
　　　　電話　03-3986-3271　　FAX　03-3986-3272
　　　　http://www.hakuteisha.co.jp/

印刷・製本　大倉印刷(株)

© Kimura/Ono/Yang/Yoshikawa/Zhang　　ISBN978-4-86398-115-7
Printed in Japan　〈検印省略〉　6914
造本には十分注意しておりますが落丁乱丁の際はおとりかえいたします。

现代汉语基础
［改訂版］

ワークブック

1 第1课　　　　　　　　　　　　　　　　　　　月　　日

学部　　　　　学年　　　クラス　　　学籍番号　　　　　氏名

1 次の語群の動詞・名詞・代名詞を組み合わせて動詞述語文をつくり，日本語に訳しなさい。

動作者	動作	動作の対象
他	看	她
你	卖	狼
我	爱	梨
他们	怕	画

看 kàn 見る　　卖 mài 売る　　爱 ài 愛する，好きだ
怕 pà こわい　　狼 láng 狼　　梨 lí 梨　　　　画 huà 絵

1) _____ (日本語訳) _____
2) _____ (日本語訳) _____
3) _____ (日本語訳) _____
4) _____ (日本語訳) _____

2 1でつくった文を否定文に書き換え，発音しなさい。

1) _____　　2) _____
3) _____　　4) _____

3 次の疑問文を"吗"を使って書き，指示に従って答えの文を右に書きなさい。

（例）林君は来ますか。
　　　　　小林来吗?　　（否定の答）　　他不来。

1) あなたは彼が恐いですか。
　　　　　　　　　　　　　　（否定の答）

2) 彼女も梨を買いますか。
　　　　　　　　　　　　　　（否定の答）

3) あなたたちはみんなタバコを吸いますか。
　　　　　　　　　　　　　　（否定の答）

4) あなたは上海へ行きますか。
　　　　　　　　　　　　　　（否定の答）

4 以下のピンインを読み，日本語に訳しなさい。

1）Tā chōu yān, wǒ bù chōu yān.
　　..

2）Shānběn lái, Língmù（"铃木" 鈴木）yě lái, nǐ lái ma?
　　..

3）Tā qù Měiguó（"美国" アメリカ）, wǒ qù Zhōngguó.
　　..

4）Wǒ bù hē niúnǎi（"牛奶" 牛乳）, yě bù hē kāfēi.
　　..

| 2 | 第2课 | 月　　日 |

学部　　　　学年　　　クラス　　　学籍番号　　　　氏名

331

① 発音を聞いて，ピンインで書き取りなさい。

　　1）　　　　　　　　　　　　　2）
　　3）　　　　　　　　　　　　　4）

332

② 発音を漢字で書き取りなさい。

　　1）　　　　　　　　　　　　　2）
　　3）　　　　　　　　　　　　　4）

③ 次の日本語を中国語に訳しなさい。

　　1）こちらは私の兄です。

　　2）私の父と母は外国（"外国"wàiguó）にいます。

　　3）私は山本という苗字ではありません。

　　4）これは烏龍茶（"乌龙茶"wūlóngchá）ではなく，緑茶（"绿茶"lǜchá）です。

④ 次のピンインを読み，日本語に訳しなさい。

　　1）Tāmen gōngsī bú zài Dōngjīng（東京）, zài Héngbīn（横浜）.

　　2）Tā shì wǒ jiějie, jiào Lǐ Fāng.

　　3）Zhè bú shì jiǔ, zhè shì chá.

　　4）Tā bú shì wǒ bóbo, yě bú shì wǒ shūshu, tā shì wǒ jiùjiu.

3 第3课　　　　　　　　　　月　　日

学部　　　　学年　　　クラス　　　学籍番号　　　　氏名

333

1 発音を聞いて，ピンインと漢字で書き取りなさい。

1) ピンイン＿＿＿＿＿＿＿　　2) ピンイン＿＿＿＿＿＿＿
　　漢字　＿＿＿＿＿＿＿　　　　漢字　＿＿＿＿＿＿＿

3) ピンイン＿＿＿＿＿＿＿　　4) ピンイン＿＿＿＿＿＿＿
　　漢字　＿＿＿＿＿＿＿　　　　漢字　＿＿＿＿＿＿＿

2 XとYでそれぞれ関係のあるもの同士を線で結びなさい。

X	Y
日本 ●	● 椅子 yǐzi
山本 ●	● 杂志 zázhì
四川 Sìchuān ●	● 留学生
中文 ●	● 烤鸭 kǎoyā
木头 ●	● 同学 tóngxué
北京 ●	● 菜

3 次の日本語を中国語に訳しなさい。

1) 今日は何曜日ですか。

2) 彼はあなたの何（誰）にあたりますか。

3) 彼はあなたのクラスメートでしょう？

4 次のピンインを読み，日本語に訳しなさい。

1) Wǒ hē píjiǔ.　　Nǐ hē shénme jiǔ?

2) Zhè shì xīguāzǐr ba?

3) Wǒ jiā zài bā lóu ("楼"), nǐ jiā zài jǐ lóu?

4) Tā shì wǒ gēge, tā shì shùxué lǎoshī.

(5)

4 第4课　　　　　　　　　　月　　日

学部　　　　学年　　　クラス　　　学籍番号　　　氏名

334

① 発音を聞いて，ピンインと漢字で書き取りなさい。

1）ピンイン＿＿＿＿＿＿＿＿　　2）ピンイン＿＿＿＿＿＿＿＿
　　漢字　＿＿＿＿＿＿＿＿　　　　漢字　＿＿＿＿＿＿＿＿
3）ピンイン＿＿＿＿＿＿＿＿　　4）ピンイン＿＿＿＿＿＿＿＿
　　漢字　＿＿＿＿＿＿＿＿　　　　漢字　＿＿＿＿＿＿＿＿

② 第1～4課で学んだ疑問詞を四つあげなさい。

1）＿＿＿＿　2）＿＿＿＿　3）＿＿＿＿　4）＿＿＿＿

③ 次の文を，下線部を問う形の疑問文に書き替えなさい。

1）小刚今年<u>十</u>岁。　　＿＿＿＿＿＿＿＿＿＿＿＿＿＿
2）他在<u>那儿</u>学习。　　＿＿＿＿＿＿＿＿＿＿＿＿＿＿
3）他<u>会</u>游泳（yóuyǒng）　＿＿＿＿＿＿＿＿＿＿＿＿＿＿
4）<u>她</u>是小刚的妹妹。　　＿＿＿＿＿＿＿＿＿＿＿＿＿＿

④ 次の日本語を中国語の正反疑問文に書き替えなさい。

1）あなたは中国人留学生ですか。　＿＿＿＿＿＿＿＿＿＿
2）山本さんの発音は良い。　　　　＿＿＿＿＿＿＿＿＿＿
3）王小剛は上海語ができる。　　　＿＿＿＿＿＿＿＿＿＿

⑤ 次のピンインを読み，日本語に訳しなさい。

1）Xiǎo-Lǐ de bàba shì lǎoshī, tā zài Běijīng Dàxué jiāo（"教"）Hànyǔ.
　　＿＿＿＿＿＿＿＿＿＿＿＿＿＿＿＿＿＿＿＿＿＿＿＿＿

2）Zhè shì Tiānjīn bāozi（"包子"）, hěn hǎochī, nǐ chī bu chī?
　　＿＿＿＿＿＿＿＿＿＿＿＿＿＿＿＿＿＿＿＿＿＿＿＿＿

3）Wǒ jiā zài Běihǎidào（"北海道"）, nàr de dōngtiān hěn lěng.
　　＿＿＿＿＿＿＿＿＿＿＿＿＿＿＿＿＿＿＿＿＿＿＿＿＿

4）Tā huì zuò Rìběncài, bú huì zuò Zhōngguócài.
　　＿＿＿＿＿＿＿＿＿＿＿＿＿＿＿＿＿＿＿＿＿＿＿＿＿

5 第5课　　　　　　　　　　　　　　月　　日

学部　　　学年　　　クラス　　　学籍番号　　　氏名

① 次の（　）の中に適当な量詞を入れなさい。
1) 两（　）票　　2) 五（　）书　　3) 一（　）衣服
4) 三（　）铅笔　5) 六（　）猫　　6) 七（　）椅子

② 次の数字を中国語で言い，漢数字で書きなさい。
1) 12 ....　　2) 100 ....
3) 101 ....　　4) 110 ....
5) 202 ....　　6) 220 ....
7) 2002 ....　8) 2200 ....
9) 19080 ....　10) 20200 ....

③ 次のピンインを読み，日本語に訳しなさい。
1) Zhè shì Nàikè（"耐克"ナイキ）xié, sānbǎi kuài yì shuāng, nǐ yào bu yào?

2) Nǐmen xuéxiào zài nǎr? Yǒu duōshao xuésheng?

3) Tā jiā hěn dà（"大"）, yǒu yìbǎi wǔshí píngmǐ（"平米"）, yǒu yí ge kètīng（"客厅"）, yí ge chúfáng（"厨房"）, sān ge wòshì（"卧室"）. Tā hé tā mèimei dōu yǒu zìjǐ（"自己"）de fángjiān.

4) Sānshí kuài yí duì huāpíng, zhēn（"真"）piányi（"便宜"）a!

5) Zánmen yìqǐ hē chá ba.

(9)

6 第6课　　　　　　　　　月　　日

学部　　　学年　　　クラス　　　学籍番号　　　氏名

335

① 発音を聞いて，ピンインと漢字で書き取りなさい。

1) ピンイン＿＿＿＿＿＿＿＿＿＿　　2) ピンイン＿＿＿＿＿＿＿＿＿＿
　 漢字　＿＿＿＿＿＿＿＿＿＿＿　　　 漢字　＿＿＿＿＿＿＿＿＿＿＿

3) ピンイン＿＿＿＿＿＿＿＿＿＿　　4) ピンイン＿＿＿＿＿＿＿＿＿＿
　 漢字　＿＿＿＿＿＿＿＿＿＿＿　　　 漢字　＿＿＿＿＿＿＿＿＿＿＿

② 本課のポイントで学んだ語句を用いて（　　）を埋め，全文を漢字にしなさい。

1) Nǐ chī (　　) guāzǐr ma?

2) Zhèi (　　) cài bú shì shēng (　　), shì shú (　　).

3) Nǐ (　　) chī shēng de ma?

4) Nǐ (　　) hē yì bēi ba.

③ 次の中国語を日本語に訳しなさい。

1) 哪个菜的味道好？

2) 我没听过中国歌（gē）。

3) 我没有时间，不能参加（cānjiā）明天的联欢会。

4) 这两个一个是新（xīn）的，一个是旧（jiù）的，你比较比较（bǐjiàobijiao）。

(11)

4. 次の文章を読み，日本語に訳しなさい。

1) 鲁迅、老舍 是 中国 有名 的 文学家。
   Lǔ Xùn、Lǎo Shě shì Zhōngguó yǒumíng de wénxuéjiā.

2) 这 本 小说 我 看过。很 有 意思。那 本 小说 没 看过。
   Zhèi běn xiǎoshuō wǒ kànguo. Hěn yǒu yìsi. Nèi běn xiǎoshuō méi kànguo.
   怎么样？ 有 意思 吗？
   Zěnmeyàng? Yǒu yìsi ma?

3) 这 瓶 是 茅台酒， 这 瓶 是 五粮液， 你 尝尝， 哪个 好喝？
   Zhèi píng shì Máotáijiǔ, zhèi píng shì Wǔliángyè, nǐ chángchang, něige hǎohē?

4) 他 一 个 人 能 吃 两 个 西瓜。
   Tā yí ge rén néng chī liǎng ge xīguā.

7 第7课　　　　　　　　　　　　　　月　　日

学部　　　　学年　　　クラス　　　学籍番号　　　氏名

1. 次の時間を中国語で言い，漢字で書きなさい。
   1) 12時　　　　　　　　　　2) 1時5分
   3) 2時半　　　　　　　　　　4) 11時15分
   5) 8時45分　　　　　　　　　6) 6時5分前

2. 次のピンインを漢字で正しい順序に並べ，日本語に訳しなさい。
   1) háishi chī cānchē zánmen héfàn qù chī mǎi
      (　　　　　　　　　　　　　　　　　　　　　　　)

   2) qù chī fàn zánmen cānchē ba
      (　　　　　　　　　　　　　　　　　　　　　　　)

   3) mǎi qù héfàn xiǎng wǒ
      (　　　　　　　　　　　　　　　　　　　　　　　)

   4) rén duō de mǎi bù
      (　　　　　　　　　　　　　　　　　　　　　　　)

3. 次の中国語を日本語に訳しなさい。
   1) 今天你来干（gàn）什么？

   2) 他心里不高兴，嘴里（zuǐli）不说。

   3) 这是你自己（zìjǐ）做的还是你妈妈做的？

4 次の文章を読み，日本語に訳しなさい。

1) 信纸　没有　了。星期　天买　的　信纸　在　哪儿?
   Xìnzhǐ méiyou le. Xīngqī tiān mǎi de xìnzhǐ zài nǎr?

   ....

2) 上海　商店　多，买　东西　的　人　也　多。
   Shànghǎi shāngdiàn duō, mǎi dōngxi de rén yě duō.

   ....

3) A：小李　几　点　来?
      Xiǎo-Lǐ jǐ diǎn lái?

   ....

   B：八　点　来。
      Bā diǎn lái.

   ....

   A：现在　七　点　五十　分，还　有　十　分　钟，那　我　去　抽
      Xiànzài qī diǎn wǔshí fēn, hái yǒu shí fēn zhōng, nà wǒ qù chōu
      一　枝　烟　吧。
      yì zhī yān ba.

   ....
   ....

8 第8课　　　　　　　　　　　　　　　　　月　　日

学部　　　　　学年　　　クラス　　　学籍番号　　　　氏名

① （　）の中に最も適当な語句を入れ，日本語に訳しなさい。
1）上一（　　）课我没去听。
2）下一（　　）是新宿。
3）上（　　）星期你去哪儿了?
4）下（　　）你去吧。

② 次の文が答えとなる質問を"不是～吗?"を用いてつくりなさい。
1）不，我不会说汉语。
2）不，我没看见他。
3）不，我不想去外国留学。
4）不，我没看过京剧。

③ 適切な結果補語を選んで（　）の中に漢字で書き入れ，全文を日本語に訳しなさい。

wǎn　　dǎo　　jiàn　　dào　　duō　　bǎo　　gānjìng　　wán

1）他吃了三碗，他已经吃（　　）了。

2）今天喝了十来瓶，我喝（　　）了。

3）那把钥匙我还没找（　　）。

4）你的话我没听（　　）。

5）快去吧! 去（　　）了不好。

6）风很大，树都吹（　　）了。

7）这件衣服没洗（　　），你再洗一次。

8）这本书我还没看（　　　）。

4 次の文章を読み，日本語に訳しなさい。

1）下 个 星期 他 去 北京 旅游，你 不 是 也 一起 去 吗?
　　Xià ge xīngqī tā qù Běijīng lǚyóu, nǐ bú shì yě yìqǐ qù ma?

2）在 中国 抽 烟 的 时候，要 先 问 对方 抽 不 抽。
　　Zài Zhōngguó chōu yān de shíhou, yào xiān wèn duìfāng chōu bu chōu.

3）田中 赶到 车站 的 时候，火车 已经 开走 了。
　　Tiánzhōng gǎndào chēzhàn de shíhou, huǒchē yǐjīng kāizǒu le.

4）A：昨天 老师 留了 两 个 作业，你 做好 了 吗?
　　　Zuótiān lǎoshī liúle liǎng ge zuòyè, nǐ zuòhǎo le ma?

　　B：没有。那么 难 的 作业，我 不 会 做。
　　　Méiyou. Nàme nán de zuòyè, wǒ bú huì zuò.

| 9 | 第9课 | 月　　日 |

学部　　　　学年　　　クラス　　　学籍番号　　　　氏名

336

1　発音を聞いて，漢字で書き取りなさい。

　　1）
　　2）
　　3）
　　4）

2　AにつづくものをBから選び，ポイントで取り上げた文法事項を用いてつなぎ，一つの文にしなさい。

　　　A　　　　　　　　　　　　　　B
　　天气预报　　　•　　　　　•　又不方便 fāngbiàn
　　他家又远 yuǎn　•　　　　　•　非常流利
　　她的中文　　　•　　　　　•　回国
　　他明天　　　　•　　　　　•　不准

　　1）（　　　　　　　　　　　　　）
　　2）（　　　　　　　　　　　　　）
　　3）（　　　　　　　　　　　　　）
　　4）（　　　　　　　　　　　　　）

337

3　質問を漢字で書き取り，本文の内容に基づいて質問に答えなさい。

　　1）
　　　→　答：
　　2）
　　　→　答：
　　3）
　　　→　答：
　　4）
　　　→　答：

4 次の文章を読み，日本語に訳しなさい。

1) 她　三　岁　就　开始　学　乒乓球　了。　现在　打得　非常　好。
　　Tā　sān　suì　jiù　kāishǐ　xué　pīngpāngqiú　le.　Xiànzài　dǎde　fēicháng　hǎo.

2) 今天　小李　家　来了　很　多　客人，大家　又　说　又　唱，非常
　　Jīntiān　Xiǎo-Lǐ　jiā　láile　hěn　duō　kèrén,　dàjiā　yòu　shuō　yòu　chàng,　fēicháng
　　热闹。原来　今天　是　小李　的　生日。
　　rènao.　Yuánlái　jīntiān　shì　Xiǎo-Lǐ　de　shēngrì.

3) 天津　麻花　味道　不错，又　香　又　脆。
　　Tiānjīn　Máhuā　wèidao　búcuò,　yòu　xiāng　yòu　cuì.

4) 他　说　的　话　有　人　听　吗?
　　Tā　shuō　de　huà　yǒu　rén　tīng　ma?

10 第10课　　　　　　　　　　　　　月　　日

学部　　　　学年　　　クラス　　　学籍番号　　　　氏名

① 次のピンインを正しい語順に直し，漢字で書きなさい。
1）yǒu　zhuōzi　píngguǒ　shang　ge　sān
2）yú　hé　duō　hěn　li　yǒu
3）zài　xuéxiào　xībianr　yóujú　de

② 正しい語順に並べ換えなさい。
1）我家　了　上个星期　住　在　小李　两天

2）的　多大　孩子　今年　李老师

3）吧　二十　快　大概　了　岁

4）了　钥匙　在　车上　忘

③ （　）の中に最も適当な語句を入れ，全文を日本語に訳しなさい。
1）明天（　　）王先生去吧，我不去（　　）。

2）飞机（　　）有很多客人。

3）田中和山下晚上有事（　　）能来（　　），小王和小李大概七点左右来。

4 次の文章を読み，日本語に訳しなさい。

1) 小李 和 小王 下午 就 要 举行 结婚 典礼 了。现在 他们
Xiǎo-Lǐ hé Xiǎo-Wáng xiàwǔ jiù yào jǔxíng jiéhūn diǎnlǐ le. Xiànzài tāmen
站在 照相馆 的 推车式 照相机 前面 照 结婚照。
zhànzài zhàoxiàngguǎn de tuīchēshì zhàoxiàngjī qiánmian zhào jiéhūnzhào.
背景 是 大海，高山 和 白云，山上 有 花，海里 有 浪。
Bèijǐng shì dàhǎi, gāoshān hé báiyún, shānshang yǒu huā, hǎili yǒu làng.

（根据王蒙小说改写）

2) 我 妈妈 今年 五十五 岁。她 身体 比较 弱。她 说 她 下 个
Wǒ māma jīnnián wǔshiwǔ suì. Tā shēntǐ bǐjiào ruò. Tā shuō tā xià ge
月 去 美国 旅行。爸爸 不 放心，劝 我 跟 她 一起 去。
yuè qù Měiguó lǚxíng. Bàba bú fàngxīn, quàn wǒ gēn tā yìqǐ qù.

3) A：这 个 箱子 多 重?
   Zhèi ge xiāngzi duō zhòng?

B：大概 三十 公斤 左右 吧。
   Dàgài sānshí gōngjīn zuǒyòu ba.

A：里边儿 有 贵重 物品 吗?
   Lǐbianr yǒu guìzhòng wùpǐn ma?

B：没有。贵重 物品 都 放在 手提 行李里 了。
   Méiyou. Guìzhòng wùpǐn dōu fàngzài shǒutí xínglili le.

11 第11课　　　　　　　　　　　　　　　　　　月　　日

学部　　　　　学年　　　クラス　　　学籍番号　　　　　氏名

1　次のピンインを漢字に直し，日本語に訳しなさい。

1) Tā zài Rìběn zhùle shí nián le, suǒyǐ tā Rìyǔ shuōde hěn hǎo.
   (　　　　　　　　　　　　　　　　　　　　　　　　　)
   日本語訳：

2) Nǐ lái shuōshuo zhèi ge shǔjià nǐ qù nǎr le.
   (　　　　　　　　　　　　　　　　　　　　　　　　　)
   日本語訳：

3) Wǒ méi qùguo Zhōngguó.
   (　　　　　　　　　　　　　　　　　　　　　　　　　)
   日本語訳：

2　次の文の誤りを直し，正しい文に書き替えなさい。

1) 妈妈使我去买东西。
2) 她没看那个电影了。
3) 我三次去了北京了。
4) 我一下问了她。

3　(　　) の中に最も適当な語句を入れなさい。

1) 这个行李比较重，我 (　　) 拿吧。
2) 这本小说 (　　) 我特别感动。
3) 昨天我身体不舒服，(　　　) 没去喝酒。
4) 你去跟主任说 (　　　) 吧。

4 次の文章を読み，日本語に訳しなさい。

1) 今天 请 大家 来，是 想 让 大家 出出 主意，研究 一下 如何 解决 这 个 问题。
   Jīntiān qǐng dàjiā lái, shì xiǎng ràng dàjiā chūchu zhǔyi, yánjiū yíxià rúhé jiějué zhèi ge wèntí.

2) 那 辆 旧自行车 老赵 已经 骑了 七、八 年 了。
   Nèi liàng jiùzìxíngchē Lǎo-Zhào yǐjīng qíle qī, bā nián le.

3) 好 吧，那 今天 我 来 做 几 个 四川菜。不过 我 上 个 月 刚 学会，所以 做得 还 不 好。
   Hǎo ba, nà jīntiān wǒ lái zuò jǐ ge Sìchuāncài. Búguò wǒ shàng ge yuè gāng xuéhuì, suǒyǐ zuòde hái bù hǎo.

第12课　　　　　　　　　　月　　日

学部　　　　学年　　　クラス　　　学籍番号　　　　氏名

① 次の語句を正しい語順に並べ，日本語に訳しなさい。

1) 上海　还　北京　热闹　比
（　　　　　　　　　　　）

2) 长　黄河　没有　长江
（　　　　　　　　　　　）

3) 那么　这件事　简单(jiǎndān)　没有　说得　你
（　　　　　　　　　　　）

② （　）の中に最も適当な語句を入れなさい。

1) 北海道（　　）东京更冷。
2) 他的孩子已经（　　）他那么高了。
3) 日本菜（　　）中国菜那么油腻(yóunì)。

③ 発音を聞いて，漢字で書き取りなさい。

1)
2)
3)

④ 次の文章を読み，日本語に訳しなさい。

1) A：今天　谢谢　你　的　招待，你　做　的　菜　真　好吃。
　　　Jīntiān xièxie nǐ de zhāodài, nǐ zuò de cài zhēn hǎochī.

　　B：下次　你　来，我　让　我　妈　做菜，她　做　的　才　好吃　呢。
　　　Xiàcì nǐ lái, wǒ ràng wǒ mā zuò cài, tā zuò de cái hǎochī ne.

(23)

2）小王 的 爸爸 上海人，妈妈 广东人，她 又 会 说
　　Xiǎo-Wáng de bàba Shànghǎirén, māma Guǎngdōngrén, tā yòu huì shuō

　　上海话， 又 会 说 广东话。
　　Shànghǎihuà, yòu huì shuō Guǎngdōnghuà.

　　..

　　..

3）我 是 东北人 嘛，所以 不 怕 冷。
　　Wǒ shì dōngběirén ma, suǒyǐ bú pà lěng.

　　..

13 第13课　　　　　　　　　月　　日

学部　　　　学年　　　クラス　　　学籍番号　　　　氏名

① （　　）内の指示に従って，次の文を書き直しなさい。
　1) 我休息一下好吗？（"可以"を用いる）
　2) 你还没吃饭吧。（"是不是"を用いる）
　3) 明天下雨。（"会"の否定形を用いる）

② （　　）の中に最も適当な語句を入れなさい。
　1) 往左拐（　　）是东京站。
　2) 小王昨天晚上（　　）学校回到家后（　　）睡觉了。
　3) 听说你明天（　　）参加会议，（　　）？

③ 発音を聞いて，漢字で書き取りなさい。
　1)
　2)
　3)

④ 次の文章を読み，日本語に訳しなさい。
　1) 有时候我晚上回家迟了，会发现父亲站在街口等候。
　　 Yǒu shíhou wǒ wǎnshang huí jiā chí le, huì fāxiàn fùqin zhànzài jiēkǒu děnghòu.

　2) 听说日本可以在便道上骑车，是不是因为在马路上骑车非常危险？
　　 Tīngshuō Rìběn kěyǐ zài biàndàoshang qí chē, shì bu shì yīnwèi zài mǎlushang qí chē fēicháng wēixiǎn?

　3) 车站不远，往前走一百米左右就是。
　　 Chēzhàn bù yuǎn, wǎng qián zǒu yìbǎi mǐ zuǒyòu jiù shì.

14 第14课　　　　　　　　　　　　　月　　日

学部　　　　学年　　　クラス　　　学籍番号　　　　氏名

1　（　　）の中に最も適当な語句を入れなさい。
　　1）书架上放（　　）很多书。
　　2）妈妈（　　）我买了一件毛衣。
　　3）我（　　）碗洗好了。
　　4）（　　）考试还有两个星期，你复习好了吗?

2　次の文の誤りを直し，正しい文に書き替えなさい。
　　1）我没写着信。
　　2）我把一本书看完了。
　　3）他把行李没放好。
　　4）妈妈昨天洗衣服给孩子。

3　次の質問に答えなさい（回答の内容は任意のもので良い）。
　　1）你家离车站远吗?
　　2）你常常给同学打电话吗?
　　3）你把书包放在哪儿了?
　　4）黑板上写着字吗?

4　次の文章を読み，日本語に訳しなさい。
　　1）姐姐　给　我　讲了　一　个　很　可怕　的　故事。
　　　　Jiějie gěi wǒ jiǎngle yí ge hěn kěpà de gùshi.

　　2）她　把　房间　布置得　非常　漂亮。钢琴上　放着　一　瓶　鲜花，
　　　　Tā bǎ fángjiān bùzhíde fēicháng piàoliang. Gāngqínshang fàngzhe yì píng xiānhuā,
　　　墙上　挂着　一　幅　凡·高（ゴッホ）的　油画。
　　　qiángshang guàzhe yì fú Fán Gāo de yóuhuà.

3）A：对不起， 我 来晚 了， 让 你们 等了 这么 长 时间。
　　　Duìbuqǐ, wǒ láiwǎn le, ràng nǐmen děngle zhème cháng shíjiān.

　　B：你 是 不 是 把 时间 记错 了？
　　　Nǐ shì bu shì bǎ shíjiān jìcuò le?

　　...

　　...

4）离 开 车 的 时间 只 有 半 个 小时 了，可是 山下 和
　　Lí kāi chē de shíjiān zhǐ yǒu bàn ge xiǎoshí le, kěshì Shānxià hé

　　田中 还 没有 来。
　　Tiánzhōng hái méiyou lái.

　　...

　　...

| 15 | 第15课 | 月　　日 |

学部　　　　　学年　　　　クラス　　　　学籍番号　　　　　　氏名

1　次の文を完成させなさい（与えられた日本語の意味に合うように）。

　　1）灯开着 ＿＿＿＿＿＿＿＿＿＿＿＿＿
　　　　（私は眠れない）

　　2）这么多菜 ＿＿＿＿＿＿＿＿＿＿＿＿
　　　　（食べきれない）

　　3）老师说的话 ＿＿＿＿＿＿＿＿＿＿＿
　　　　（私は全然（少しも）聞こえない）

2　"是～的"を用いて下線の部分を問う疑問文をつくりなさい。

　　1）<u>他</u>给我买了这个书包。　＿＿＿＿＿＿＿＿＿＿
　　2）她昨天<u>晚上八点</u>就睡了。　＿＿＿＿＿＿＿＿＿＿
　　3）山本<u>在北京大学</u>学过汉语。　＿＿＿＿＿＿＿＿＿

3　本課のポイントで学んだ語句を用いて（　　）を埋めなさい。

　　1）这篇文章写得（　　　）好（　　　）。
　　2）食堂的饭不好吃，（　　　）种类（zhǒnglèi）也很少。
　　3）下课后，我（　　　）去打工。
　　4）时间不早了，咱们（　　　）明天再说吧。

4　次の文章を読み，日本語に訳しなさい。

　　1）他　把　酒杯　推到　一边儿，说："经商　几　个　月　来，我　觉得，
　　　　Tā　bǎ　jiǔbēi　tuīdào　yìbiānr,　shuō:"Jīngshāng jǐ　ge　yuè　lái,　wǒ　juéde,

　　　　经商　也　是　一　种　学问，而且　是　一　种　很　值得　研究
　　　　jīngshāng yě　shì　yì　zhǒng xuéwèn,　érqiě　shì　yì　zhǒng　hěn　zhíde　yánjiū

　　　　的　学问……"
　　　　de　xuéwèn……"

　　　　＿＿＿＿＿＿＿＿＿＿＿＿＿＿＿＿＿＿＿＿＿＿＿＿＿＿＿＿＿＿
　　　　＿＿＿＿＿＿＿＿＿＿＿＿＿＿＿＿＿＿＿＿＿＿＿＿＿＿＿＿＿＿
　　　　＿＿＿＿＿＿＿＿＿＿＿＿＿＿＿＿＿＿＿＿＿＿＿＿＿＿＿＿＿＿

2）小刚　最近　学习　特别　忙，一点儿　玩儿　的　时间　都　没有，
　　Xiǎogāng zuìjìn xuéxí tèbié máng, yìdiǎnr wánr de shíjiān dōu méiyou,

　　而且　每天　都　得　学到　晚上　一　点　左右。
　　érqiě měitiān dōu děi xuédào wǎnshang yī diǎn zuǒyòu.

3）女儿：这　件　衣服　的　款式　太　别致　了。妈妈，可以　借　我　穿
　　nǚ'ér: Zhèi jiàn yīfu de kuǎnshì tài biézhì le. Māma, kěyǐ jiè wǒ chuān

　　几　天　吗？
　　jǐ tiān ma?

母亲：可以　啊。这　是　你　爸爸　在　法国　给　我　买　的。
mǔqin: Kěyǐ a. Zhè shì nǐ bàba zài Fǎguó gěi wǒ mǎi de.

女儿：和　这个　差不多　的　款式　我　在　杂志上　看到过，不过
　　Hé zhèige chàbuduō de kuǎnshì wǒ zài zázhìshang kàndàoguo, búguò

　　在　店里　还　买不到。
　　zài diànli hái mǎibudào.

母亲：那，下　次　让　你　爸爸　去　法国　时　再　给　你　买　一　件。
　　Nà, xià cì ràng nǐ bàba qù Fǎguó shí zài gěi nǐ mǎi yí jiàn.

16 第16课　　　　　　　　　　　　　月　　日

学部　　　　学年　　　クラス　　　学籍番号　　　　氏名

1 次の文章を読み，日本語に訳しなさい。

1) 从　车上　下来　的，或　是　从　停车场　走过来　的　人，男　的
　　Cóng chēshang xiàlai de, huò shì cóng tíngchēchǎng zǒuguolai de rén, nán de

　　是　扛着　大包　小包，女　的　抱着　孩子。那　空手　什么　包袱
　　shì kángzhe dàbāo xiǎobāo, nǚ de bàozhe háizi. Nà kōngshǒu shénme bāofu

　　和　篮子　也　不　带　的　一　帮子　年轻人　从　口袋里　掏出
　　hé lánzi yě bú dài de yì bāngzi niánqīngrén cóng kǒudàili tāochū

　　葵花籽，一　个　接　一　个　扔进　嘴里，又　立即　用　嘴皮子　把
　　kuíhuāzǐ, yí ge jiē yí ge rēngjìn zuǐli, yòu lìjí yòng zuǐpízi bǎ

　　壳儿　吐出来，吃得　干净　利落……。
　　kér tùchulai, chīde gānjìng lìluo ....

　　　　　　　　　　　　　　　　（《灵山》高行健　诺贝尔文学奖获得者）

2) 奶奶　把　年轻　时　的　照片　拿出来，给　孙女儿　看。孙女儿　拿起
　　Nǎinai bǎ niánqīng shí de zhàopiàn náchulai, gěi sūnnǚ'ér kàn. sūnnǚ'ér náqi

　　一　张　照片　问　奶奶：“这　个　小孩儿　是　谁？”奶奶　回答：
　　yì zhāng zhàopiàn wèn nǎinai: "Zhèi ge xiǎoháir shì shéi?" Nǎinai huídá:

　　"这　就　是　你　爸爸　呀！"
　　"Zhè jiù shì nǐ bàba ya!"

2 本課のポイントで学んだ語句を用いて（　　）を埋め，全文を日本語に訳しなさい。

1) 大家都已经回去了，你（　　）还不走?

2) 听说这本词典很好，你用用（　　）。

3) 这个箱子这么大，不（　　）拿吧。

4) 他买（　　）一本书（　　）孩子看。

3 次の文の誤りを直し，正しい文に書き替えなさい。

1) 老师走进来教室。

2) 明天我给你拿来一本中文杂志。

4 次の質問に答えなさい。

1) 你觉得汉语好学吗?

2) 你今天是怎么来大学的?

3) 你的手机好用吗?

17 第17课　　　　　　　　　　　　　　　　月　　日

学部　　　　　学年　　　クラス　　　学籍番号　　　　　氏名

1. 本文の内容に基づいて次の質問に答えなさい。
    1）山本为什么在医院里？　　（　　　　　　　　　　）
    2）山本什么时候可以出院？　（　　　　　　　　　　）
    3）谁去医院看他了？　　　　（　　　　　　　　　　）

2. 本課のポイントで学んだ語句を用いて（　）を埋めなさい。
    1）那件事（　　）他听见了。
    2）你很忙，（　　）来医院看我了。
    3）他（　　）来了不到一个月就想回家了。
    4）她身体比上个星期好（　　　）。

3. 次の文章を読み，日本語に訳しなさい。
    1）王　　起明　　长　　这么　　大　　没有　　这么　　让　　人　　当面　　数落过，　心里
       Wáng Qǐmíng zhǎng zhème dà méiyou zhème ràng rén dāngmiàn shǔluoguo, xīnli
       十分　不　痛快。　　　　　　　　　　　　　（《北京人在纽约》曹桂林）
       shífēn bú tòngkuai.

    2）这　份儿　材料　十分　重要，你　要　收藏好，　不要　乱　放。
       Zhèi fènr cáiliào shífēn zhòngyào, nǐ yào shōucánghǎo, búyào luàn fàng.

    3）小王　喜欢　喝　酒，而且　是　海量，才　一　个　小时　就　喝了
       Xiǎo-Wáng xǐhuan hē jiǔ, érqiě shì hǎiliàng, cái yí ge xiǎoshí jiù hēle
       五、六　瓶　啤酒。
       wǔ, liù píng píjiǔ.

18 第18课　　　　　　　　　　　月　　日

学部　　　　学年　　　　クラス　　　　学籍番号　　　　氏名

① 次の形容詞を重ね型にしなさい。

舒服 shūfu　（　　　　　）　　金黄 jīnhuáng　（　　　　　）

乌黑 wūhēi　（　　　　　）　　死沉 sǐchén　（　　　　　）

辛苦 xīnkǔ　（　　　　　）　　客气 kèqi　（　　　　　）

② 本課のポイントで学んだ語句を用いて（　　　）を埋めなさい。

1) 我喜欢（　　　）学习，（　　　）听音乐。

2) 小偷（　　　）了我一个手机。

3) 服务员（　　　）了客人100（　　　）。

③ 次の文章を読み，日本語に訳しなさい。

1) 老李　一边　思考　问题，一边　慢慢吞吞地　从　门外　走进来。
　　Lǎo-Lǐ yìbiān sīkǎo wèntí, yìbiān mànmantūntūnde cóng ménwài zǒujinlai.

2) 昨天　你　告诉　我　的　那个　消息　不　知　是　从　哪儿　听来　的，
　　Zuótiān nǐ gàosu wǒ de nèi ge xiāoxi bù zhī shì cóng nǎr tīnglái de,
　　能　不　能　告诉　我　出处？
　　néng bu néng gàosu wǒ chūchù?

3) 你　看　我们　老板娘，她　能干　极了，不光　会　中文、英文，
　　Nǐ kàn wǒmen lǎobǎnniáng, tā nénggàn jíle, bùguāng huì Zhōngwén、Yīngwén,
　　而且　还　会　广东话，样样　都　行，里里外外　一　把　抓。
　　érqiě hái huì Guǎngdōnghuà, yàngyàng dōu xíng, lǐlǐwàiwài yì bǎ zhuā.

第19课　　　　　　　　　　　　　月　　日

学部　　　　学年　　　クラス　　　学籍番号　　　　　氏名

1. 正しい語順に並べ替えなさい。

   1) 他　字　起　写　快　又　来　又　漂亮

   2) 我　出来　听　一听　就　了

2. 本課のポイントで学んだ語句を用いて（　　）を埋めなさい。

   1) 我认了半天才认（　　　）。
   2) 这枝笔看（　　　）很好用。
   3) 他坐（　　　）也能睡觉。

3. 次の文章を読み，日本語に訳しなさい。

   1) 他　做起　事儿　来　很　认真。
      Tā　zuòqi　shìr　lái　hěn　rènzhēn.

   2) 他　钱　赚得　不　多，用起来　大　手　大　脚。
      Tā　qián　zhuànde　bù　duō, yòngqilai　dà　shǒu　dà　jiǎo.

   3) 他　是　一　个　中国迷，一　年　要　去　十几　次　中国。
      Tā　shì　yí　ge　Zhōngguómí, yì　nián　yào　qù　shíjǐ　cì　Zhōngguó.

20 第20课　　　　　　　　　　　　　　　　　　　月　　日

学部　　　　　学年　　　クラス　　　学籍番号　　　　氏名

① 正しい語順に並べ替えなさい。

1) 去　都　地方　哪些　过　你

2) 你　告诉　什么时候　的　呢　他

3) 去　你　想　哪儿　哪儿　可以　去　就

4) 学生　都　我们　优秀　的　班　很　个个

② 本課のポイントで学んだ語句を用いて（　　）を埋めなさい。

1) 他头发留得很长，（　　）女孩子（　　　）。
2) 你自己想（　　　）做就（　　　）做吧。
3) 这次你就（　　　）住几天吧。

③ 次の文章を読み，日本語に訳しなさい。

1) 你　想　怎么　写　就　怎么　写　吧，只要　一　个　小时　之内　能
   Nǐ xiǎng zěnme xiě jiù zěnme xiě ba, zhǐyào yí ge xiǎoshí zhīnèi néng
   写出来　就　行。
   xiěchulai jiù xíng.

2) 小李　听了　以后　像　个　孩子　似的　跳了起来，高兴地　笑着　说：
   Xiǎo-Lǐ tīngle yǐhòu xiàng ge háizi shìde tiàoleqilai, gāoxìngde xiàozhe shuō:
   "太　好　了，太　好　了，我　的　愿望　终于　实现　了。"
   "Tài hǎo le, tài hǎo le, wǒ de yuànwàng zhōngyú shíxiàn le."

21 第21课　　　　　　　　　月　　日

学部　　　学年　　クラス　　学籍番号　　　氏名

1 発音を聞いて，漢字で書き取りなさい。

1) _____
2) _____
3) _____

2 本課のポイントで学んだ語句を用いて（　　）を埋めなさい。

1) （　　）我们的友谊干杯！
2) 等他来了以后（　　）一起干吧。
3) 我怎么（　　）听（　　）糊涂了？

3 次の文章を読み，日本語に訳しなさい。

1) 偏僻 之 域 有 一 点 好处， 庄户 人家 可以 安安心心地 过
   Piānpì zhī yù yǒu yì diǎn hǎochu, zhuānghù rénjiā kěyǐ ān'ānxīnxīnde guò

   一如既往 的 好日子。 他们 对 外界 的 了解， 大抵 是 由 去过
   yì rú jì wǎng de hǎorìzi. Tāmen duì wàijiè de liǎojiě, dàdǐ shì yóu qùguo

   县里 的 人 用 耳朵 带回来， 再 用 嘴 宣讲 的。
   xiànli de rén yòng ěrduo dàihuilai, zài yòng zuǐ xuānjiǎng de.

   _____
   _____
   _____
   _____

2) 上 树 容易 下 树 难， 我 摘了 一 篮子 野果 后， 却 够不着
   Shàng shù róngyì xià shù nán, wǒ zhāile yì lánzi yěguǒ hòu, què gòubuzháo

   下 树 垫脚 的 树叉 了。 越 够不着 心里 越 急。 越 急 越
   xià shù diànjiǎo de shùchà le. Yuè gòubuzháo xīnli yuè jí. Yuè jí yuè

   够不着。
   gòubuzháo.

   _____
   _____
   _____
   _____

◆ワーク・ブック◆　解答例

【第1课】

① 1）他看画。（彼は絵を見る。）　　2）你卖梨。（あなたは梨を売る。）
　 3）我爱她。（私は彼女を愛している。）4）他们怕狼。（彼らは狼がこわい。）

② 1）他不看画。　　　　　　　　　　2）你不卖梨。
　 3）我不爱她。　　　　　　　　　　4）他们不怕狼。

③ 1）你怕他吗?　我不怕他。　　　　2）她也买梨吗?　她不买梨。
　 3）你们都抽烟吗?　我们都不抽烟。4）你去上海吗?　我不去上海。

④ 1）他抽烟，我不抽烟。（彼はたばこを吸いますが，私は吸いません。）
　 2）山本来，铃木也来，你来吗?
　　 （山本さんは来ます，鈴木さんも来ますが，あなたは来ますか。）
　 3）他去美国，我去中国。（彼はアメリカへ行き，私は中国へ行きます。）
　 4）我不喝牛奶，也不喝咖啡。（私は牛乳を飲まないし，コーヒーも飲みません。）

【第2课】

① 1）shūshu　叔叔　　　　　　　　　2）Wǒ xìng Shānběn.　我姓山本。
　 3）Zhè shì wǒ nǚ'ér.　这是我女儿。4）Wǒ jiā bú zài Běijīng.　我家不在北京。

② 1）你姓什么?　　　　　　　　　　2）你家在北京吗?
　 3）我叔叔家在上海。　　　　　　　4）她叫芳芳。

③ 1）这是我哥哥。　　　　　　　　　2）我爸爸和妈妈在外国。
　 3）我不姓山本。　　　　　　　　　4）这不是乌龙茶，是绿茶。

④ 1）他们公司不在东京，在横滨。（彼らの会社は東京でなく横浜にあります。）
　 2）她是我姐姐，叫李芳。（彼女は私の姉で，李芳といいます。）
　 3）这不是酒，这是茶。（これはお酒ではなくお茶です。）
　 4）他不是我伯伯，也不是我叔叔，他是我舅舅。
　　 （彼は私の伯父でも叔父でもなく，母方のおじです。）

【第3课】

① 1）Nǐ jiào shénme míngzi?　你叫什么名字?
　 2）Wǒ bú shì èr niánjí.　我不是二年级。

3）Nǐ shì Rìběn liúxuéshēng ba? 你是日本留学生吧？
4）Tā jīnnián shí suì. 她今年十岁。

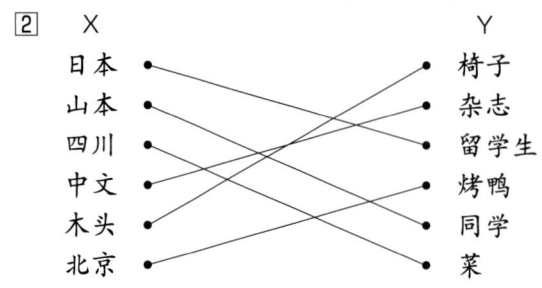

2 X   Y
   日本 •   • 椅子
   山本 •   • 杂志
   四川 •   • 留学生
   中文 •   • 烤鸭
   木头 •   • 同学
   北京 •   • 菜

3 1）今天星期几？　　2）他是你什么人？　　3）他是你同学吧？

4 1）我喝啤酒，你喝什么酒？
     （私はビールを飲みますが，あなたは何のお酒を飲みますか。）
   2）这是西瓜子儿吧？（これはスイカの種でしょう？）
   3）我家在八楼，你家在几楼？（うちは8階ですが，お宅は何階ですか。）
   4）他是我哥哥，他是数学老师。（彼は私の兄で，数学の先生です。）

【第4课】

1 1）Hànyǔ nán bu nán? 汉语难不难？　　2）Nǎli nǎli. 哪里哪里。
   3）Wǒ yě bú huì. 我也不会。　　4）Nǐ de fāyīn hěn hǎo. 你的发音很好。

2 1）谁　　2）哪儿　　3）几　　4）什么

3 1）小刚今年几岁？　　2）他在哪儿学习？
   3）他会什么？　　4）谁是小刚的妹妹？

4 1）你是不是中国留学生？　　2）山本的发音好不好？
   3）王小刚会不会说上海话？

5 1）小李的爸爸是老师，他在北京大学教汉语。
     （李さんのお父さんは先生で，北京大学で中国語を教えています。）
   2）这是天津包子，很好吃，你吃不吃？
     （これは天津の肉まんです。美味しいですよ，食べますか。）
   3）我家在北海道，那儿的冬天很冷。
     （私の家は北海道にあります。あちらの冬はとても寒いです。）
   4）他会做日本菜，不会做中国菜。
     （彼は，日本料理は作れますが，中国料理は作れません。）

【第5课】

1 1）两（张）票　　2）五（本）书　　3）一（件）衣服
   4）三（枝）铅笔　　5）六（只）猫　　6）七（把）椅子

2 1）十二　　2）一百　　3）一百零一　　4）一百一（十）
   5）二百零二　　6）二百二（十）　　7）两千零二　　8）两千二（百）

9）一万九千零八十　　10）两万零二百

③ 1）这是耐克鞋，三百块一双，你要不要？
　　（これはナイキの靴で，一足300元です。要りますか。）
　2）你们学校在哪儿？有多少学生？
　　（あなた方の学校はどこですか。学生はどのくらいいますか。）
　3）他家很大，有一百五十平米，有一个客厅，一个厨房，三个卧室。他和他妹妹都有自己的房间。
　　（彼の家は広くて，150平米あり，客間が一つ，キッチンが一つ，寝室が三つあります。彼と妹はどちらも自分の部屋を持っています。）
　4）三十块一对花瓶，真便宜啊！（花瓶一対で30元とは，本当に安いなあ！）
　5）咱们一起喝茶吧。（私たち一緒にお茶を飲みましょう。）

【第6课】

① 1）Shēng de yě néng chī ma?　生的也能吃吗？
　2）Zhèige bú shì shēng de, wèidao zěnmeyàng?　这个不是生的，味道怎么样？
　3）Nǐ chángchang zhèi ge kuíhuāzǐr.　你尝尝这个葵花子儿。
　4）Zhèige wèidao hěn hǎo.　这个味道很好。

② 1）Nǐ chī（过）guāzǐr ma?　→　你吃过瓜子儿吗？
　2）Zhèi（个）cài bú shì shēng（的），shì shú（的）.　→　这个菜不是生的，是熟的。
　3）Nǐ（能）chī shēng de ma?　→　你能吃生的吗？
　4）Nǐ（再）hē yì bēi ba.　→　你再喝一杯吧。

③ 1）どの料理の味が良いですか？
　2）私は中国の歌を聞いたことがありません。
　3）時間が無いので，あすの懇親会には参加できません。
　4）この二つは一つが新しくて，もうひとつは古いものです。比べてみてください。

④ 1）魯迅と老舎は中国の有名な文学者です。
　2）この小説は，私は読んだことがあります。とても面白いです。その小説は読んだことがありません。どうですか，面白いですか。
　3）これは茅台酒，これは五粮液です。味見してみて，どちらが美味しいですか。
　4）彼は一人でスイカを2つ食べられます。

【第7课】

① 1）十二点　　　　　　　2）一点零五分　　　　　3）两点半
　4）十一点十五分／一刻　5）八点四十五分／三刻　6）差五分六点

② 1）咱们去餐车吃还是买盒饭吃？
　　（食堂車で食べますか，それともお弁当を買って食べますか）
　2）咱们去餐车吃饭吧。（食堂車に食事に行きましょう。）

3）我想去买盒饭。（私はお弁当を買いに行きたいです。）
4）买的人不多。（買う人／買った／買っている人は多くありません。）

③ 1）今日は何をしに来たのですか。
2）彼は心の中では不愉快ですが，口に出して言いません。
3）これは自分で作ったものですか，それともお母さんが作ったものですか。

④ 1）便箋がなくなりました。日曜日に買った便箋はどこですか。
2）上海はお店が多いです。買い物をする人も多いです。
3）A：李さんは何時に来ますか。
　　B：8時に来ます。
　　A：いま7時50分ですから，あと10分ありますね。では私はタバコを一本吸いに行きます。

【第8课】

① 1）上一（节）课我没去听。（前の授業は聞きに行きませんでした。）
2）下一（站）是新宿。（次の駅は新宿です。）
3）上（个）星期你去哪儿了？（先週どこへ行ってたの。）
4）下（次）你去吧。（今度はあなたが行って下さい。）

② 1）你不是会说汉语吗？　　　2）你不是看见他了吗？
3）你不是想去外国留学吗？　　4）你不是看过京剧吗？

③ 1）他吃了三碗，他已经吃（饱）了。
　　（彼は3杯食べたので，もうお腹いっぱいになりました。）
2）今天喝了十来瓶，我喝（多）了。（今日は10数本飲んだので，飲みすぎました。）
3）那把钥匙我还没找（到）。（あの鍵はまだ見つけていません。）
4）你的话我没听（见）。（あなたの話，私は聞こえませんでした。）
5）快去吧！去（晚）了不好。（はやく行きなさい！遅れると良くないです。）
6）风很大，树都吹（倒）了。（風が強く，木がすべて吹き倒されてしまいました。）
7）这件衣服没洗（干净），你再洗一次。
　　（この服はきれいに洗えてないから，もう一回洗いなさい。）
8）这本书我还没看（完）。（この本はまだ読み終えていません。）

④ 1）来週彼は北京に旅行に行きますが，あなたも一緒に行くのではないですか。
2）中国ではたばこを吸う時は，まず相手に吸うかどうか聞かないといけません。
3）田中さんが駅に着いた時には汽車はすでに発車していました。
4）A：昨日先生が宿題を2つ出しましたが，あなたはちゃんと仕上げましたか。
　　B：まだです。あんなに難しい宿題，私にはできません。

【第9课】

① 1）说不定马上就停。　　　2）今天又下雪了。
3）你有钱去中国吗？　　　4）他说的汉语是不错。

② 1）天气预报说得不准。　　　　　2）他家又远，又不方便。
　　3）她的中文说得非常流利。　　　4）他明天就回国。
③ 1）雨下得大吗？　　　→　　（雨）下得很大。
　　2）天气预报说得准不准？　→　（天气预报）说得很准。
　　3）山本带没带雨伞？　　　→　　不知道。
　　4）明天有人来接山本吗？　→　　明天有人来接山本。
④ 1）彼女は3歳でもう卓球を学び始めた。今はかなりうまい。
　　2）今日は李さんの家に大勢のお客さんが来て，みんなでしゃべったり歌ったりして，とてもにぎやかです。実は今日は李さんの誕生日だったのです。
　　3）天津麻花は味が良いです。美味しいし，また，サクサクしています。
　　4）彼の話を聞く人がいますか。

【第10课】

① 1）桌子上有三个苹果。　　　　　2）河里有很多鱼。
　　3）邮局在学校的西边儿。／　学校在邮局的西边儿。
② 1）上个星期小李在我家住了两天。　2）李老师的孩子今年多大？
　　3）大概快二十岁了吧。　　　　　4）钥匙忘在车上了。
③ 1）明天（请）王先生去，我不去（了）。
　　（明日は王さんに行ってもらってください。私は行くのをやめました。）
　　2）飞机（上）有很多客人。（飛行機にはお客さんがたくさんいます。）
　　3）田中和山下晚上有事（不）能来（了），小王和小李大概七点左右来。
　　（田中さんと山下さんは夜に用事があって来られなくなりました。王さんと李さんは7時くらいに来ます。）
④ 1）李さんと王さんは午後にも結婚式を行なおうとしています。今は写真館のカートの上に載せたカメラの前に立ち，結婚写真を撮っています。バックは海原と高い山と白い雲。山には花があり，海には波があります。
　　2）私の母は今年55歳です。体が少し弱いです。来月アメリカに旅行に行くと言っていますが，父が心配しており，私に一緒に行くよう勧めます。
　　3）A：このスーツケースの重さは？
　　　B：だいたい30キロくらいでしょう。
　　　A：中に貴重品はありますか。
　　　B：ありません。貴重品はすべて手荷物に入れました。

【第11课】

① 1）他在日本住了十年了，所以他日语说得很好。
　　（彼は日本に住んで10年になるので，日本語がとても上手です。）
　　2）你来说说这个暑假你去哪儿了。
　　（この夏休みにどこに行ったか言ってみて下さい。）

3) 我没去过中国。（私は中国に行ったことがありません。）
② 1) 妈妈叫／让我去买东西。　　　2) 她没看那个电影。
3) 我去了三次北京了。　　　　　4) 我问了她一下。
③ 1) 这个行李比较重，我（来）拿吧。　　2) 这本小说（使）我特别感动。
3) 昨天我身体不舒服，（所以）没去喝酒。　　4) 你去跟主任说（一下）吧。
④ 1) 今日みなさんにおいでいただいたのは，みなさんにアイデアを出して頂いて，この問題をいかに解決するか検討して頂きたいのです。
2) あの古い自転車は趙さんが乗ってもう7，8年になります。
3) いいですよ，じゃあ今日は私が四川料理を何品か作りましょう。でも，先月おぼえたばかりですから，まだ上手ではありません。

【第12课】

① 1) 上海比北京还热闹。（上海は北京よりもっとにぎやかです。）
2) 黄河没有长江长。（黄河は長江ほど長くありません。）
3) 这件事没有你说得那么简单。（このことはあなたが言うほど単純ではありません。）
② 1) 北海道（比）东京更冷。　　　　2) 他的孩子已经（有）他那么高了。
3) 日本菜（没有）中国菜那么油腻。
③ 1) 这儿真热。　　　　　　　　　　2) 那才真叫热闹呢。
3) 我不是上海人，是杭州人。
④ 1) A：今日はお招きくださり，ありがとうございました。あなたが作った料理，本当に美味しいです。
B：今度あなたが来る時には母に料理してもらいます。母の料理こそ本当に美味しいんです。
2) 王さんのお父さんは上海出身でお母さんは広東出身です。彼女は上海語もできるし，広東語もできます。
3) 私は（中国）東北地方の出身じゃないですか，だから寒いのは苦手ではありません。

【第13课】

① 1) 我可以休息一下吗？　　　　　2) 你是不是还没吃饭？
3) 明天不会下雨的。
② 1) 往左拐，（就）是东京姑。
2) 小王昨天晚上（从）学校回到家后（就）睡觉了。
3) 听说你明天（可以／能）参加会议，（是不是）？
③ 1) 听说杭州风景很美，是不是？　　2) 高架现在堵车吗？
3) 已经不是高峰了，不会堵车。
④ 1) ときどき夜帰りが遅くなると，父が街角で待っているのに気づくこともあります。
2) 日本では歩道を自転車で走っても良いそうですが，車道を走るのは非常に危険だからですか？

3）駅は遠くありません。前方へ100メートルほど進んだらすぐです。

【第14课】

1 1）书架上放（着）很多书。　　2）妈妈（给）我买了一件毛衣。
   3）我（把）碗洗好了。　　4）（离）考试还有两个星期，你复习好了吗？
2 1）我没写信。　　2）我把书看完了。
   3）他没把行李放好。　　4）妈妈昨天给孩子洗衣服了。
3 （答えは学生の実情に基づいて記述）
4 1）姉は私にとてもこわい物語を話してくれました。
   2）彼女は部屋をとてもきれいにしつらえています。ピアノの上には生花を飾り，壁にはゴッホの油絵が掛けられています。
   3）A：すみません，遅くなりました。こんなに長いことお待たせして。
      B：時間を憶え間違えたんじゃないですか？
   4）発車時刻までもう30分しかないのに，山下さんと田中さんがまだ来ていません。

【第15课】

1 1）灯开着　我睡不着　。
   2）这么多菜　吃不完　。
   3）老师说的话　我一点儿都听不见　。
2 1）是谁给你买的书包？／这个书包是谁给你买的？
   2）她昨天晚上（是）几点睡的？
   3）山本是在哪儿学的汉语？／山本的汉语是在哪儿学的？
3 1）这篇文章写得（太）好（了）。
   2）食堂的饭不好吃，（而且）种类也很少。
   3）下课后，我（得）去打工。
   4）时间不早了，咱们（还是）明天再说吧。
4 1）彼は盃をわきに押しやって，「商売を数ヶ月してきまして，思うのですが，商売もひとつの学問であり，しかも研究に値する学問であって……」と言いました。
   2）小剛は最近勉強が特に忙しく，ほんの少しの遊ぶ時間さえありません。その上，毎日夜中の1時くらいまで勉強しないといけません。
   3）娘：この服のデザイン，すごくユニークだわ。お母さん，何日か着るのに借りてもいい？（何日か着るのに私に貸してくれることができますか）
      母：いいわよ。それは，お父さんがフランスで買って来てくれたものなのよ。
      娘：これとほとんど同じようなデザイン，雑誌では見たことあるけれど，お店ではまだ買えないの。
      母：じゃあ，今度お父さんがフランスに行ったときにもう一着あなたに買って（きて）もらいましょう。

【第16课】

1) 1）列車から降りた者，あるいは停車場からやってきた者は，男たちは大小さまざまな荷物を担ぎ，女たちは子どもを抱いている。その，ふろしき包みも籠も持たない若者の群れは，ポケットからひまわりの種を取り出し，次々口に放り込み，またすぐに唇を使って殻を吐き出し，てきぱきと器用に食べている……。
2）（父方の）おばあさんは若い頃の写真を（何枚か）取り出し，孫娘に見せた。孫娘は（そのうちの）一枚の写真を手にとりおばあさんにたずねました。「この子は誰？」おばあさんは答えました。「それが（ほかならぬ）おまえのお父さんだよ！」

2) 1）大家都已经回去了，你（怎么）还不走？
（みんなもう帰ってしまったのに，どうしてまだ帰らないのですか？）
2）听说这本词典很好，你用用（看）。
（この辞書は良いそうですよ，使ってみて下さい。）
3）这个箱子这么大，不（好）拿吧。
（このトランクは大きいので，持ちにくいでしょう。）
4）他买（回来）一本书（给）孩子看。（彼は本を一冊買って帰って子供に読ませる。）

3) 1）老师走进教室来。　　　　　2）明天我给你拿一本中文杂志来。

4) （略）

【第17课】

1) 1）他被摩托车撞伤了。　　　　2）再过一两天就可以出院了。
3）小张和铃木去医院看他了。

2) 1）那件事（被）他听见了。　　　2）你很忙，（别）来医院看我了。
3）他（才）来了不到一个月就想回家了。　4）她身体比上个星期好（多了）。

3) 1）王起明はこんな年齢になって人から面と向かってこんなに非難されたことがなく，心中大いに不愉快だった。
2）この資料はとても重要なので，きちんとしまっておきなさい。むやみにほったらかしておいてはいけません。
3）王さんはお酒が好きな上に酒量が多くて，たった1時間でビールを5，6本飲んでしまいます。

【第18课】

1) 舒服 → 舒舒服服　　　金黄 → 金黄金黄　　　乌黑 → 乌黑乌黑
死沉 → 死沉死沉　　　辛苦 → 辛辛苦苦　　　客气 → 客客气气

2) 1）我喜欢（一边）学习，（一边）听音乐。
2）小偷（偷）了我一个手机。
3）服务员（收）了客人100（块）。

3) 1）李さんは問題について考えながら，のろのろとドアの外から入ってきました。

2）昨日教えてくれたあのニュース，どこから聞いてきたのか知らないのですが，その出所を私に教えてくれませんか。

3）ご覧よ，うちのおかみさん。この上なく有能だし，中国語や英語だけでなく広東語も話せるし，何でもかんでもよくできて，家の中のことも外のこともすべて一手に取り仕切る。

【第 19 课】

1 1）他写起字来又快又漂亮。　　2）我一听就听出来了。
2 1）我认了半天才认（出来）。　　2）这枝笔看（起来）很好用。
　 3）他坐（着）也能睡觉。
3 1）彼は仕事をするとなると，非常に真面目だ。
　 2）彼は，稼ぎは多くありませんが，使うとなるとパーッと派手に使います。
　 3）彼は大変な中国好きで，一年に10数回中国へ行きます。

【第 20 课】

1 1）你都去过哪些地方？　　2）他什么时候告诉你的呢？
　 3）你想去哪儿就可以去哪儿。　　4）我们班的学生个个都很优秀。
2 1）他头发留得很长，（像）女孩子（似的）。
　 2）你自己想（怎么）做就（怎么）做吧。
　 3）这次你就（多）住几天吧。
3 1）思ったとおりに書いてください。一時間以内で書きあげられさえすればいいです。
　 2）李さんは聞いたあと，まるで子どものように飛び上がり，うれしそうに笑いながら言いました。「やった，やった，願いがついにかなった」

【第 21 课】

1 1）要不要再放点儿醋？　　2）我还在犹豫去不去中国留学。
　 3）如果有什么问题，你可以来找我。
2 1）（为）我们的友谊干杯！　　2）等他来了以后（再）一起干吧。
　 3）我怎么（越）听（越）糊涂了。
3 1）辺鄙なところでも取柄があるもので，農家の人々はこれまでと少しもかわらない幸せな日々を心置きなく送ることができます。彼らの外の世界に対する知識は，たいてい県（まち）に行ったことのある人が耳で（聞いて）持ち帰って，それを口で言って回ったものである。
　 2）木に登ることは簡単だが，降りるのは難しい。私は野生の果物を籠いっぱい摘んだが，そのあと，木を降りるために足をあてがう木の股に（足が）届かなくなってしまった。届かなければ届かないほど焦り，焦れば焦るほど届かなくなる。